箱庭療法の心層

内的交流に迫る

中道泰子

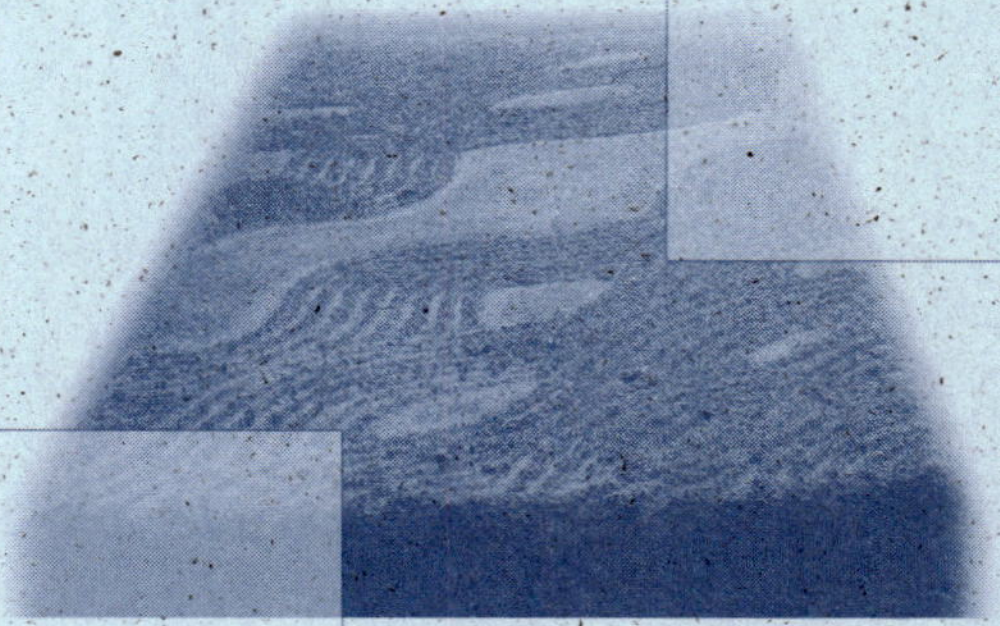

創元社

序

佛教大学教授　東　山　弘　子

本書は、中道泰子さんが佛教大学大学院博士課程に進学されてまとめられた博士論文であり、これによって佛教大学大学院教育学研究科臨床心理学専攻における課程博士第一号となられたことは私にとっても感慨深いものがある。

日本における箱庭療法は、一九六五年に河合隼雄によって導入されて以来四〇数年のあいだに驚くべきスピードで普及し、多くの心理臨床現場で実践され、質量ともに今日のレベルに達してきた。クライエントに大きな心理的変容をもたらす事実には迫力があり、多くの研究者たちが箱庭に関心をもち、さまざまな観点から論文が書かれてきた。その多くは、治療機序を解明することが重要であるとわかりながらも、箱庭に表現されたものの解釈に偏ってしまう傾向があったことを否めない。「なぜ箱庭をつくることが治療的に作用するのか」「治療的に作用する要因はなにか」という根本的な問いは魅力的であるがとても難しいのでどうしても二の次になってしまうのであろう。

中道さんはこの根本的問いにこだわり続け、いくつかの難題をかかえながらも、箱庭療法の治療機序をクライエントが箱庭を作る過程で実際にどのような心理的体験をしているのかという主観的語りをデータとして質的に分析することに挑戦した。そして治療者に見守られているクライエントの主観的体験と、見守っている治療者の主観的体験をデータとして分析することに腐心し、ある程度の成果を収めることができたのである。このことによって箱庭療法の実証的研究のあらたな可能性をしめすことができたことはすばらしいことである。

しかしそのプロセスは決して順調であったとはいえない。その一部始終をみてきたわたしには、この論文は「産み」の苦しみを味わった後の喜びのように思える。だれにとっても論文をしあげることはそれほどの大事業なのであろう。こんごの育ちを楽しみにしたいものである。

箱庭における「関係性」に着目することによって、中道さんのさらなる研究の発展性が期待されるので、角野善宏先生と石原宏先生のご意見が含まれていることを感謝とともに明記したうえでつぎの二点を指摘しておくことにする。

今回の「関係性」要因のなかには、制作者とそのスーパーヴァイザーとの関係性に限定されるものと普遍化できるものが混在しているので、さまざまな要因の面接者との関係性のなかで制作するデータを蓄積し、「関係性」要因の普遍的確実性を追究していただきたい。

さらに、箱庭における「関係性」は、「制作者と面接者の関係性」だけに限定されず、「砂やミニチュア（箱庭用具）と制作者の内的イメージに関わる関係性」、制作者の存在の本質に関わる「意識と無意識の関係性」などが考えられ、さらに深い分析と実証をされることを願うものである。

中道さんは研究者としてというよりも、心理臨床家としての実績がすばらしい方である。なんといっても臨床の実際が大切である。事例研究からも学ぶところは多い。

心理臨床の専門家、箱庭療法を学んでいる方、これから学ぼうとしている方、また箱庭療法や心理療法に関心のある方などに、ひろく推薦したい書物である。

◆…箱庭療法の心層　目次…◆

箱庭療法の心層

第1章 はじめに

1 箱庭療法研究の現在

1. 箱庭療法とは

箱庭療法（Sandspiel; Sandplay therapy）は、一九二九年にイギリスの小児科医ローエンフェルト（Lowenfeld, M.）によってThe world Technique（世界技法）として考案され、D・M・カルフ（Kalff, D. M.）によってSandspiel（Sandplay therapy）として確立された心理療法である。日本には一九六五年に河合隼雄によって導入され、一九八二年の国際箱庭療法学会（ISST：International society for Sandplay therapy）において「箱庭療法は日本が質、量ともに最も発展している（河合、一九八四、18頁）」として位置づけられ、世界に認められる日本の代表的な心理療法の一つとなった。箱庭療法がわが国に導入されてから40余年の歳月が流れるが、その適用領域、適用範囲ともに大幅に広がっている。領域においては、心理臨床領域のみならず医療・教育・福祉といった領域にまで普及した。適用年齢においては子供から大人まで、症状面においては心身症や、適切な配慮を行えば精神病圏のクライエントに対しても用いられている。さらに、「援助の効果面の一つについての言い方が治療（藤原、二〇〇二、38頁）」であると捉えられるとして、箱庭療法は症状をもたない者に対しても「自己啓発」「自己理解」「感受性訓練」の手段の一つとして用いられ、不適応な行動改善を目指すというよりも成長や発達をいかに促進させるかを治療目標としたモデルを設定する「成長発達モデル」としての効果も上げている。

2. 基礎的研究と臨床事例研究

箱庭療法の発展にともない、現在わが国において様々な側面からの箱庭療法研究が進められている。主な箱庭療法研究の分野として、臨床事例研究と基礎的研究の二つが挙げられる。

臨床事例研究はわが国における箱庭療法研究の主流であり、臨床実践の中での治療過程を検討することによって新たな知を導き出し、箱庭療法の本質に迫ろうとする研究技法である。

一方、基礎的研究は「法則定位的（nomothetic）（河合、一九八二、xvii頁）」態度にもとづいて客観的・数量的データを提示し、箱庭療法の諸側面を明らかにしようとするものである。基礎的研究は、一九六九年の岡田康伸の研究を始まりとする。岡田は、健常者群と精神障害者群の箱庭作品について、制作所要時間、作品の高さ、使用玩具数、使用玩具の種類、作品のテーマ、砂への関与度等について比較検討を行っている。以後、基礎的研究の先達である岡田（一九六九、一九八四）・木村（一九八二、一九八五）の研究を発展させる形で、様々な角度からの研究が進められている。基礎的研究には、年齢発達別の箱庭表現の特徴をみるものや、症状や問題別の箱庭表現の特徴をみるもの、さらに、箱庭表現の領域に関する研究や、風景構成法やロールシャッハテストなどの心理テストと比較した研究、治療者の見方に関する研究などがある。いずれの研究も、箱庭制作において得られた数量的・客観的データをもとに作品を分析、検討し、箱庭療法の本質に迫る努力がなされている。

しかし一方で、これら基礎的研究の結果と、実際の治療との間のギャップが指摘されていることは否めない。基礎的研究の先達である岡田（一九八四）や木村（一九八五）は、基礎的研究の重要性を感じつつ、治療と研究をいかに結びつけるかという点についてのジレンマを語っている。岡田（一九八四）は、基礎的研究を行う上で「実際には、研究方法、研究における統計の問題、客観性の問題などと現実の治療との間に大きなギャップを感じ続けている（1頁）」と述べ、木村（一九八五）は「研究的試みは、その手続きや条件、方法を客観性の高いものにしようとすればするほど、実際の治療と遊離したものになっていくというジレンマを備えている（254頁）」と述べている。つまり、基礎的研究で検証されたことが、治療の進展といかにかかわっているかが結びつき難いのである。なぜならば、箱庭療法は「個人の治療を目的としているのであり、その意味においてあくまでもideographicな接近法をその本質である（河合、一九八二、xvii頁）」とするからである。

平松（二〇〇一）は、臨床実践と基礎的研究の乖離を埋めるための橋渡しの研究として「箱庭を表現することによってクライエントにはどのような体験が生じているのか、そのことと面接の進展との関係はどのようなものなのか、面接者と箱庭制作者との人間関係はどのような相互作用をもっているのか（112頁）」という箱庭療法の本質にかかわる点を明らかにすることを課題としてあげている。これは、箱庭を制作するクライエントの体験を解明することによって、治療者側からの視点ではなく、箱庭を制作するクライエント側からの視点で箱庭療法をとらえることであるといえよう。平松の示す課題は、基礎的研究の先達である岡田らが問題とした「研究と治療実践のギャップ」を埋めるための研究のひとつの方向性を示していると考えられる。

3. 箱庭療法研究の新たな視点

近年、平松があげた課題の一つである制作者側から捉えた「箱庭制作過程」に焦点をあてた研究が注目されている。代表的なものとして、平松（二〇〇一）、石原（二〇〇一、二〇〇二）、伊藤（二〇〇四）による研究があげられる。平松（二〇〇一）は、箱庭制作者の体験過程に迫る方法として「箱庭療法面接における体験過程スケール（EXPspスケール）」を作成し、箱庭制作後の言語的表現をスケールによって評定し、「非言語的技法における言語表現の役割とその治療的意味」について考察を行っている。平松の作成したEXPspスケールとは、「箱庭作品についての説明のなかにどれだけクライエントの体験、実感がかかわっているかを評定（119頁）」するものである。ただしここで検討されている言語的表現は、箱庭制作を基礎にして語られている点では箱庭制作過程におけるクライエントの体験と何らかの関連はあるだろうが、箱庭制作過程の制作者の直接的な体験そのものを明らかにするものではない。

石原（二〇〇一、二〇〇二）は、箱庭制作者の「主観的体験（二〇〇二、64頁）」を重視し、「箱庭作品について制作者自身がどのように感じているか」「制作過程において制作者にはどのような体験がおきているのか」という制作者側の観点から検討している。石原の研究では、「一つのミニチュアを選び、置く」という体験が制作者の内界にいかなる体験をひき起こすかについて詳細に考察されており、制作者の体験に迫るものとして注目される。伊藤（二〇〇四）は箱庭制作の様子と自由記述から得た制作者の内観から、制作過程についての考察を行い、さらに箱庭制作者とイメージとの関係性について検討している。これら石原や伊藤の研究は、治療者側からではなく、箱庭制作過程における制作者側からの視点を示すことによって、箱庭療法の本質に迫ろうという試みであるといえる。しかし、伊藤が自らの研究の今後の課題として示しているように、制作過程での制作者の内界を検討するには、「実験としての箱庭制作ではなく実際の治療場面やそれに近い箱庭制作場面を分析していくことが必要（伊藤、二〇〇四、64頁）」となる。箱庭療法では、制作の前提として制作者（クライエント）と面接者（治療者）との関係性が重要であることから、「実際の治療場面やそれに近い箱庭制作場面」とは、制作者と面接者の間に治療関係、あるいは治療関係に匹敵する信頼関係が必要なのではないかと考えられる。これは、平松が指摘した箱庭療法の本質にかかわる「面接者と箱庭制作者との人間関係はどのような相互作用をもっているのか（112頁）」という課題にもつながる。

4. 箱庭療法における関係性の研究

あらゆる心理療法は、クライエントと治療者の相互的人間関係を基礎として行われる。これは箱庭療法においても同様である。箱庭療法を日本に導入した河合（一九六九）は、箱庭を「治療者と被治療者との人間関係を母胎として生み出された一つの表現（17頁）」として捉え、クライエントと治療者の人間関係の重要性を強調した。さらに河合（一九九九）は、カルフのいう「自由にして保護された空間」をクライエントと治療者との関係の中で作り出すことができれば、「箱庭など無くとも治療は進展するといってもよいほどである（188頁）」とまで述べている。つまり、箱庭療法に限らず、治療の本質は人間関係にあるといっても過言ではない。

これまで行われてきた箱庭療法における関係性に関する基礎的研究として、境（一九七七）や斎藤（一九九一）、清水（二〇〇四）による研究があげられる。

境（一九七七）は、実験者が傍らにいて箱庭の方を見ているという実験的なセラピー状況のもとで制作された箱庭と、実験者はプレイ室の中にはいるが5メートル離れ、箱庭にはいっさい注目しないという非セラピー状況で制作された箱庭作品の特徴について比較検討し、治療者が傍らにつくことの重要性を指摘している。

斎藤（一九九一）は、箱庭制作を見守っている立会人の異同を手がかりとして、心理療法の専門家が箱庭表現を系列的に理解していく際の特徴を検討している。この実験では同一人物が二回にわたって制作した20組の箱庭を素材として、専門家と非専門家によるマッチング実験が行われ、その結果、専門家群が非専門家群よりも、また、同一立会人の前で箱庭を制作した方が、立会人が交代した場合よりも有意に一致すると報告された。斎藤の実験の目的は、あくまでも心理療法の専門家が、箱庭作品を理解していく特徴を検証するものであるため、立会人の存在が、箱庭作品にいかなる影響を及ぼしたかについての報告はなされていない。しかし、「箱庭表現が同じ制作者によると判断されるに際して、横で見守っている人物が同じであることが何らかの影響を及ぼしている（53頁）」ことが実証され、制作場面に立会う者が箱庭制作の展開に影響を及ぼしていることが明らかにされたといえる。

清水（二〇〇四）は、箱庭制作過程における制作者、立会人、非立会人（制作場面に直接参与していない者）の主観的体験を取り上げ、箱庭制作場面の共有体験の有無が、制作過程への関わり方に影響を及ぼすか否かを検討している。ただし立会人、非立会人はいずれも、箱庭療法の知識、箱庭制作への立会いの経験はあるものの、実際のセラピーの経験はない。実験の結果、制作場面に立ち合った方が立ち会わなかった場合に比べ、箱庭制作が自己関連的に捉えられやすく、コミットが自然に誘発されることが検証された。また、立会人には「自らの関与に対する（制作者の）反応が直に伝わってくる手応えがあり（47頁）」制作者と自らの関与の相互作用が感じられ、「受動的な態度の中で生じてきた心の動きを頼りに積極的な関与を試み、その見守り方には受動性と能動性が折り重なっている（47頁）」という立会人の態度が生まれることが報告された。一方、非立会人は、すでになされた箱庭制作場面を見るわけであるから、箱庭制作過程においての制作者との間の相互作用は起こりえない状況にある。そのため非立会人の態度は、箱庭に対する関与が薄く、箱庭表現を分析的、客観的に捉える傾向があるとの結果が検証された。これら清水の実験から、実験のために会話を控えているという状況下にありながらも、実際の箱庭制作場面を共有することによって立会人の内的活動が活発となり、立会人には制作者との間に内的な交流が生じていることを、箱庭作品から感じとっていることが明らかとなった。ただし、清水の実験では、制作者側からの立会人に関する感想は述べられていないため、制作者にとって立会人がいかなる影響を及ぼしたかは不明である。

境、斎藤、清水の実験結果から、箱庭制作場面に誰かが立ち会うか否か、立ち会う人物が同一か否かが箱庭作品に影響を及ぼしていることが明らかである。つまり、時空をともにした制作者―面接者は、互いに影響を及ぼしあいながら存在し、結果として箱庭作品ができあがるといえる。しかしいずれの実験も、面接者側から捉えた箱庭制作に焦点が当てられたものであるため、制作者にとって面接者の存在がいかなる影響を及ぼしているのかは明確にはなっていない。

②本研究の目的と方法

1. 本研究の目的

心理療法の原点は、クライエントと治療者の相互的人間関係にある。河合(一九九一)は心理療法について述べる中で、「自己治癒、つまり、クライエントがそれ自身の力で治ること(126頁)」が治療の根本であるとし、「クライエントの無意識内に潜在する自己治癒の力を活性化することが必要であり、そのためには、治療者や箱庭が必要となってくる(126頁)」ことを指摘している。河合の指摘から、クライエントの「自己治癒力」による治療が促進されるために「治療者」や「箱庭」が存在していると考えられる。つまり「治療者」や「箱庭」は、箱庭療法における治療的要因として位置づけられるといえよう。しかし、これまで概観してきたように、箱庭療法の本質はクライエントと治療者の関係性にあるといわれながらも、クライエント—治療者の人間関係が箱庭制作過程にどのような影響を及ぼしているかについて、クライエント側からの体験が検討されたものは見当たらない。箱庭制作におけるクライエント—治療者の関係性が及ぼす影響について解明されにくい要因として、箱庭療法が非言語的な交流を中心として行われる心理療法であるということが考えられる。

他の多くの心理療法は言語を介したやり取りを中心に進められるため、対話を分析することでクライエントと治療者の〝転移—逆転移〟を取りあげ、両者間の内的交流を解明することがある程度可能である。一方、表現療法などの非言語的療法は、クライエント—治療者間で言葉を介したやり取りがほとんど行われないため、両者の間でどのような交流が起こっているのかわかりにくい。中でも箱庭療法は、クライエントが箱庭に向かい、治療者はほとんど言葉を挟むことなく見守るといった形態であるため、クライエント―治療者間で起こっている交流を捉えにくいという特徴がある。さりとて、クライエントに箱庭制作過程での内的プロセスを表現してもらうことは、治療を妨げる要因ともなりうるため困難である。そのため、箱庭療法におけるクライエント―治療者関係という治療の中心課題を明確にするために取られてきた従来の研究手法は、治療が進展したことを事例によって提示し、クライエントと治療者の間に信頼関係が存在するということを間接的に証明するというものであった。このような事例研究の多くは、完成した箱庭作品を元に箱庭を制作したクライエントの内的世界や治療過程を、治療者側の視点から検討していくことから、研究者（つまりは治療者）の主観的、体験的理解をもとにした治療者側からの検討が中心となる。しかしこの研究手法では、制作過程でのクライエントの内的体験は治療者の推測の域を出ないのではないかと考えられる。

そこで本研究では、箱庭制作者と面接者との関係性に焦点をあて、制作者と面接者との間に人間関係が成立した中で箱庭制作を行った際の制作者の内的体験を検討する。さらに、箱庭療法におけるもう一つの治療的要因として位置づけられている箱庭（砂箱）について、制作者の主観的体験や臨床事例を通して検討する。そして最終的には、箱庭療法におけるクライエント（制作者）と治療者（面接者）と箱庭の三者の「関係性」という観点から、箱庭療法の治療的要因に迫りたい。

2．方法

制作者―面接者の関係性を基礎とした制作者の主観的体験を明らかにする際、次の二つの問題点が考えられ、各々の問題点に対する独自の方法論が必要となってくる。

第一の問題点として、箱庭制作には面接者と箱庭制作者の人間関係のみならず、砂、箱、棚に並んだたくさんの玩具、その中からミニチュアを選び出す作業、砂箱に置かれるミニチュアの構成などさまざまな要因が一度に働くため、箱庭制作過程での一つひとつの体験を箱庭制作後に言語化することが困難になるのではないかということが考えられる。まして、本研究の目的である制作者と面接者の関係性が箱庭制作にいかなる影響を及ぼすのかということが、様々な要因が働く体験の中では湮没してしまう可能性がある。

箱庭制作過程での制作者の主観的体験を捉える方法として石原（二〇〇七）は、「ミニチュアを一つだけに限定する」という手法をとっている。条件を設定するというこの研究方法は、「箱庭療法に本質的な体験を損なうこともなく、しかも制作者の主観的体験に焦点を当てやすいという利点（石原、二〇〇七、14頁）」をもっている。「箱庭療法が治癒力を持つのは、自分のイメージとぴったりした形で表現でき、それが自分の目の当たりにフィードバックされる点である（東山、一九九四、9頁）」とするならば、石原の言うように素材が限定されたとしても箱庭療法の本質は損なわれることはないと考えられる。ただし、本研究の目的である制作者と面接者との関係性が箱庭制作過程に及ぼす影響を検討するには、箱の枠の中に「ひとつのまとまった表現（河合、一九八二、ix）」を作り上げていく、制作プロセスでの制作者の体験に焦点を当てることが必要になってくる。

東山（一九九四）は、箱庭療法における「ぴったり感」の重要性を検証するために、砂と水だけに素材を限定した箱庭制作実験を行っている。東山の実験は、箱庭が、制作者自身を表すものであることを検証する目的でなされたものである。実験の結果、素材が砂と水に限定された箱庭であっても、箱庭が制作者自身を表すものであることには変わりなく、むしろ素材を限定したことによって制作過程で生じてくる体験が、より鮮明に制作者自身に体験されている様子が見て取れる。箱庭療法の原形は、カルフの発展させたSandspiel（Sandplay）、つまり砂遊びであることを考えると、砂と水のみに素材を限定したとしても、制作者にとってぴったりした表現を行うことが十分可能になるのではないだろうか。さらに、「ひとつのまとまった表現」としての自分自身を完成させていく過程での、制作者の体験を十分に検討できるのではないかと考えられる。そこで本研究においては、箱庭制作に使用する道具を「砂箱」、すなわち「砂」と「水」と「箱」のみに限定する。

第二の問題点として、制作者の主観的体験をいかに検証するかということがあげられる。この点についての方法論は、各章において随時提示していく。

第2章 箱庭療法における「関係性」

本章では、箱庭療法において「治療者」や「箱庭」がクライエントの自己治癒力を活性化させる治療的要因としていかに位置づけられてきたかを歴史的に概観し、箱庭療法におけるクライエント—治療者—箱庭という三者の「関係性」について考察を深める。

1 箱庭療法における治療的要因についての理論的展開

ローエンフェルト（Lowenfeld, M.）、カルフ（Kalff, D. M.）の箱庭療法における治療的要因の見解については、ローエンフェルト（一九五〇）、カルフ（一九六六、一九七二）、河合（一九六九）、岡田（一九八四）、メニューヒン（Menyuhin, J.）（二〇〇三）、楠本（二〇〇八）を参考に、検討する。

1．ローエンフェルト

イギリスの小児科医ローエンフェルトは、現在の箱庭療法の基礎となる「世界技法（The world Technique）」を一九二九年に創始した。彼女は、メラニー・クライン（Klein, M.）やアンナ・フロイト（Freud, A.）とともに遊戯療法を確立させた先覚者で、子どもが興味をもちやすく、かつ遊びを通して子どもの心理に反応することができるような構成的治療法を確立するための努力を続けていた人物である。

ローエンフェルトは、子どもの治療をする中で、思想、感情、感覚、観念、記憶がすべて不可解なほどにからみ合っている子どもが、内界を表現するためには視覚のみならず触感のような感覚の要素をもつ技法が必要であると考えた。ローエンフェルトは「子どもに自分の考えや感情を表現する装置」として「熟練の技術を要しないもの」、「思考を同時に複数のレベルで一度に顕せるもの」、「限定の枠組みをもっていること」、「見るだけでなく、触れる、感じ取るという要素を組み合わせたもの」という4条件を掲げている。この4条件を満たした装置として選ばれたのが砂箱と玩具である。そもそも箱庭は、ローエンフェルトの元を訪れる子供たちが、小説「フロアゲーム」にならい自発的に砂箱に世界を作っていく様子からヒントを得て考案されたものである。ローエンフェルトは、子供たちが作る砂箱の中の世界は子どもたちの内面的なものが投影されたものであり、表現することによって症状が改善していくことを見いだした。世界技法には、現段階では不十分にしか知られていない、子どもの内的経験の様相を探求することに目的があるとされている。つまり、砂箱の中に表現される〝現段階では不十分にしか知られていない〟クライエントの内的経験を、治療者が〝探求する〟ことが必要なのである。彼女は、治療者の姿勢として、治療者によって子どもにいかなる解釈も与えられてしまわないこと、詳細な観察を行い子どもも自身が作り出した意味や関連づけを注意深くそのまま保定し研究することが重要であるとしている。これは来談者中心療法のC・R・ロジャーズの姿勢と共通する部分がある。ロジャーズは精神分析的解釈に疑問を呈し、「何がその人を傷つけているのか、どの方向へ行くべきか、何が重要な問題なのか、どんな経験が深く秘められているのか、などを知っているのはクライエント自身である（一九六七、14頁）」とし、クライエントの内的準拠枠から理解する必要性を強調してきた人物である。

ローエンフェルトは、世界技法を転移や解釈なしで成立する技法として、治療者とクライエントの関係性をあまり重視しなかったといわれている。しかしこれは、「転移や解釈」という治療者中心の理解ではなく、ロジャーズのようにあくまでもクライエントにとっての意味を理解しようとする視点を持っていたのではないかと考えられる。ローエンフェルトは箱庭を見守る際、「世界技法の作り手が、形や大きさがさまざまな家の玩具が入った引き出しの前に立って、中くらいの大きさの家を取り出し、世界技法の平らな砂の上に置いた。その家を手に取ったその人にとって、それは『家』を表すものかも知れないが、同じくらいの可能性で家をあらわすものではないかも知れない。あるいは『安全』という概念を示すのに最も近いものとして選んだのかも知れず、その概念は『観察下にあること』『都市生活の制限』『家族』であったりする。またあるいは、単に、彼は騎手を置く台座として都合のいい大きさで長方形の物を選んだにすぎないのかもしれない（Lowenfeld, 1979, p.255）」というような視点でみていたようであるが、これはあくまでもクライエントにとっての意味を理解しようとする姿勢であるといえる。クライエントにとっての意味を理解しようとする姿勢は、箱庭療法における治療者の基本姿勢である。理解するにはサリヴァンのいう「関与しながらの観察」が必然的に生じ、そこにはクライエントと治療者の関係性が存在する。メニューヒン（一九九二、16頁）が世界技法（The world Technique）の基本要素として「アイテムを使うかどうかに関わらず、セラピストの眼前で枠づけられた空間（砂箱そのもの）のうちにおいて行なわれる砂との想像的活動である（傍点筆者）」とあげていることからも、世界技法においてセラピスト（治療者）の存在は不可欠であることがわかる。

以上のことから、箱庭療法の源泉である世界技法（The world Technique）の治療的要因は、「セラピスト（治療者）の眼前」で「視覚と同時に触覚をあわせ持つ」素材を用い、「枠」の中に表現された「現段階では不十分にしか知られていない」クライエントの内的世界が、治療者によって「探求」されることにあると考えられる。

2. カルフ

スイスのカルフは、世界技法（The world Technique）にユングの分析心理学の考えを取り入れ、子どもだけでなく大人にも有効な治療法としてSandspiel（Sandplay therapy）を確立させた。ここで砂を強調した名前がつけられたことから、カルフは砂を箱庭療法の大きな特徴であると捉えていたのではないかと推察される。

カルフのSandspielの理論として重要なことは、①クライエント―治療者の人間関係を重視したこと、②自己実現のプロセスが①のクライエント―治療者関係によって促進されるとしたこと、③表現に心像や象徴の意味を適用したこと、④系統的に見ることの必要性を説いたことがあげられる。なかでも①のクライエント―治療者の人間関係は、Sandspielの理論の根底にあるものとしてカルフが最も重要視していた点である。カルフ（一九七二）は、クライエント―治療者関係を「母と子の一体性（10頁）」と表現し、「自由であると同時に保護された空間（10頁）」における象徴体験こそが重要であると考えていた。「母と子の一体性」という関係性が成立し、「自由で保護された空間」において箱庭制作が行われ、クライエントの「ある精神状況の3次元的表現として理解される（12頁）」作品が表現されるのである。カルフは、表現されることによって、「葛藤は内的世界から外的世界へと移され、目に見えるようにされる。この表象の遊戯は子供の無意識の力動性に影響を与え、彼の心に大きな作用を及ぼす（12頁）」と述べ、表現することが治療的要因につながっていることを示唆している。

さらに、箱庭の道具である箱の枠と砂については、カルフは次のように言及している。まず、箱の枠については「砂遊びをする人の空想を制限し、そしてまた秩序付けたり、保護したりする要因のように働いている（12頁）」と述べている。さらに「真の自由は、いつでも一つの制限を前提としているように、人間に合うようにつくられた砂箱の寸法は、その表現されるものに一つの制限を加えているのであり、またその制限の中ではじめて変容が生じてくる（12頁）」ことを指摘している。一方、砂については、自我肥大によってクライエントが圧倒される危険性を軽減するとし、その理由として「無意識的内容が、外的現実世界においてはっきりした形をとる（V頁）」、「〈土〉なる本質との耐えざる接触がある（V頁）」という二つの特徴をあげ、砂の働きについて触れている。カルフのこの表現から、「〈土〉」つまりは砂との接触が、クライエントの守りにつながるとカルフ自身が捉えていたのではないかと考えられる。

以上のように、Sandspielでは「母と子の一体性」が成立した人間関係を前提とし、カウンセリングルーム、治療者、箱の枠の守りがある「自由で保護された空間」の中で、砂との耐えざる接触に支えられながら内界を表現していくことがクライエントに治療的な作用を及ぼすと捉えられていたのではないかと考えられる。

3．日本における箱庭療法

箱庭療法は、一九六五年に河合隼雄によって日本に導入された。河合はスイス留学中にカルフのSandspielに触れ、「『箱庭の歴史』というものはすでに日本にもあること、日本人というのは非常に視覚的にものをつかむことができ、非言語的に把握することができるということ（河合、一九八四、27頁）」から、Sandspielが日本人に向いている療法であると判断した。河合は、Sandspielを「砂遊び」と訳さずに、古くから日本にあった箱庭に似ていることから箱庭療法と命名した。楠本（二〇〇七）が「箱庭療法はカルフによって創始されたが、その発展は日本での展開抜きには語れない（133頁）」と述べているように、日本に導入されたSandspielは、箱庭療法としてさらなる深化を続けている。河合は、箱庭療法を日本に紹介した際、カルフが治療者の在り方として重視していたクライエントと治療者との人間関係をさらに強調し、箱庭に表現されたものをクライエントと治療者の「人間関係を母胎として生み出された一つの表現（河合、一九六九、17頁）」として捉え、治療者は解釈するよりも、的確な判断力を持ちそこに存在することの重要性を説いた（河合、一九八八、2頁）。河合は、カルフの言う「自由にして保護された空間」をクライエントとの関係の中で作り出せれば「箱庭など無くとも治療は進展すると言ってもよいほどである（河合、一九九九、188頁）」とまで述べていることから、箱庭療法に限らず、心理療法においてクライエントと治療者の関係性がいかに重要であるかがうかがえる。一方で河合は、箱庭の強みとして、「砂を用いることによってクライエントの治療的退行を容易にする（一九九九、185頁）」こと、「箱庭を作っていく過程において、クライエント自身がある程度、自分の作品を客観的に見られるので、自然のフィードバックが作用していること（一九九九、185頁）」をあげている。このような箱庭の特徴が治療的に働くことから、「治療者が理論的な点について無知であっても、素朴に、不当な介入をせずに存在するならば、極端な場合、クライエントは自分の自己治癒の力に最大限に頼って治ることもあると思われる（一九九九、185頁）」と述べ、箱庭の道具立てが治療的要因のひとつであることを示唆している。

また、箱庭療法研究の先駆者である岡田（一九八四）と木村（一九八五）は箱庭療法の治療的要因に関して明確に述べている。

岡田（一九八四、30―31頁）は、箱庭療法の治療的要因として①治療的人間関係、②カタルシス（浄化）、③自己表現、④自己治癒力の4項目をあげている。岡田は、すべての心理療法の根底にある治療者とクライエントの人間関係（①治療的人間関係）、無意識内に抑圧されていたものがイメージを通して外界へ表現され、意識化されてくること（②カタルシス）、自分を十分表現できることは、心理的な障害を克服すること（③自己表現）、「自己」を表現できることが自己治癒力の働きを促すことにつながる（④自己治癒力）ことを解説し、これらが箱庭療法の治療機序と結びついていることを指摘している。

以上のように、岡田は、クライエントと治療者の関係性とクライエントの箱庭制作過程が治療的要因に結びついていることを示唆している。さらに、他の心理療法よりも安定した母性の体験が可能となる理由として、箱庭療法の道具立てについて言及している。まず、箱は守りとなり、ミニチュアは三次元であることが利点であるとしている。さらに「砂または土は治癒の働きがあると思う（一九九三、21頁）」と述べ、砂の治療的要因について①退行を促すこと、②大地としての砂、③感覚に働きかけるという3点をあげている。③の感覚に働きかけるということに関しては、「砂が触覚を通して、動物的・本能的な、人間が本来もっていて、忘れがちになっている感覚機能に働きかけ（23頁）」「人間がもっている動物性を回復させる働きがある（23頁）」と説明している。

木村（一九八五、20―24頁）は、箱庭制作における治療的要因について、①砂、②箱、③内面にあるものの意識化、④自己意識と美意識の満足の4点をあげている。①の砂については、「その感触によって人間の深い部分に訴えかけてくる（21頁）」とし、「砂はそれ自体、治療的な素材である（21頁）」ことを指摘している。さらに「砂との戯れは心の防衛を解き、人をリラックスさせ」、「治療的に意味のある適度な心理的退行（21頁）」を起こすとしている。さらに、この砂の働きによって、「クライエントは緊張がほぐれ、少しずつ自己の内面の深い世界を表出するようになる（21頁）」と述べている。また、砂の可塑性についても触れ、可塑性によって表現の広がる可能性を指摘し、砂の崩壊感についても言及している。②の箱に関しては、面接室の枠、さらにその枠の中の箱と言うように、二重に守られた空間があることによって、クライエントが「相当の深いレベルの自己表現ができる（22頁）」と述べている。③の内面にあるものの意識化については、箱庭は「表現が目に見え、極めて具体的な様相を呈することによって、クライエント自身がそこから気付きを得る（23頁）」としている。そしてさらに、「そのプロセスの中で治療者が治療的にかかわっていけば制作者の体験と気付きはより深く実りの大きいものとなっていく（23頁）」と、治療者の存在の意義について触れている。④の自己表現と美意識の満足については、「自己表現によって、カタルシス効果を生み、表現しようとしたイメージがうまくあらわせ、美的感覚を満たすことによって得られる満足感がある（23頁）」としている。この点に関して岡田（一九八四）は、「治療がすすむと、作品が美しく仕上がるとし、『美』と箱庭の作品は切っても切れない関係にあるのではないか（27頁）」と述べており、木村の考えと同様に「美」についての見解を示している。

以上のように木村は、箱庭療法の道具と箱庭作品がクライエントに働きかける点を取り上げ、治療的要因に結びついていることを示唆している。

岡田、木村らが指摘するこのような箱庭療法の治療的要因は、箱庭療法の実践家たちが実際の治療の中で実感している部分であろう。

一方、東山（一九九四）は、箱庭療法の「治癒力」についてさらに具体的に論を進めている。東山は、箱庭療法が治癒力をもつのは「自分のイメージをぴったりした形で表現でき、それが自分に目の当たりにフィードバックされる点である（9頁）」と述べている。このような東山の論は、「治療者が理論的な点について無知であっても、素朴に、不当な介入をせずに存在するならば、極端な場合、クライエントは自分の自己治癒の力に最大限に頼って治ることもあると思われる（一九九九、185頁）」との河合の指摘に対する一つの答えを提示すると考えられる。つまり、治療者の理論的な理解が十分でなくとも、「自分のイメージをぴったりした形で表現でき、それが自分に目の当たりにフィードバックされる」場が与えられれば、十分に自己治癒力が活性化されることが考えられるのである。

つまり、クライエントが意識上では「ただ置いている」気持ちであったとしても、置いた時に「ぴったり」した表現であれば十分に箱庭は治療的に働く可能性がある。ただし、「ぴったりした表現」を行うといっても、どの水準の心の層とぴったりくるのかによって、カタルシス的な自己治癒力なのか、内界に変容をもたらすような自己治癒力なのかというように、自己治癒力の水準も異なってくるであろう。クライエントの内界に変容がもたらされるような水準での治癒力が働くための「ぴったりした表現」が行われるには、治療者との関係性が必要になるのではないだろうか。逆にいえば、治療者との関係性によって「ぴったりした表現」が行える心の層の水準が異なってくるのではないかと予想される。

表現することがなぜ心理的な治癒に結びつくのかという視点から言及している弘中（二〇〇二）は、「前意識水準にあって明確には捉えられなかったものが、それと違和感なく重なる外的な形すなわち表現を与えられたとき、より意識水準のものへシフトすると仮定（87頁）」した上で、東山の指摘する「ぴったり感」という治療機序を支持している。さらに弘中は、東山の言う「ぴったり感」、ジェンドリンの言う体験過程における前概念的体験、ユングの言う象徴に触れたときのヌミノース体験が共通性をもっているとし、それらの体験が「事態をより生産的な方向に向ける変化を引き起こすことができる（90頁）」と箱庭などの象徴的表現の治療機序について触れている。ジェンドリンの前概念的体験とは、体験過程において明確に言葉にすることはできないものの、明らかに体験しているものである。一方、ユングのいうヌミノース体験は、言葉でうまく説明できないような神秘的ともいえる深い情動体験であり、その典型例として元型的なイメージ体験があげられる。つまり表現される心の層は、意識に近いものから元型的なイメージにまでいたり、ひとくちに「ぴったり感」といってもクライエントのどの水準の心の層にぴったりした表現なのか、その幅はかなりの広がりをもつことが予想される。意識レベルに近い水準の心の層とぴったりくる表現ならば、比較的自我に取り入れやすいため、治療者との関係性はあまり問題にならないかもしれない。しかし、「ぴったり感」を表現しようとする心の層が深くなるにしたがって危険性や自我の抵抗が強まることが予想され、治療者の支援が必要となるのではないだろうか。河合（一九八四、18頁）は、箱庭療法が進展するためには治療者の「器の大きさ」、つまり「人間としての在り方そのもの」が重要になることを指摘している。これは箱庭療法に限らず心理療法全般に通じることであるが、クライエントが自らの内的世界を探求し、向き合っていくという大変な作業を行うには、その世界に同行してくれる治療者の存在が必要である。箱庭療法では、クライエントが箱庭を置き、治療者はただそれを見守っているだけのように傍目には見えるが、クライエントが深く内界に降りれば降りるほど、治療者の存在が重要な意味をもってくるのではないだろうか。つまり、ここで治療者の「器の大きさ」や「人間としての在り方そのもの」が問われるのではないかと予想される。

以上のことから、箱庭療法においてはクライエントの自己治癒力を活性化させるために「箱庭」と「治療者」が治療的要因として働いていると考えられる。つまり、クライエントの「ぴったり感」を表現した「箱庭（結果として作品ができあがる）」と、クライエントがぴったりした表現を行えるための「治療者」が必要であるといえる。

それでは、クライエント—治療者—箱庭（作品）の三者の「関係性」はいかに捉えられているのであろうか。次に概観する。

◇2◇ 箱庭療法におけるクライエント—治療者—箱庭の「関係性」

言語が中心となる通常の心理療法では、クライエントと治療者は直接的に対面し、言語を媒体とした関係が展開していく。両者の間で起こっている内的交流について、ユング派の分析家M・ヤコビー（一九八五、44頁）は、ユングの「転移の心理学」の図をもとに、深い治療関係で生じるプロセスを図2―1のように示している。

ヤコビーの図によると、クライエント（患者）と治療者（分析家）の自我と自我（a）、それぞれの自我とそれぞれの無意識（e・f）、両者の無意識と無意識（b）の間に相互作用がある。さらに、クライエント、治療者ともに、自分自身の自我と無意識の間に交流が起こっている（d・c）。治療者はクライエントの話を意識の場に取り入れ、取り入れられたものは治療者の無意識的な部分と相互作用を引き起こす。これらが、a・c・eのラインで表される。しかし、それらがすべて意識的に把握されているのではなく、無意識部分に取り込まれるところがある。それらが、f・bの線で表される。このような状態をふまえて、治療者はクライエントに反応を返す。そしてそのような治療者に対して、クライエントが同じような反応を返す。このようなやり取りを通して、クライエントのdが活性化されていくのである。このように、言語が中心の心理療法ではクライエントと治療者の間で意識的、無意識的な交流が活発に起こっていることを、ヤコビーの図式（図2―1）は非常に明快に提示している。

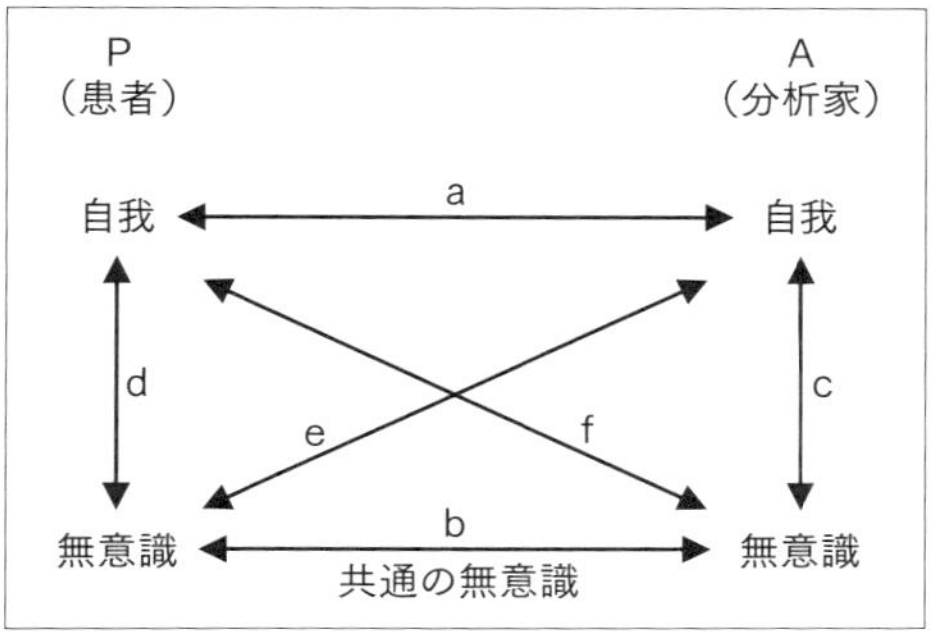

図2-1　治療の場（ヤコビー）

治療の場で起こっている治療者とクライエントのコミュニケーションについて、より明瞭に図式化したものに東山（一九八二、18頁）の「心理療法におけるコミュニケーション図式」がある（図2―2）。

東山（一九八二）は、「心理療法は、セラピストとクライエントの対他的コミュニケーション（inter－personal communication）及び、それによって促進されるクライエント内部の対自的コミュニケーション（intra-personal communication）

を通じて行なわれる内的世界の再統合である（18頁）」とし、その過程を図式で表した。東山の図によれば、クライエントの対自的コミュニケーションが促進されることによって自己治癒力が活性化され、「内的世界の再統合」が行われることがわかる。心理療法は、クライエントの自己治癒力によって進展していくものである。治療者が「治す」のではなく、クライエントが「治る」のである。東山のこの図式は、心理療法の過程が進展する要素を、明確かつ端的に図式化しているといえる。「クライエントの無意識内に潜在する自己治癒力を活性化することが必要であり、そのためには、治療者や箱庭が必要となってくる（126頁）」と河合（一九九一）が述べているように、東山の図式は、治療者がクライエントの「自己治癒力」を活性化させる、つまりクライエントの対自的コミュニケーションを活性化させるために、治療者自身が自らの内界と対自的コミュニケーションを行っていることが示されている。

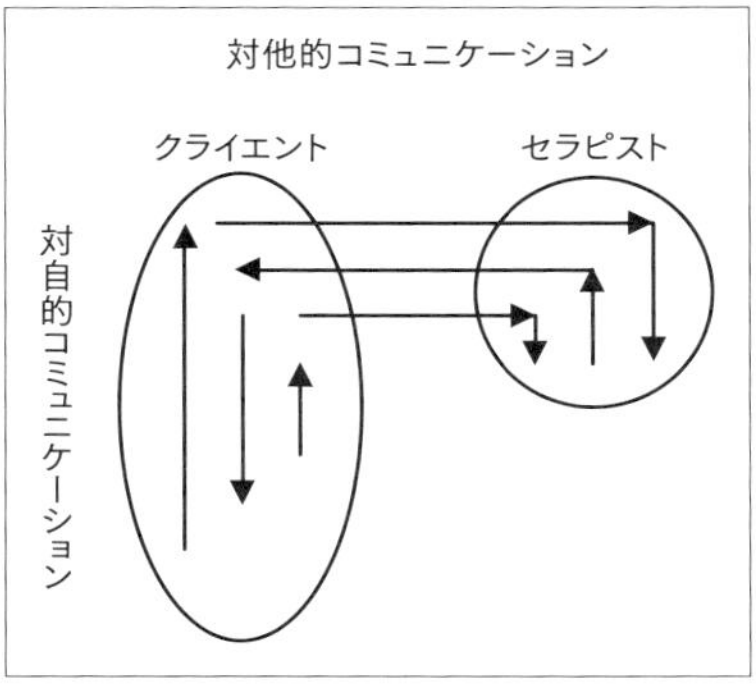

図2-2　心理療法における
コミュニケーション図式（東山）

箱庭療法においては、クライエントの対自的コミュニケーションの手段となるのが箱庭である。岡田（一九八四、19頁）は、制作者（クライエント）と治療者の間に箱庭が存在する箱庭療法におけるクライエント（注・岡田の図では制作者と表記されている）と治療者と作品の関係を三者関係と捉え、次のように図式化した（図2—3）。

岡田によると、①は治療者が制作者（クライエント）に対して母・子一体感の場面を作ろうとする動き、①'は制作者（クライエント）から治療者に対する直接的な働きかけ、②は作品の制作による自己表現、②'は作品から制作者（クライエント）に働きかけてくる作用、③は作品が治療者に与える作用、作品の治療者への無意識への働きかけ、コンプレックスの刺激など、③'は、治療者の印象、考え、感情、解釈などである。このような箱庭を媒介とした三者関係が、箱庭療法において成立しているのである。

3 箱庭療法における「関係性」の再考

ここで、岡田の「制作者（クライエント）と治療者と作品の関係」の図2―3（31頁参照）と、治療の場でのクライエントと治療者の交流を示したヤコビーの図2―1（29頁）とあわせて検討してみよう（図2―4）。

岡田の図2―2で示された①⇕①'の制作者（クライエント）⇕治療者間では、図2―1で示したヤコビーの言う患者―分析者間で起こる心理過程が当然起こっている（図2―4・Aの部分）。

箱庭療法は、クライエントと治療者の人間関係が成立することが前提となっていることから、箱庭制作場面では両者の関係性が直接的に表面化することは少ないであろう。あくまでも、Aの部分は箱庭を制作する前提として、成立している必要がある。ただし、箱庭制作の前提となるクライエントと治療者の人間関係は、瞬時に成立する場合もあり、時間をかけて成立する場合もあろう。

Aの部分は箱庭を制作する土台となっていることから、Aの部分の関係性

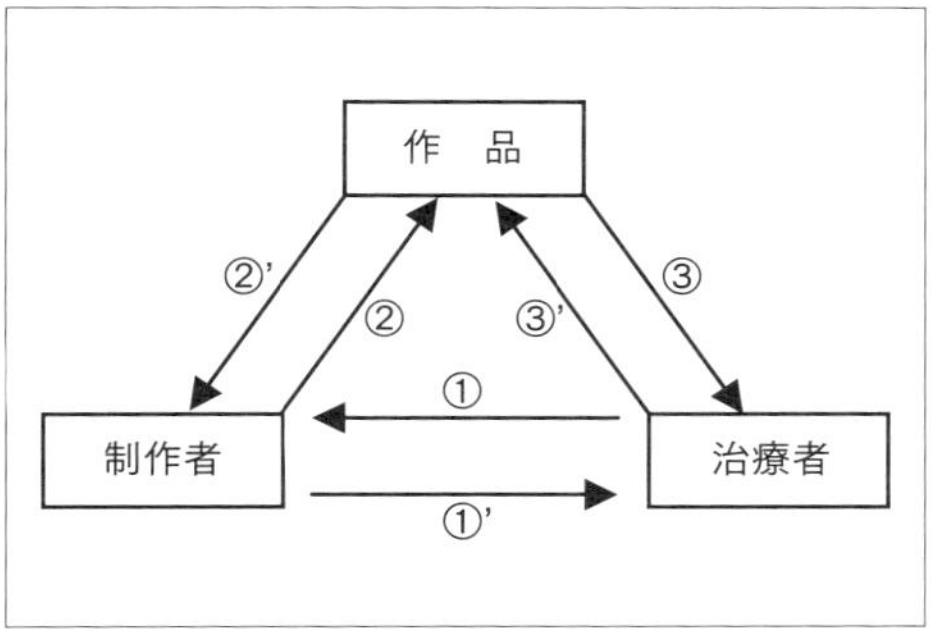

図2-3　制作者と治療者と作品の関係（岡田）

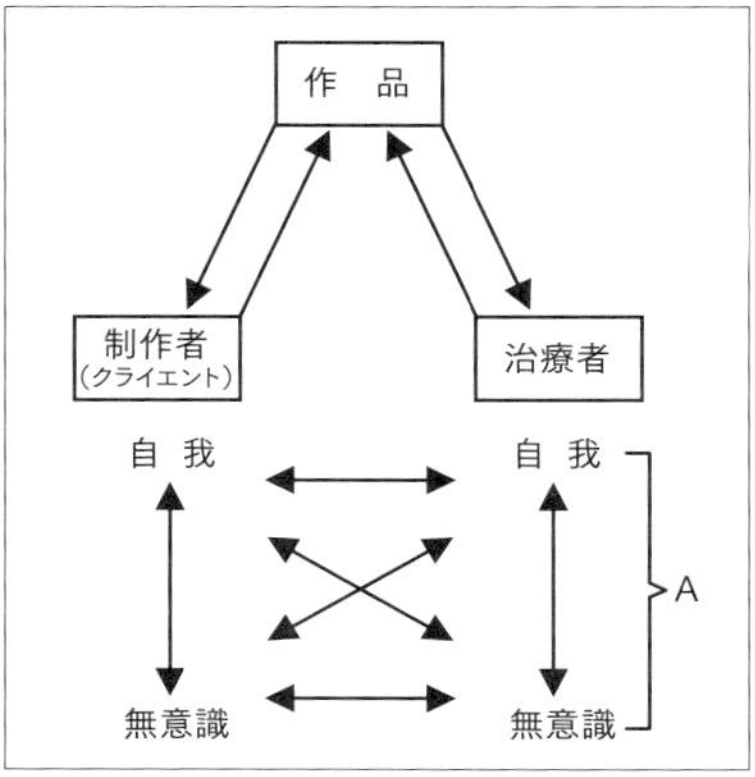

図2-4

を含めた表現が箱庭の中になされていく。クライエントの無意識的なものは、自我を通して箱庭作品に表現され、箱庭表現を見て治療者はクライエントの内界を理解し、クライエントの無意識からのメッセージを受け取る。ここで治療者の無意識が感じ取り、意識化されたものが、クライエントの制作した箱庭の中に表現されることは特別な場合を除いてはない。あくまでも、Aの部分での交流を通して治療者の理解がクライエントに伝えられ、それがクライエントの制作する箱庭に反映されるのではないだろうか。つまり、Aの部分の制作者（クライエント）と治療者の関係性が土台となり、制作者（クライエント）と箱庭と治療者の三者関係を支えているのではないかと考えられる。しかし、傍目には、治療者は箱庭制作を見守っているだけのようにしか見えないため、図2―3の①⇕①'の矢印で表される治療者と制作者（クライエント）間にどのような交流が起こっているのか、さらにはそれが作品にどのように影響を及ぼすのか（図2―3矢印②、③'）については非常にわかりにくい。東山の図式（図2―2）にあるように、クライエントの箱庭制作を受けて、治療者の内界では対自的コミュニケーションがさかんに行われていると予想されるが、それが作品に直接示されることはない。あくまでも、治療者からクライエントへの意識的、無意識的フィードバックを通して、治療者の理解が作品に反映されるのである。

岡田の図2―3（31頁参照）では、箱庭作品と治療者の関係性を示す際、箱庭作品―治療者の相互関係として示されている（③、③'）。ここで示された③'の治療者から作品への働きかけは、岡田も述べているようにあくまでも無意識的であって、面接場面において作品の中に直接フィードバックされることは少ない。クライエントが置いた箱庭に、治療者が手を加えることはよほどの場合を除きないからである。そのため、③で受け取った箱庭作品から治療者に働きかけてきたものは、①の治療者からクライエントへの働きかけを通して、クライエントから箱庭作品へフィードバックされることになる。そこで、箱庭療法で生じているクライエント—治療者—箱庭の関係を図式化すると、図2—5のように表現することが可能ではないだろうか。

クライエントは箱庭の中に表現（ア）していく過程において、箱庭作品からクライエントへのフィードバック（イ）が常に起こってくる。この繰り返しによって、作品は完成されていく。このア・イは、東山の言うところのクライエントの内部で起こっている対自的コミュニケーションである。ウ・エは、クライエントと治療者の人間関係である。この人間関係を土台に、クライエントは対自的コミュニケーションを進めていくのだが、ここでは図2—5で生じているような治療の場の関係ウ・エは前面に出ず、ア・イのクライエントの対自的コミュニケーションを支えている。そして、オは作品の中に表現されたクライエントの内界からのメッセージである。治療者は、これを作品の中に直接フィードバックするのではなく、ウからアの流れの中でフィードバックしていく形になる。つまり、箱庭作品からのメッセージを受け取った治療者は、それをクライエントへの言葉がけ、あるいは態度などの言語的・非言語的表現によってフィードバックする。治療者からのフィードバックによって、クライエントの対自的コミュニケーションがさらに深まる。そしてその結果が作品にフィードバックされると考えられる。「治療者は何もしていないのだが、そこに表現される箱庭は、治療者とクライエントの合作とさえ感じられる（河

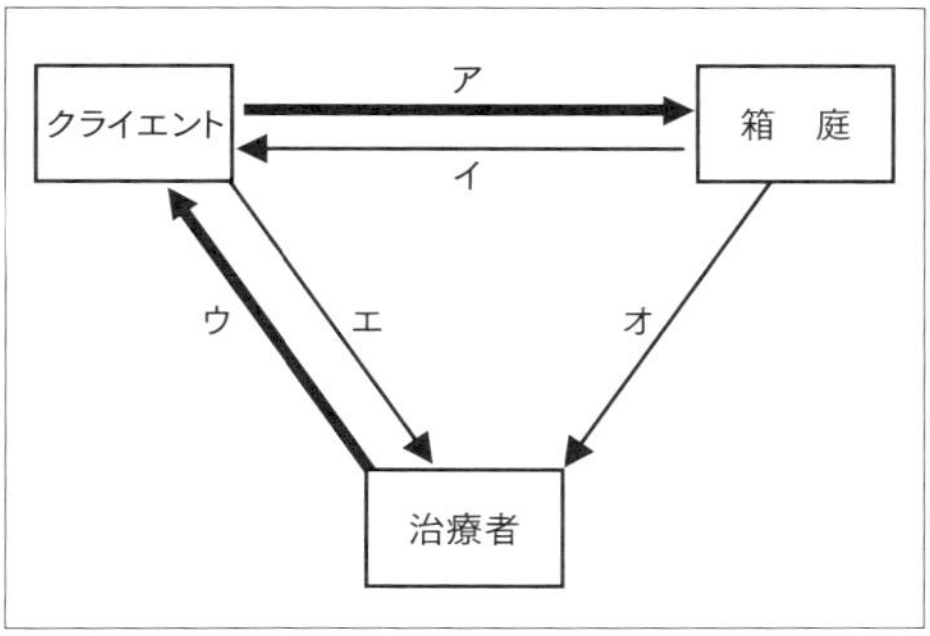

図2-5　クライエント—治療者—箱庭の関係

合、二〇〇三、17頁)」のは、クライエントが治療者からの働きかけを受けたウ→アの表現がなされているからだと考えられよう。

さらに、クライエントと箱庭の関係性を図式化すると図2—6のように表すことができる。

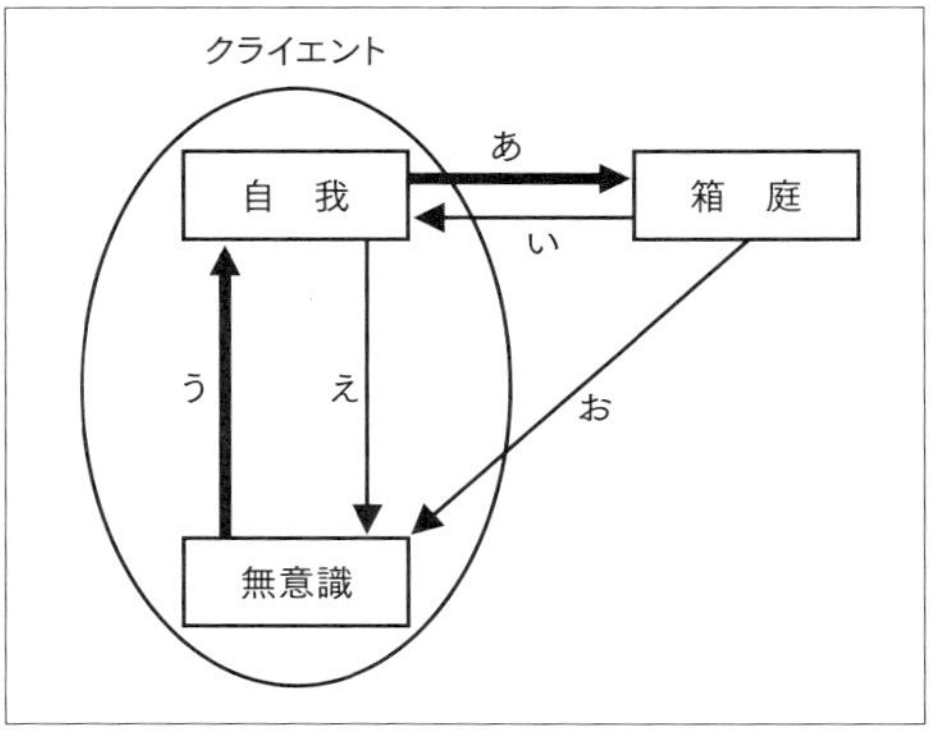

図2-6　箱庭作品とクライエントの関係

クライエントは、自己の無意識との対話(う)、(え)を通して、箱庭の中に内界を表現し(あ)、表現したものから意識的にも無意識的にもフィードバックを得る(い・お)。それをもとに対自的コミュニケーション(う、え)を進め、再び箱庭に表現していくということを繰り返すのである。つまり、箱庭との交流(あ・い・お)を通して、クライエントの対自的コミュニケーションが促進される。箱庭療法は夢に比べてクライエントの意識的関与が強いといわれていることがこの図からも推察することが可能である。

図2—6で示したクライエントと箱庭作品の関係性は、図2—5で示した「クライエント—治療者—作品の関係性」のあり方と近似している。図2—6のクライエントの「無意識」の部分は、図2—5の「治療者」の位置に重ねることができる。この図から治療者がクライエントの無意識の部分にどれだけ添えるかが重要であることが考えられる。さらに、治療者の添うクライエントの無意識のレベルによって、クライエントの表現が変化することが予想できるのではないだろうか。

4 おわりに

本章では、箱庭療法におけるクライエント―治療者―作品の関係性について概観し、再考察することを試みた。ここで検討したように、治療者の理解は、クライエントに意識的、無意識的にフィードバックされることを通して、箱庭の作品に影響を及ぼすのではないかと考えられる。つまり、治療者の理解が、意識的、無意識的にクライエントにコミュニケートされることが、箱庭療法の促進を支えているといえるのではないだろうか。しかし、箱庭制作場面において言語を用いた対話がほとんどなされないため、治療者の理解がどのようにクライエントに体験されているのか、さらには両者の間にどのような交流が起こっているのかは捉えにくい。そこで第5章以降に、箱庭制作場面での制作者（クライエント）側の体験を詳細に検討することによって、クライエント―治療者―作品の関係性について考察していく。

第3章

砂箱という宇宙

——砂・水・枠の検討——

1 はじめに

箱庭を前にした時、最初に目に飛び込んで来るのは、内側が青く塗られた箱の中の砂である。砂は、砂漠のイメージを惹起することもあれば、豊穣な大地とみなされることもある。さらに触れることによって、砂そのものの感触を味わうことも可能である。一方、箱の青は水を想起させる。制作者は砂を掘る行為によって水が出てくる感じを味わうことができ、箱庭には実際の水を使用しなくても箱の青によって水を表現できる仕組みが整えられている。つまり箱庭には、最初から砂と水のイメージが、そして両者が結びつくことによって惹起されるイメージが、箱という枠の中に準備されているといえる。

前章において、クライエント—治療者—箱庭の三者の関係性について検討した。本章では、箱庭制作の始まりから準備されている「砂箱」を取り上げ検討する。

②日本人と「箱庭」

箱庭療法は、ローエンフェルトによって考案された「The world Technique（世界技法）」をカルフが「Sandspiel」として発展させ、河合隼雄によって「箱庭療法」として日本に導入された心理療法である。岡田（二〇〇七、4頁）は、河合が「Sandspiel」を日本に導入する際、「砂遊び療法」と訳さずに「箱庭療法」と訳したことに特徴があることを指摘している。河合が「Sandspiel」を「箱庭療法」と名付けたのは、古来より日本に存在していた「箱庭」を意識してのことであり、心理療法として導入される以前から日本人にとって箱庭はなじみ深いものであったとの考えからである。ここでは、日本人に適した療法であると河合が判断した点について、「庭」との関連から「箱庭」についての検討と、箱庭療法における必要不可欠な道具となる「砂箱」についての検討を行う。

箱庭療法を日本に導入した河合は、箱庭療法が日本人に適した技法であると判断した理由として「日本における箱庭遊びの伝統や、日本人特有の言語によらず視覚的な表現を通じて悟る能力の豊かさなどから考えて（一九七一、2106頁）」という点をあげている。河合があげた「日本人特有の言語によらず視覚的な表現を通じて悟る能力」、「箱庭遊び」という二点について検討してみよう。

河合の指摘する「言語によらず視覚的な表現を通じて悟る」日本人の能力について考えるとき、箱庭との関連から「庭」、なかでも日本庭園が想起される。栗田（一九九九）によると、庭の原型は氏神様の神社の境内にあるという。さらに、日本文化の「にわ」の古型として残されているものに、琉球の「ウタギ」と呼ばれる神祠がある。「ウタギ」は、神の国「ニライカナイ」という彼岸への通路となり、人と神の融合する祭りの場である。つまり、日本人にとっての「庭」は、眺める対象としてだけではなく、宗教性と深く結びついていたのではないかと考えられる。「庭」の語源は「神聖で重要な神事を皆で行なう空間」である。日本人にとっての庭は、古来より「単に物質的空間でなく、じつは一人一人の心の中で、一つの宇宙イメージ＝自然＝祈りの場として生き続けている（栗田、一九九九、20頁）」といえる。

日本人の精神性と関連の深い「庭」として想起されるものに日本庭園がある。長谷川（一九七七、一九七八）によると、日本人が土地を囲って〈かこい〉の外の空間と内の区別を行い始めたのは農耕が始まったといわれる弥生時代に遡る。〈かこい〉の内は、はじめは生活の実利的な役割をしていたが、時代が進むに従って、美的観賞の場、あるいは宗教的な場として精神的生活に関連するようになった。文献に記録として残っている最古の庭園は、日本書紀に記されている蘇我馬子が作ったとされる六二〇年頃（飛鳥時代）のものとされている。

日本庭園をつくる際、作庭者は「一つの思想的背景のもとに意匠した内容を秀れた技法を駆使して表現（長谷川、一九七七、1頁）」しており、一つの庭には必ず「思想的背景」が存在するという。その「思想」が、庭を観賞する人に訴えかけ、心を打つのであろう。「対座して庭は語りかけてくる。歴史を語り、哲学を語り、人生を語りかけてくる。客在的な対象美の存在だけではない。見る人と互いに心が交う。庭を理解してその美しさを見る。その美しさの内容を識り、その美しさの由縁を知って庭を見る。……（中略）……傍観的美観賞でなく、共感共鳴の生命的な美の賛歌が生まれる（長谷川、一九七七、1頁）」のである。つまり、日本人は「庭」をただ観賞するのではなく、宇宙観が表現されている庭と対話することによって、自らの内的宇宙と向きあっていたとも考えられる。織田（二〇〇四、70頁）は、箱庭について「こころの宇宙を特に大地との関連で実態的に表現することができる」と述べているが、古くからの日本人の「庭」との向き合い方が、箱庭療法と一致したといえるのではないだろうか。

一方、「箱庭遊び」と日本人の関係の原点は、盆栽にあるとされている。盆栽は、庭園を盆空間に移したものであり、盆石、箱庭などと呼ばれ平安時代にはすでに日本に存在していた。奥平（二〇〇二、34頁）によると、平安時代には洲浜状の曲辺を有する脚付きの台盤上にミニチュアでさまざまの盆景を作る「洲浜」というものがあったようである。また、箱庭と同義語で用いられる盆石は、室町時代には明確な形態で存在していた。これらのことからも、日本人の心と箱庭には、古くから密接な関係があったと推察される。また、江戸時代の箱庭に用いられていた砂は、「大磯黒胡麻砂、山城の鹿背砂、黄白色にして灰色の斑あり（喜多村、一九七九、126頁）」と様々な種類があったようで、現在の箱庭療法と同様に、砂の色、素材感にこだわりが見られ、当時から箱庭における砂は重要視されていたのではないかと考えられる。一方、枠となる箱は、喜多村（一九七九）によると、木枠はもちろんのこと、金たらいや樽や鍋、土鉢といったように形や大きさ、その素材も様々であったようである。箱は、無限に広がる現実の空間の中で、異なる次元の世界を表現するための世界を作る枠としての役割があったと考えられる。

以上、日本人と「箱庭」の関わりについて概観した。次節以降において、箱庭療法の第一の道具立てとなる「砂箱」、つまり「砂」、「水」、箱の「枠」に焦点を絞り、素材のもつ治療的要因について検討する。

1．素材としての砂

1—1　可塑性と流動性をもつ砂

砂は可塑性のある素材である。わずかな刺激に対しても敏感に反応し、様々な様相を呈する。箱庭制作の際、直接砂に触れずにミニチュアを置くだけであったとしても、砂は動きを示し、外からの刺激に対しても敏感に反応する。このような砂の特徴は、わずかな刺激に対しても微妙に揺れ動く人間の心とその性質が似ているともいえる。わずかに変化しただけで破壊されてしまう脆性でもなく、力を取り除くと元の形に戻ろうとする弾性とも異なり、力を加えた部分だけそのままの状態を保つ可塑性をもつ砂によって、微妙な心の襞を表すことも可能となるであろう。

一方で、砂は、一定の容量を越えると流れ動き、液体のような流動性ともいえる性質を呈する。砂を掘り下げたり、高く積もうとしたりして、制作者が正面から砂と取り組もうとすると、砂の自由にならなさと直面することになり、そこには多くのエネルギーが費やされることになる。砂は、初めから終わりまで自分自身で形づくることができるため、ミニチュアよりも自分のぴったりした感じを出しやすい素材であるが、その自由にならなさと格闘し、自分で満足のいくおさまりを付けなければならないという意味では扱い難い素材であるという側面をあわせもつ。河合（一九九一）は、自己治癒力を引き出す創造は、「葛藤に耐え、それを抱きかかえていることから生まれてくる(212頁)」と述べているが、制作者が砂と対峙し、ぴったり感を模索する作業を行うとしたならば、砂という素材との対峙が、自己治癒力を引き出す要因として働く可能性もある。「砂に全く触れない人は受動的傾向の強い人(河合、一九六七、100頁)」との見解もあり、砂の使用の有無は、生産性、積極性、あるいは創造性との関連が深いのではないだろうか。さらに、砂の使用は「適応、安定といった側面に極めて関連深い(木村、一九八二、14頁)」との指摘から、外からの刺激に対して自分なりに処理できるエネルギーをもちあわせている者が、砂の造形に取り組めるのかもしれない。箱庭療法は、砂の流動的な素材の性質が崩壊感を招きやすいこととの関連から、統合失調症圏のクライエントへの適用には慎重さを求められている。一方で、統合失調症圏のクライエントでなくとも、治療が進んで初めて砂を触るというケースも多くあることから、砂の崩壊感に耐え、自分にぴったりとくる砂の造形を行えるだけのエネルギーが制作者に得られた時に、砂と正面から対峙した表現が行えるのではないかと推察される。

1―2　身体に働きかける砂

高層ビルが立ち並び、大地もアスファルトに覆われてしまった現代を生きている我々は、土に触れる機会をもつことが少なくなり、自然そのものとの接触の機会も失われつつある。これら土や自然との断絶は、現代における不適応行動や症状を誘発する理由としても考えられている。河合(一九九一)は、身体性から切れた存在になりがちな現代人の自我と、心の中の深い層をつなぐイメージ表現としての箱庭の砂を「自己治癒力を活性化させるために、自我のコントロールを弛めることに大いに役立つ(128頁)」として注目した。つまり、砂を触ることで感触が生に体験でき、心からのアプローチと同時に身体からのアプローチが行われ、心身両側面からの働きかけが可能となるのである。近年のガーデニングブームも、癒しを求めた土との接触の回復であるといえるかもしれない。

箱庭療法の創始者であるローエンフェルトが箱庭について、視覚のみならず触感のような感覚の要素をあわせもった技法であると述べているように、砂を用いることによって直接身体に働きかけることは箱庭療法の大きな特徴のひとつである。箱庭を前にした際、実際に触れる前に視覚のみで砂を捉えた場合でも、「さらさら」「ざらざら」というような触覚を伴ったイメージが喚起されることは珍しくなく、砂は直接触れずとも触覚を喚起しやすい素材であるといえよう。動物学者のバートン（一九七五、23頁）は、触覚は生き物にとっておそらくもっとも古い感覚であり、体表の全体にわたって存在する感覚であるため最も壊れにくく、生きる上で最も重要な基本的感覚であると述べている。人間は、母親の胎内からこの世に生まれてくる時に産道を通る。産道の表面にはいくつもの襞があり、ざらざらとした状態である。胎児の感覚は、産道を通る時のこのざらざらした刺激によって目覚め、脳や内臓器官が活動しはじめるといわれている。人間がこの世に生まれ出る際に重要な役割を担っている触覚は、人間にとって根源的な感覚であるといえるかもしれない。山口（二〇〇三）は「視覚や聴覚で捉えたものは、触れることで初めてその存在を確信できる（105頁）」ことから、「触覚は視覚や聴覚と並列な関係にあるわけではなく、それらを基礎づける機能を持つ（105頁）」と述べ、触覚を根源的感覚であると位置付けている。また、「触れる」という感覚は、「見たり聴いたりするのとは違って、『今、ここで』両者がそこに同時に実在しなければ成り立たない（山口、二〇〇三、17頁）」感覚であり、触覚は「同時性」と「実在性」をもっていると示唆している。箱庭療法においては、砂に触れることによる身体性の次元への関わりが「同時性」と「実在性」を生み、それが確かな現実へとつながっていくのではないだろうか。つまり、箱庭制作者は砂に触れ、その「実在性」を確認することによって、同時に自分自身の「実在性」を確認できる可能性がある。制作者は砂に「触れる」ことによって、同時に砂に「触れられる」体験をしている。河野（一九八二）は、心身症のクライエントの場合「箱庭では砂というBody imageを通して心と身体の全体性を回復するように思われる（38頁）」と述べているが、砂に「触れる」と同時に「触れられる」ことによってBody imageがより明確になり、全体性を回復していくのかもしれない。国語辞典によると、体験とは、「自分が身をもって経験すること」である。「何かに触れるという経験は、からだの〈内〉を対象に向かって開き、それを対象の表面に、あるいはその奥のくぐもった触感につきあわせる（鷲田、二〇〇六、79頁）」ことであるとすると、砂を触ることによって、「からだの〈内〉」と対象の間で身体を通した対話が起こっていると考えられる。この対話によって、「からだの〈内〉」が刺激され、イメージが活性化されているのではないだろうか。実際に砂の上に手を置いてみると、砂の触感が身体に響いて来る。砂に触れることで砂に触れられている自分が「今、ここ」の存在として定位されるといっても過言ではない。直接砂に触れずミニチュアのみを置いていく場合でも、固い材質の上に置いていくのとは違いミニチュアを通して砂の感触が伝わってくることから、砂の感触は制作者に少なからず影響を与えると考えられる。

これら砂の触覚は、一般的に、治療的に意味のある適度な心理的退行を促進するとしばしば指摘される。岡田（一九九八）は、「砂の感触のよさが、母との皮膚接触と結び付けられる（187頁）」とし、砂の触覚の有無とロールシャッハテストのM反応とが関係あるというバウアーの研究を取り上げている。さらに、触覚だけではなく、砂に触れることが子ども時代の感覚へとつながるといった河合（一九九三、122頁）の指摘や、「砂を使って作業することは、あたかもそれが大地のように両親が育んでくれるという信頼感についての初期体験の含みを持っている（Menyuhin、二〇〇三）」と砂と初期体験との関わりについての指摘もある。これらのことから、砂に触れることは、人間の根源的感覚を呼び覚ますと同時に、初期の母子関係や子ども時代の体験の身体レベルの記憶を惹起する可能性も考えられる。

以上のように、身体に直接働きかけてくる砂は、現実に存在し見て触れることのできる物質として制作者に影響を与えている。しかし、砂の制作者に与える影響は、現実の素材としての要因だけではなく、砂のもつイメージも大きく関わっていると考えられる。そこで次に砂のイメージについて検討する。

2. 砂のイメージ

箱庭の砂を前にした時、それは「地」のイメージを喚起する場合が多い。砂の「地」を不毛な地である「砂漠」と捉えるのか、生命を育む「大地」と捉えるのかによって、砂がもたらすイメージは自ずと異なったものになるであろう。

ユング派分析家のヴェレーナ・カースト（一九九二）は、夢の中に現れる砂漠を考察する中で、次のようなことが明らかになってきたという。ヴェレーナは、われわれが「慣れ親しんだ体験と思考の空間を後にするとき、魂の点で新たにされた空間に到達（13頁）」するが、「そのような空間の一つが砂漠（13頁）」であり、「砂漠の測りがたさによって私たち自身の内的存在の測りがたさが経験できる（13頁）」ようになると述べ、「砂漠は自分自身と仮借のない直面をする場（15頁）」であると考察している。ヴェレーナの考察は、砂漠が自分自身と対峙する死と再生の空間になりうることを示している。生死が常に隣り合わせにある砂漠では、余分なものが削ぎ落とされ、自分自身の命とのつながりの本質へと還元される場となりうるのだろう。つまり、砂漠での極限状態の中から本質的なものが生まれてくるといえるのではないだろうか。砂漠の宗教と呼ばれる一神教発生の背景には、砂漠という過酷な自然があったことを考え合わせると、砂と宗教性には深い関わりがあるのではないかと推察される。

実際に、世界各地には、砂を用いた様々な宗教的儀式が存在する。日本においては、地鎮祭や神社の宗教的儀式において清砂が用いられる。チベット仏教（ラマ教）では、僧侶たちが何ヶ月もかけて「砂曼陀羅」を制作し、それを一瞬にして壊し、川に還すという宗教儀式が行われている。砂曼陀羅を制作する際、僧侶たちは砂のひとつぶひとつぶに祈りを込めながら描くという。その祈りが砂のひとつぶひとつぶに仏を宿すと考えられている。また、インドでは、女性が住居や寺院の入口にコーラムと呼ばれる砂絵を描く習慣がある。神聖な絵を描くことが瞑想の一つとされ、祭儀の時や日常では幸運の女神を招き入れる目的でコーラムが描かれるのである。コーラムの文様は母から娘に受け継がれており、コーラムを描くことは女性たちの花嫁修業の一つとして捉えられているが、これらを宗教的儀式として捉えることも可能であろう。ナバホ族には、メディスンマン(祈祷師/民間治療家)が病気などの治療の際に、砂絵を描く儀式が存在する。彼らは、色のついた石を砕いて作った砂や、土を使用して模様を描き、チベットの砂曼荼羅と同様に、砂絵を破壊することで儀式が完成する。また、メラネシア地方には砂上の迷路を歩かせるという神話に基づいた成人式の儀礼があり、死と再生の主題をもつものとされている。さらに、古代、または未開の地では砂の上に神話的主題を描いてその効力を利用し、治療的な効果を得ようというものもある。以上のような儀式はいずれも、一瞬にして崩れ去る砂を用いた一期一会の宗教的儀式であると考えられる。これは、先にも述べたように、極限状態の中から本質を見いだせる可能性を秘めた物質であることによる砂のイメージと関連があるのではなだろうか。

一方で、箱庭の砂は、生物が生息できない砂漠のイメージとは対極にある生命を生み出す母なる大地とみなされることも多い。「砂は私たちの無意識や母性などの深い心の世界を表現する(樋口、一九八九、1頁)」、「砂の感触のよさが、母との皮膚接触と結び付けられる(岡田、一九九八、226頁)」といったように、箱庭における砂と母性のかかわりについては多くの箱庭療法家が指摘するところである。木村(一九九〇)はさらに一歩踏み込んで、砂との関わりは「母なるもの、土的なものをクライエントが感じ、それに抱かれる体験をするための一つの入り口となる(192頁)」ことを指摘している。木村のこの指摘は、砂との接触が母なるものとの接触へつながり、さらに「抱かれる」という癒しへと導いていく可能性を示唆している。以上のように、箱庭の砂は母性と深く関わっており、砂と母性の関わりは箱庭療法においては自明の理とされている。

大地と母性との結びつきについては、世界各地において信仰の中に根強く残っている。たとえば、父神的性格をもつ上天神（天父 sky-father）に対し、大地の豊饒性、生命力の神格化がされた地母神が位置づけられている。大地母神といわずに地母神といわれるのは、地母神が大地と母神の結合ではなく、地母と神の結合であるからではないだろうか。吉田（一九八八）によれば、地母神は農耕文化に共通して見いだされるもので、その特徴として愛欲的性質と地下＝〈地母〉の胎内にある冥府に死者たちを迎えてその主となることがあげられ、〈地母〉の胎内に迎えられた死者が〈胎児〉に戻り、再生できるという信仰があるとのことである。

宗教学の立場から、エリアーデ（一九六八、84頁）が「大地にあるものはすべて、他のすべてのものに結びつけられて、一つの偉大なる全体を作りあげる」と述べているように、大地というものは原初から「あらゆる存在表現の基礎（一九六八、101頁）」として捉えられてきた。また、大地は、あらゆるものを生み出し育んでいくことから、母性を象徴するものとして示されることも多い。たとえば、エリアーデ（一九六八）によると、アルメニア人は「大地は人類が出できたる母なる胎（86頁）」と考えていたようである。このように、大地は人間の基盤となるべき、母性的な側面をもっているといえよう。

東山（二〇〇五）は母性について述べる中で、「原初的母子一体感の世界は、すべてあるものをあるがままに認め、許し、受け入れる世界（30頁）」であるとし、「すべてのものを無差別に包みこむ抱擁的原理（30頁）」があると述べている。東山の「無差別に包みこむ」という表現は、母性が肯定的にも否定的にも働くことを端的に示唆している。「生み、育てる」というのは母性の肯定的なイメージである。一方、母性の否定的なイメージとして、蟻地獄のようにすべてのものを呑みこんでしまうというような側面もある。阿部公房（一九六二）の有名な作品「砂の女」には、掘っても掘っても尽きることのない砂との格闘を繰り返す男の姿を通して、すべてを侵食してしまうような砂の破壊的側面が描かれている。母性には、「生み育む」側面、「侵食し、呑みこみ、崩壊へと導く」側面といった両面性があるのである。

地母神のところで述べたように、すべてのものは土から生まれ、土に還っていくということは人類普遍のテーマである。これは、死体を土葬することで、大地のふところに帰り、再び生まれかわってくるという信仰が世界各地に見られることからもわかる。つまり、大地には人類普遍の神話的要素が色濃く含まれているといえよう。実際の箱庭療法においても、砂の中に何かを埋め、そこから再生してくるというのはしばしば見られるモチーフである。

日本には「土用」という言葉が存在する。「土用」とは、中国から伝わった陰陽五行説の思想に基づくもので、前の季節が消滅し、次の季節が生まれる混沌とした時期として捉えられている。季節の変わり目である立春・立夏・立秋・立冬の前18日が、それぞれの季節の土用として設定されている。新しく季節が生まれる「変わり目」ということから、土に対して清浄観が生まれ、土を身体につけることによって汚れが落ち、無病息災でいられるという信仰がある。それを証明するように、日本各地では土に関する祭が今でも残っている。

以上のように、「地」には古くから「宗教性」や「信仰」と深くつながるイメージがあると考えられる。

1. 素材としての水

砂の素材がもたらす「接触性」「可塑性」という二つは、水にも共通して見られる性質である。しかし、水の場合は、その性質を「可塑性」とは表現せず、「流動性」と表現する。これは、液体と固体という状態の違いがもたらすものである。このような素材の状態の違いが、どのような影響を及ぼすのか砂との比較から検討する。

1―1 五感に働きかける水

砂という素材が身体に働きかける要因は、「接触感」によるものが大きいことは先に述べたとおりである。砂は、触覚(何かが接触している)、圧覚(押されている)、痛覚(痛い)、温度覚(熱い、冷たい)といったような皮膚感覚のすべての刺激を与える。一方、水の場合は、温度覚の刺激はあるものの、他の刺激は、深く水の中に潜るという体験時を除き、単に水に触れるだけではほとんど感じることができない。水は「濡れている」という感覚を我々にもたらすが、触れている水を形として認識することはできない。これらのことから、水に触れることは水を対象として認識するというよりも、融合、浸透するという感覚につながるのではないかと考えられる。

水は、触覚だけではなく、人間の五感全体に働きかける性質をもっている。飲み水は、味、臭いといった味覚、触覚から我々に働きかけてくる。また、波の音、川の流れ、雨だれの音といったように聴覚に働きかけてくる水も考えられる。さらに人は、水辺の風景を視覚で捉えることによって癒しや涼を得ようとすることもある。人々は、沐浴、入浴などによって水にひたり、水をまとい、水に包まれ、水に癒されようと水を求める。生きている我々の身体の六〇～七〇パーセントは水分であり、自分の内の「水」を常に感じている。乾けば潤し、溢れそうになれば外に向かって放出する。水が自分自身の身体が欲するものを与えてくれることを、我々は細胞レベルで認識しているのではないだろうか。

1―2　流動性をもつ水

水を司る神様を祀っている京都の貴船神社には、人生訓として水五訓（作者不詳）がかかげてある。

・自ら活動し他を動かしむるは水なり
・常に己の進路を求めて止まらざるは水なり
・障害に逢ひて激しく其勢を百倍し得るは水なり
・自ら潔らかにして他の汚を洗ひ清濁併せ容るるの量あるは水なり
・洋々として大洋を充たし発しては蒸気となり雲となり雨となり雪と変し霰《あられ》となり凝ては玲瓏《れいろう》たる鏡となり其性を失はざるは水なり

これらは、水の性質を的確に表していると考えられる。水はその流動性から、様々な形に変化しながら力を発揮し、しかもその本性を失うことなく、存在し続ける。地球の水は太古の時代からほとんど変わることなく、ただ循環を繰り返しているだけであるといわれている。水は、水蒸気、水、氷というように、気体・液体・固体とその状態を変えるが、水の本質は何も変わらない。20億年前に生まれたといわれている水は、幾度となく循環を繰り返しつつも、本性を変えていないのである。

水はそのままでは透明であり、枠がなければそこに留まることができない。また、他の物質と組み合わされることによって姿形を変え、組み合わさった物質を生かす方向にいく。たとえば、水は大地に吸収されると、水そのものは視覚で捉えることができないが、大地を潤し、大地のもつ可能性を最大限に引き出すことができるのである。しかも、水そのものの本性は変わらない。また、砂糖や塩など他の物質を溶かし、その物質の可能性を開いていく力をもっており、水は結びつく物質を生かすという性質がある。

以上のように、水は自らの本質を変えることなく、あらゆるものと結びつきその物質の可能性を開く性質があるのではないかと考えられる。

2. 水のイメージ

水のもつイメージは、生命の水、浄化作用、再生の中心、さらには無意識というようなテーマに還元できよう。これらのテーマは、世界各地の神話や伝承の中に見いだすことができる。

水は地球の歴史に深く関わっており、地球誕生の際、隕石の衝突によって水が発生したといわれている。水は、人間の心にとって根源的なイメージをもつ。「あらゆる存在の根源は何か」ということは、古くから多くの哲学者によって思索されてきた問いである。世界最古の哲学者と言われるギリシャのターレス（BC六二四～五四六年頃）は、「万物の根源は水である」とし、存在するすべてのものが水から生成し、水へとかえっていくものだという説を唱えた。また世界各地に残されている創造神話の中でも、原初の世界が水で覆われていたというイメージが共通して見られる（吉田、一九九九）。地球上の生命の歴史は海からの誕生であり、ヒンズー教の聖典では「いっさいが水であった」と述べられている。このように、古来より水が全生命の源であり、あらゆるものの存在の根源にあると考えられていた。現在、地球の表面は三分の二が水に覆われている。人は胎内にいる時は羊水に浸かっており、胎外に出てからは、その身体のうちに六〇～七〇パーセントの水をたたえている。つまり、水なくして「いのち」あるものは存在できないといえるのである。

水は生命を産み出すだけではなく、成長や発展にも大きく関わっている。水は天の恵みであり、大地を潤し生命を与えるといった点で、豊穣と肥沃のシンボルとして捉えられる。さらに水は、生物の生命を育む役割としてだけではなく、生活水、農業用水、工業用水、運搬手段といった形で文明の発展にも関わっている。これは、古代の文明が栄えた地が川沿いであることからもわかる。

浄化の象徴となる水は、一般的に儀式において清めの役割を果たす。人は神仏に祈る前に、水を浴び心身を清める儀式を行う。神社への参拝の時には、手水舎で両手を清め、口をすすぐことで心と身体を洗い清める。キリスト教徒は教会に入る際に指を聖水に浸し、礼拝は司祭による聖水撒布から始まる。このように水は、信仰に向かう前の「浄化」を助ける働きをする。

一方で、水そのものが「癒す」力をもっているという思想もある。フランスのルルド地方では、水が病を癒すといった伝説が残っており、文明の発達した現代においても、癒しを求めてその地を訪れるものが後を絶たない。また、我々が日々行っているお風呂や温泉につかることが、癒されるという体験をひき起こすこともある。人はあたたかいお湯につかることで、身体の緊張を解く。緊張が解けるとともに、心も開いてくる。これらの体験は、胎内の羊水に浸っていたときとの体験と、どこかつながっているのかもしれない。

エリアーデ（一九六八）は宗教学的立場から、聖を顕わすもの（ヒエロファニー）としての水を取り上げ、哲学的に考察している。エリアーデは、「水はあらゆる創造に先行する（101頁）」とし、水によって宇宙創世が行われることを指摘している。水に浸すことによって形ないものへと回帰し、新しき誕生へと結びつく。千野（二〇〇五）は、エリアーデの論ずる水のシンボルを概観する中で「水に浸すことは、創造されたものを創造前の状態にもどし、そこから新たな創造を期待するものであるかもしれない（28頁）」とし、水に浸すことで死と再生が行われることを指摘している。

一方、ユング（一九七六）は夢に現れた水に対して、深い水は無意識を表すとし、水と無意識との関連について述べている。また、ユング派のアンデルテン（一九九二）は「水は魂と無意識の根源的な象徴（4頁）」であるとし、「魂の根本的なあり方が象徴的なイメージ表現をとる場合にはほとんど、水のイメージで表される（100頁）」と述べている。アンデルテンによると夢の中で水は、創造力として現れることもあれば、脅かすような働きや溶かしてしまう働きとして現れることもあるという。夢の中の象徴的な水のイメージは、水という素材のもつそのままの特質を備えていることがわかる。

千野（二〇〇五）は、水のイメージとは、根源的イメージから水に触れた時の感触などの身近で日常的なものにまでいたり、「聖と俗の次元にまたがり、実に様々なイメージを担い、我々の前に存在する（34頁）」ことを指摘している。さらに、水のイメージと関わることで、「水の中に内在するガイスト（精神）、すなわち、さわやかさ、生き生きしたものを自分のものにする（34頁）」といった水の癒しを得ることができるとしている。千野の指摘にあるように、水は様々なイメージをもって人間の心に訴えかけてくるといえよう。

5 砂と水の出会い

これまで概観してきたように、箱庭の素材となっている「土(砂)」と「水」は、様々なイメージをもって我々の心の深層に訴えかけてくる。これら「土(砂)」と「水」という二つの物質は世界の思想の中でも重要な、かつ根源的な元素として位置づけられている。

中国の陰陽五行思想では、世界は陰と陽、つまり闇と光から成り立ち、さらに、木・火・土・金・水の5つの「気」に分かれているとされている。この5種類の「気」は互いに影響を与え合い、その生滅盛衰によって天地万物が変化し、循環するといわれている。西洋では万物の根源は水、空気、火、土からなるという四大元素説がある。古代インド哲学では、存在を構成するものは地水火風であるとされており、古代インドから伝わった仏教・密教でも万物の構成要素として、四大元素の地・水・火・風をあげている。

このように、世界各国の思想の中に「土」と「水」は必ず属しており、人類に欠かすことのできないテーマを有するものであるといえる。エリアーデ(一九六八)が「大地はわが母、天はわが父、天は雨をもって大地をゆたかにし、大地は穀物と牧草を生む(82頁)」と述べているように、万物の根源である「水」が母なる「大地」を潤し、豊穣な「大地」からあらゆるものが生みだされ育まれていく。「水」がなければ、「大地」は不毛のままで豊穣にならず、何も生み出すことができない。バシュラール(一九六九)は、「水と土との結合は捏粉を生み出す(154頁)」と述べ、捏粉を手でこねることによって、水によって結び付けられた物質、つまりは土の特殊な性質の方へ移行することが可能になると論じている。さらに「水」と「土」が結合した泥土は、「もっとも強度に価値を付与された物質のひとつ(162

頁）」とし、創造のために必要な物質であると考察している。

また、日本古来よりある創造神話の中には、世界が混沌とした状態の中、イザナミ・イザナギの二神が原初の海を攪拌して大地が生まれ、その大地の土から人間が造られたとあり、ここでも「水」と「土」の二大元素が対をなし、あらゆるものの創造の素となっている。

このように、「水」と「土」の二つの物質が共有しているテーマは、万物を生み出していく創造の根源にあるといえよう。河合（一九九一）は、箱庭を作る際に自己治癒力が生じるとし、そこに「新しい創造（127頁）」が表現されることが重要であると述べている。箱庭の第一の素材として初めから準備されている「砂（土）」と「水」は、「新しい創造」のために何らかの影響を及ぼしている可能性があるのではないだろうか。箱庭療法におけるミニチュア玩具は、象徴的意味が投影されやすいものであるが、それら既製の玩具を置く基盤となる「砂と水」による造形は、その個人に本質的に備わっている内的な基盤を表す役割があるのではないかと考えられる。「大地がいきいきとして豊穣な母であるならばその生み出すものはすべて有機的で活気のあるもの（エリアーデ、一九五九、218頁）」となり、箱庭療法における大地が生き生きとすることによって、より有機的な心の世界の表現が可能となってくるのではないだろうか。

「砂」と「水」に共通して見られる性質に、「枠」のない中では、その形を自由に変えてしまうため、その場所に留まり続けることができないという性質がある。この「枠」のない自由さが、可能性をひらくといった治療的な作用を及ぼすといえるかもしえない。しかし、「枠」がなければ物事は拡散してしまい、破壊性へとつながる危険性を秘めている。つまり、砂と水という流動的な素材が治療的に働くためには、「枠」が必要になってくるであろう。次節において、箱の「枠」の治療的要因について考察する。

枠 6

心理療法において、時間や空間を限定する枠組みは、クライエントを守る重要なものである。箱庭療法では、治療枠に砂箱の「枠」が加わり、二重にクライエントを守るとされている。カルフ（一九七二）が述べるように、箱庭療法における砂箱の枠は、「表現されるものに一つの制限を加えているのであり、またその制限の中ではじめて変容が生じてくる（25頁）」といった機能を備えている。しっかりと守られた砂箱の枠の中でこそ自由に内界のイメージを表現することができるといえる。たとえば、海岸の砂浜には限定された空間はない。そのため、そこに何かを表現したとしても、それは世界の「一部」に私の「何か」を残しただけであり、「私の世界」に、「私の空間」に何かを作ったとは思い難い。人間は、空間に「枠」を設けることによって、自分自身のテリトリーを得た。テリトリーとは、縄張りである。縄張りは、そこを所有するものの拠点となり、守ってくれる場ともなりうる。

箱庭療法においては、「枠」が存在することによって、限定された空間が提示されている。限定された空間が提示されることによって、制作者には、そこに何らかの表現をするようにという無言のメッセージが送られることになる。「枠」がある箱庭療法からヒントを得て「枠づけ法」を考案した中井（一九八五）は、精神病のクライエントに「枠づけ法」を施行する中で、「枠づけは描画を容易にするが、いわば集中を強い、逃げ場がなく、描かないわけに行かない感じを起こさせるという。そして一つのものを描かねばならない感じがするという。これに反して枠がないととりとめもなくどこまでも無限に広がっている感じで雑多なものが描きこめるが、何を描いてよいかわからず、まとまりにくい（195頁）」というクライエントの証言を取りあげている。中井は、これらのクライエントの証言から、「枠は表出を保護すると同時に強いるという二重性がある（195頁）」ということを見いだしたのである。

枠づけの効果に関しては、森谷（一九八三）の研究がある。森谷は、枠あり、枠なしの画用紙を用いる順番を逆にした二つの被験者群にバウムテストを施行し、枠のもつ保護作用、凝集作用が効果的に作用するのはいずれの場合かについて検証している。結果、後から与えられた枠は保護的に作用するよりは、圧縮的、拘束的、制限的に作用することが報告されている。自由に許されていた状態に何らかのルールが付与されることは、自由な空間から枠の中に押し込められる制限として感じられることにつながるのではないかと考えられる。さらに森谷は、白紙は厳密にいえば枠がないのではなく用紙の端が弱いながら枠の役割をしていることから、白紙に枠を与えることは弱い枠がより強い枠を与える結果になると考察し、枠の強弱について言及している。

枠の強弱を箱庭療法に適用したものにとして、武野（一九八五）が考案した統合失調症者のための「枠強調箱」がある。武野は、箱庭療法を統合失調症者に適用できるかの判断をするために風景構成法を考案した中井久夫の「枠づけ法」を援用し、「枠強調箱」を考案したのである。「枠強調箱」は、標準の箱の高さを10センチ高くしたもので、統合失調症者の守りの薄さを、「枠」を強調することによって補おうとするものである。武野の報告によると、標準のサイズの箱庭と「枠強調箱」の2つを置いていた場合、統合失調症者は必ず「枠強調箱」を選んだことが明らかになっている。武野が「枠強調箱」について「病者の自我の脆弱性を補うために、表現を解放することによってではなく逆にそれにふたをすることによって病者を守ろうとするもののようである（一九八五、177頁）」と述べているように、統合失調症者にとって、強調された箱庭の枠は「制限」ではなく「守り」として感じられていることがわかる。

中井・森谷・武野の報告は、「枠」の有無、あるいはその強弱がクライエントに多大な影響を与えることを示している。箱庭療法において「枠」は、三次元の箱として初めから存在している。この箱の「枠」が、治療的に生かされるには、治療者とクライエントとの関係性が必要であると川嵜（二〇〇四、214頁）は論じている。また、織田（二〇〇〇）は箱庭療法において、「治療者と患者との関係性が深まり、しかも両者が想像力を用いてさまざまな体験をし、それによって2人は親密であるにも関わらず、互いに踏み込まない関係を成立させる。そのとき初めて2人の中間領域に、錬金術的な容器が布置する。この時、すでに『もの』としての箱は変容し、命ある心理療法的な容器が、患者と治療者の間に存在する（136頁）」と述べており、箱が変容の器として機能するためには、クライエントと治療者の関係性が重要であることを示唆している。

以上のことから、「枠」が守りとして感じられるのか、あるいは制限として感じられるのかは、その「枠」に向かうクライエントと治療者の関係性が重要な鍵をもつことが予想される。先に述べた森谷の枠づけバウムテストの実験では、あらかじめ枠づけした用紙が準備されており、面接者が被験者の眼前で枠づけしたものではない。臨床場面で用いられる「枠づけ法」の場合、治療者がクライエントの前で白紙に枠を描く。この瞬間の描画者（クライエント）―面接者（治療者）の関係性によって、描かれた枠が「圧縮的・拘束的・制限的」と感じられるのか「保護的」と感じられるのか決まってくる可能性がある。つまり、「枠」をクライエントがどう感じるのかは、クライエント―治療者関係が大きく作用し、テストとして施行される枠づけ法も、枠づけをするにいたるまでの描画者（クライエント）―面接者のやり取りの中で枠のもつ意味が大きく変わってくるといえるのではないだろうか。つまり、箱庭療法において、「箱」が意味をもった「枠」として機能するためには、その背景にあるクライエント―治療者の関係性が必要ではないかと考えられる。

一方で、制作者と面接者との間に人間関係が成立していなくても、制作者が箱庭に内界を表現する過程で、自分自身の内界との交流を行い、ひとつの表現にまとめていくという作業によって制作者に心的変容が起こる場合もある。ここには「ひとつのまとまった表現（河合、一九八二、ix頁）」を行うことを無言のうちに強いる「枠」のもつ機能が大きく関わっている。制作者は、「枠」の中に表現を行うことで、自身の表現を視覚的に捉えることが可能になり、好むと好まざるとにかかわらず、自分自身の無意識からのフィードバックを受けることになるであろう。

「枠」をもつ絵画を鑑賞する時、人はまずその全体を眺める。箱庭療法においても同様に、制作者は箱庭が完成した際、まず箱全体を見渡すであろう。自分の表現したものをあらためて見るという行為は、流れる時間の中で立ち止まり、自らを省みることにつながる。たとえば、日々何気なく見ている風景を一枚の写真に収め、眺めてみる。すると、いつもは見過ごしていたものに気付くことがあったり、思いもよらぬ一面を発見したりする。しかも箱庭では、制作のプロセスを自らが経験し、その結果として作品が完成している。その作品を静止した映像として見ることによって、体験してきた制作プロセスが身体レベルで定着するのではないだろうか。体感として身体に定着しているものは、自動車の運転の手順を常時意識して運転する必要がないように、無意識に使うことができるのではないだろうか。

カウンセリングの行われる面接室は、日常の世界と隔てられた特別な空間である。その空間の中にある箱庭は、「枠」があることで、特別な空間の中に「私」が主となれる世界が出現する。箱庭制作者は、その世界の主となり、「私」の世界を構成していき、おさまりがつけられた時点でひとつの作品として完成を迎える。そして制作者は、完成した「私」の世界の全体を見渡す。こうして、自分の内界を対象化し、見つめなおすことによって、表現されたことが制作者に内在化されていく。しかも、それが言葉としてではなく、イメージ表現として内在化されていくところに、箱庭の治療効果の特徴があるのではないだろうか。なぜならば、箱庭に構成されていく世界は、その時に制作者が抱えている問題と関連するような重要な〝何か〟がイメージとして表現されたものである。イメージは「けっして受動的に外的世界＝外界からの力によって作らされるものではない。イメージは人がその資質に応じて、自分で積極的に作るものである（藤岡、一九七四、67頁）」ことから、その個人にとっての内的現実であるといえる。その内的現実を「ひとつのまとまった表現」として「枠」の中に具現化し、内界が具現化したものを対象化して見ることによって、ぴったりとした体感として自分自身の中に内在化できるのではないだろうか。

⑦ おわりに

本章では、箱庭療法において、箱庭制作の始まりから準備されている「砂箱」、すなわち「砂」「水」箱の「枠」についての治療的要因について検討した。次章以降において、箱庭療法において重要であるとされている箱庭制作者（クライエント）と面接者（治療者）の関係性を基礎においた検討を進める。

第4章

通路としての箱庭

——プレイセラピーの転回点において箱庭が使用された臨床事例——

1 問題と目的

箱庭療法の本質は「クライエント自身が箱庭をつくりその過程のなかに自己実現の働きを表現し、それによって自ら治ってゆくこと（河合、一九八五、ⅳ頁）」であるとされている。河合（一九九九）は、箱庭療法はクライエントの自己治癒力を最大限に働かせる技法であると同時に、治療者自身の潜在能力をも最大限に開発するような点をもっていると述べ、その要因として、「箱庭のセッティングが自己治癒の過程が生じてゆくための適切な『容器』として自然に機能している（186頁）」ことを指摘している。「箱庭のセッティング」として河合は、「砂」を用いることによってクライエントの治療的退行を容易にすること、制作過程においてクライエントが自分の作品を客観的に見ることができるという自然のフィードバックが作用することをあげ、箱庭療法における「砂」と「枠」の重要性を強調している。岡田（一九八四）は、箱庭療法の治療機序は根本的に他の心理療法と同じであるとした上で「箱庭療法のもつ特徴（砂と箱という枠）がより効果的な面をもつ（31頁）」と、河合同様に箱庭のセッティングが重要な役割を担っていることを指摘している。河合（一九九九）は、これら箱庭のセッティングがクライエントの自己治癒力の活性化を促進するため、「治療者が理論的な点に無知であっても、素朴に、不当な介入をせずに存在するならば、極端な場合、クライエントは自分の自己治癒力の力に最大限に頼って治ることもある（185頁）」ことを指摘している。つまり、クライエントと治療者の人間関係を基礎としてクライエントが箱庭に向かった時には、治療者が理論的な点で無知であったとしても、箱庭素材のもつ機能が発揮され、治療が進展することもありうると考えられる。

本章では、人格的に未熟かつクライエントの内界への理論的理解が不十分であった治療者である筆者との間で展開した事例を取り上げる。本事例は、筆者にとってイニシャルケースであり、当時の筆者にクライエントの内的世界を理解し、支えるだけの人格的な器が十分であったとはいえない。また、治療が行われていたプレイルームは、クライエントにとって生活の場である施設内にあったため、「場」の守りの力も非常に弱い状態であったと思われる。このように「治療者」、「場」の守りが十分とは言い難いセラピー状況の中、クライエントが自分自身の内界と向き合う場として「箱庭」が選ばれた。本事例を検討することで、箱庭のセッティングがいかにクライエントの自己治癒力の活性化を促進したのか、前章で検討した箱庭療法の素材である砂箱の治療的要因を踏まえ、箱の「枠」と「砂」の視点から考察したい。

〈2〉事例の概要

〔クライエント〕

A　小学4年生女子（10歳）

〔主訴〕

頭痛、腹痛、足が痒いといった身体の不調の訴え。

（主訴ではないが、「良い子すぎる」ことが施設職員の間で懸念されていた）。

〔家族歴〕

父…小1時に実父が死亡。中学卒業後就職。水商売を仕事としている。

母…3歳時に実父死亡。中学時、実母が過労のため死亡し、伯父の元へ預けられる。中学卒業後就職し、ホステスとして就労するにいたる。

弟…小学2年生。本児と同じ施設に入所している。

妹…幼稚園年長。本児と同じ施設に入所している。

〔生育歴〕

母がホステスをしていた店で父と母は知り合い、結婚。同年、本児が出生する。2年ごとに弟、妹が出生し、順調そうに見えていたが、実際には父が水商売で夜間就労のため、夫婦間はすれ違いが多かったようである。母は、第二子出生後ホステスとして就労し、その間本児は託児所に入所していた。第3子の中絶を巡って、母は一週間家出をしたこともある。
本児が5歳の時、母は3児を連れて家出する。母は父方祖母宅に3児を連れていき、3児を残したまま行方不明となる。残された3児は父がひきとったが、夜間就労のため養育が困難なことから、本児ら3人は児童養護施設に入所するにいたる。

〔これまでのセラピーの経過〕
前述の主訴から、Aは小学校2年生時に遊戯療法を開始している。治療者の都合により(大学を卒業するため)、毎年、治療者が交代している。筆者はAにとって3人目の治療者である。主訴に関しては、2年間で特に大きな変化は見られていなかった。
◎小2時…Yセラピスト。前期は身体接触が中心、中期は家作りを試みる。玄関、後ろの壁、屋根が半分ない不完全なままの家であった。後期はゲーム中心に進む。
◎小3時…Zセラピスト。ホワイトボードに絵を描いたり、ゲームが中心である。また、裁縫や着せ替えなどの女の子らしいプレイが続く。

3 治療経過

筆者(以下セラピストとする)との面接はX年4月〜X+2年4月の2年間計71回行われた。「 」はAの言葉、〈 〉はセラピストの言葉とする。

・第1期〔♯1～♯24〕関係の確認と内界の表現

〔♯1〕プレイルーム（以下Prと略記）に入室すると、慣れた手つきで玩具を触る。黒ひげ危機一髪ゲームの人形の代わりに、自分で持参したロバの人形を入れ、「受けとってや」と剣を刺していく。セラピストが飛び出た人形をキャッチすると、にっこりと笑う。吹き矢を手に取り、恐竜の人形を的に選び出す。Aは大きく息を吸い込むと、箱庭の砂の上に置いた恐竜めがけて一気に吐き出した。砂煙を上げて倒れた恐竜を砂の奥深くに埋め込みながら「人間の魂を抜き、石に変えてしまう」という恐ろしい妖怪「ぬけげげん」の存在をセラピストに告げ、矢を入れていない吹き矢で砂に埋めた怪獣に息を吹きかけた。終了5分前、トンネルを部屋いっぱいに広げ、セラピストとともに中にもぐりこむ。トンネルの中にゆったりと身体を横たえたAは、どこを見るともない視線を空に漂わせていた。

図 4-1

〔♯2～4〕棚に歩み寄ると、無造作に蛇を取り尻尾を噛ませて閉じた円を作る。黙ったままセラピストの顔の前に突き出すと、尻尾をくわえた口を開閉させる。縮めたままのトンネルの中央に立ち、頭の上までそれを伸ばして自分を包み込む。セラピストが上端を持ち上げている間に、Aは下端を手繰り寄せ抜け出て来る。Aの頭上で縮んだ状態になったトンネルを、先ほどとは逆の順序で潜り抜け出てくる。セラピストの氏名を確認してから退出する。

〔♯5～10〕ホワイトボードに髪の長いのっぺらぼうを描き、「お化け」だとナイフを2本持たせる。さらに渦巻き目の顔（図4―1参照）を描くと、口の中に赤いマグネット人形をくっつけ「食べられた」と表情も変えずに呟く。

棚から茶色の紙を出し、水色の絵の具で影絵のような大人と子どもを描く。大人は右手で子どもの頭を叩き、子どもは両手で顔を覆って泣いている（図4―2参照）。

子どもの流した涙は植木鉢にかかって花を育てるのだとAはセラピストに教える。涙はさらに溢れ続け、10個ものバケツを満たす。Aは自分の描いた絵を見つめながら、「涙が流れ出して川になる」のだと話す。その後、セラピストとトンネルに入り、中で転げトンネルごとPr中を転がす。トンネルから出てくると、哺乳瓶の水と白い絵の具でミルクを作ってからセラピストにもたれかかり、セラピストの読む一休さんの話に聞き入る。絵本を読み終えると、Aは黙ったままセラピストの肩に手を回しておぶさり、背中に顔をうずめてくる。セラピストはおぶったAを微かに揺らしながらPrを回る。「2人で作ったから絶対に転覆しない」ヨットを完成させ退出する。

〔#11～13〕「ガオー」と入室。Aとセラピストはトンネルに入り「地震」とトンネルを揺らす。揺れは次第に激しくなりPr中を転げ、突然止まる。トンネルは「恐竜のお腹」であり、Aとセラピストは「うんこ」となって出てくる。出てきたAは「やることは決めている」とセラピストの背中におぶさり、眠り続けた。

〔#14～18〕風邪のために咳をしながら入室。激しく咳き込んだので、熱はないかとセラピストはAの額に手をおく。Aは照れたように笑い、持ってきた飴をポケットから取り出す。飴をAとセラピストの二人だけの「ヒミツ」と笑みを交わして食べてから、トンネルにもぐりこむ。冷え冷えとしていたトンネルの中が次第に暖まる。〈暖まってきたね〉と声をかけると、Aは頷き

図 4-2 （描画模写）

目を閉じた。時間が来ると、Aはトンネルごと自分を持ち上げるようにと、縮めたトンネルの中に蹲る。渾身の力をこめAの入ったトンネルを持ち上げるセラピストの姿を、Aはトンネルの中から見つめていた。

〔＃19～23〕Aは光る剣でセラピストを攻撃し、父親に買ってもらったボール爆弾で倒す。セラピストが動かなくなると「とどめだ」とセラピストのお腹に剣を二本突き刺す。父親と見知らぬ女性、赤ちゃんとともに外出した話をしながら、「しんどい」と横になる。ホワイトボードにつぎはぎだらけの服を着た女の子の絵を描き（図4―3参照）、それはセラピストであると告げる。

帰り際、Aは10歳の誕生日を迎えるのでプレゼントが欲しいとセラピストに抱きついてくる。セラピストは両手をさし出し〈気持ちをあげる〉と、お祝いの言葉を言う。するとAは「気持ちは空気のように形がないから嫌」だと言う。セラピストはAに、セラピストは物をあげる人ではなく心をあげる人であると伝えた。Aは足元のボールを拾い上げ、セラピストにそっと投げてきた。受けとったボールをセラピストもそっと投げ返すと、Aは笑みを浮かべ受けとった。

図 4-3

〔＃24〕セラピストにおぶさったAは、棚から黒と白の2体のロボットを取り出す。ロボットたちは力試しをした後、貝殻の入っている箱に向かう。Aは「巻き巻きうんこの貝」と、白い巻貝を黒ロボットに持たせる。白ロボットが、「巻き巻きうんこの貝は細菌を撒き散らす悪い奴だ」と黒ロボットに教え、「うんこ村に行こう」と誘う。うんこ村では全員がうんこにされており、彼らを助け出さねばならないと続ける。そして「びちゃびちゃ砂のうんこ村はあそこだ」と箱庭を指差した。2体は肩を並べてうんこ村目指して出発した。

• 第2期「見せ掛け」と「本当」〔＃25～＃29〕

〔＃25～26〕下痢のためトイレに行っていたと来室し、白いブロックで「うんこ」城を作り始める。Aは城を作りながら、裏庭には木が生い茂っているが、城の中には何もない「見せ掛けだけの城」であると言う。建設中の白いうんこ城の前では、2体のうんこ星人が城を守り、城の前にはアーチ型の橋がかかっている（写真4―4参照）。Aは城を見つめながら「うんこは大事なもの」だと話す。

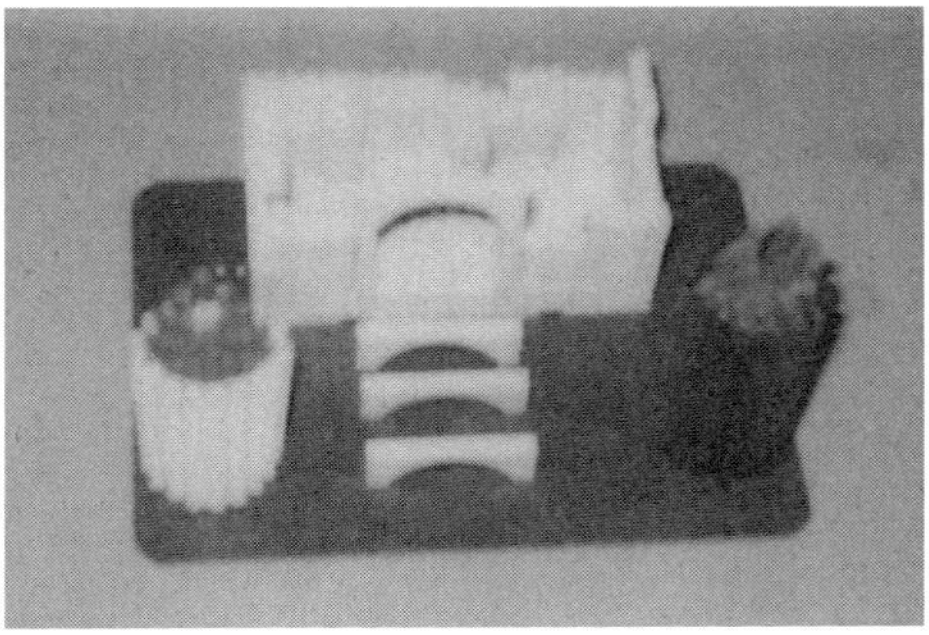

写真 4-4

〔＃27～28〕時間中、何度もおならをし、下痢のためお腹が痛いとセラピストのひざを枕に寝そべる。セラピストはAのお腹にそっと手をあて〈痛いの痛いのとんでいけー〉と手に思いを込めた。しんどいから今回は城作りはやめておくと、Aはセラピストの背中で眠る。背負われたままポケットから胡桃を出し、半分に割って一つはセラピストの口の中に、もう一つを自分の口の中に入れ、頬をセラピストの頬に寄せて胡桃を食べる。

〔＃29〕Aは、溢れるほど水が入った箱庭の前に立つと、スコップでかき回し水面を揺らし始める。「海みたい」にだんだんと波は高くなり、海の中に3つの島が現れてくる。Aは砂粒が自分自身であり、Aばかりが集まってAの島ができたのだと真ん中の島を指差す。3つの島は左端に移動して一つになり、小高い島ができあがる。砂の中から偶然に、小指の爪ほどの小さな巻貝が出てきた。それは「Aの家」であり、その中に「本当のAが住んでいる」のだと巻貝を島の中央に置く。セラピストが貝の中の「本当のA」に声をかけると「本当のA」は家の中でお昼ご飯を食べていて声は聞こえないのだと言う。

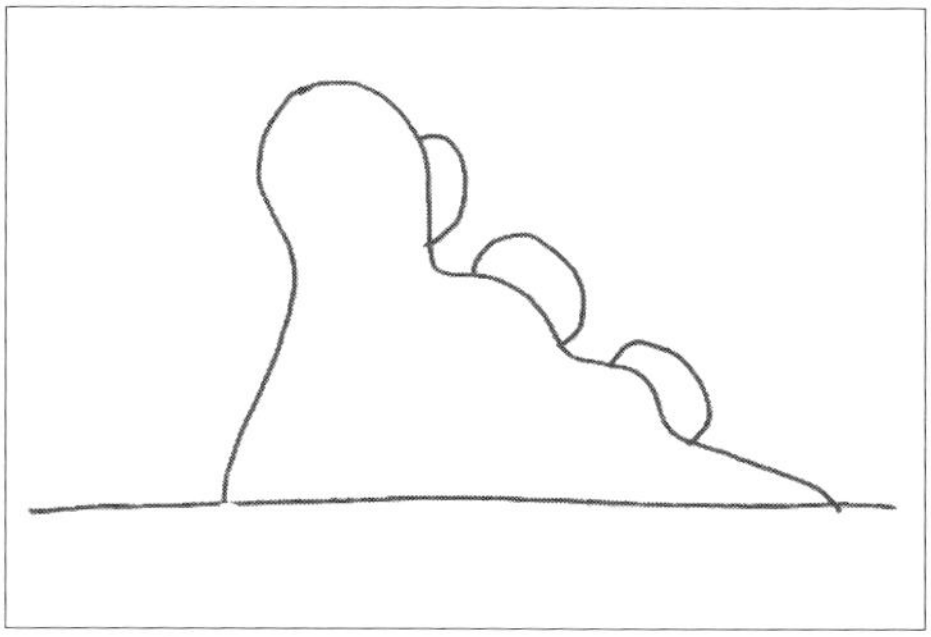

図 4-5　（箱庭模写）

Aの島は「船」となって中央に移動し、高い「山」となる。さらに山は高くなり「恐竜（図4―5参照）」となり、口が大きく裂ける。Aは「食べられるのは嫌」だと恐竜を砂山に変え、固めていく。べちょべちょの砂で団子を作り洗面器に入れ始める。できた団子はうんこ星人の仲間の「団子星人」である。箱庭のすべての砂が団子星人となる。洗面器が団子星人でいっぱいになると、箱庭の中の海にひっくり返し、島を作る。Aはそれを見て「見せ掛けだけの島」だと立ち上がる。うんこ城を守っているうんこ星人に剣をもたせてから退出する。

・第3期　中身を作る〔＃30～＃45〕

〔＃30～37〕Aは、のっぺらぼうは怖いものかとセラピストに尋ねてくる。毎日のようにのっぺらぼうの夢を見て怖い思いをしているのだと言う。ポンポンジャンプ（浮き輪の片側にネットが張ってあり、トランポリンのように使用できる玩具。ネットが張ってあるのは片側だけなので、子どもならネットの張ってない側から袋状になった部分に身体を小さくして入ることができる）のくぼんだ部分に身体を丸め入れ「お腹の中に入った」Aは、「暗くて何も見えない」とセラピストを呼ぶ。セラピストが〈お腹の中にいるのかな？〉と声をかけると内側から信号を送り、「生まれた」と勢いよく飛び出してくる。ミルクを蓄え、セラピストの背中で休んだ後、再びポンポンジャンプに飛び乗る。「どんぶらこ」とPrをまわる途中でセラピストに会い、キビ団子をもらって食べ、3匹のカエルをお供につける。3匹のお供のカエルとともに鬼の住処に行ったAは、鬼をやっつけたのだと得意気に話す。

〔＃38〜44〕作りかけのまま置いていたうんこ城を組み立て始める。城に住む者達は、暮らすためのお金を貯めているのだという。城が半分ほどできあがると、ガリバーが城の中に入る（写真4―6参照）。ガリバーは、城が完成したらここに住む者たちを呼び寄せるのである。城には見張るための屋上がつけられ、うんこ城が完成する（写真4―7参照）。

Aとセラピストは完成日時を確認し、祝う。城の中にいたガリバーは、外に出てきて、城の住人となる父母、男女の子どもを城に呼び寄せる。ガリバーと4人の家族が揃うと、これまで城を守ってきた門番のうんこ星人たちは、役目が終わり箱の中にしまわれる。

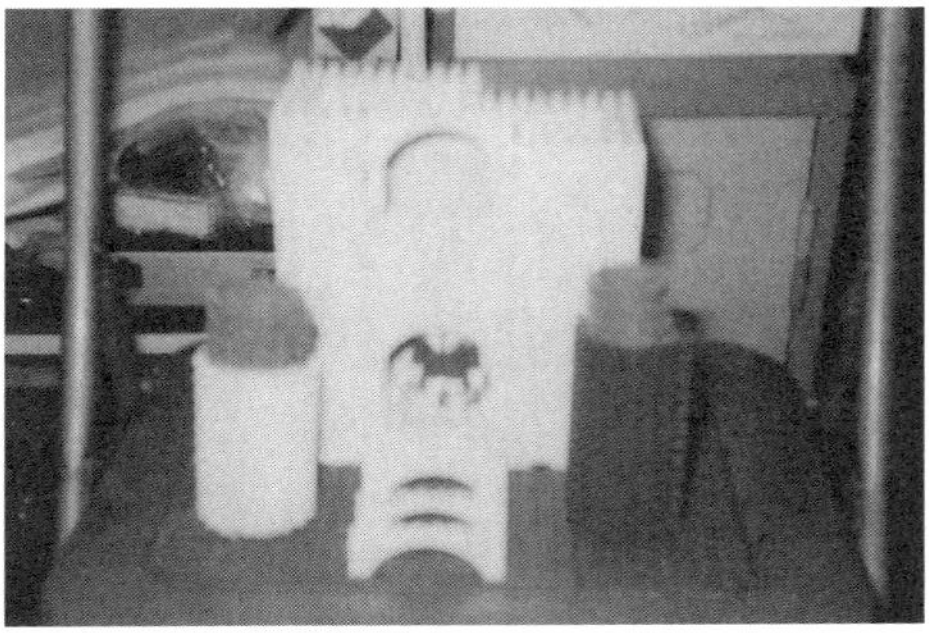

写真 4-6

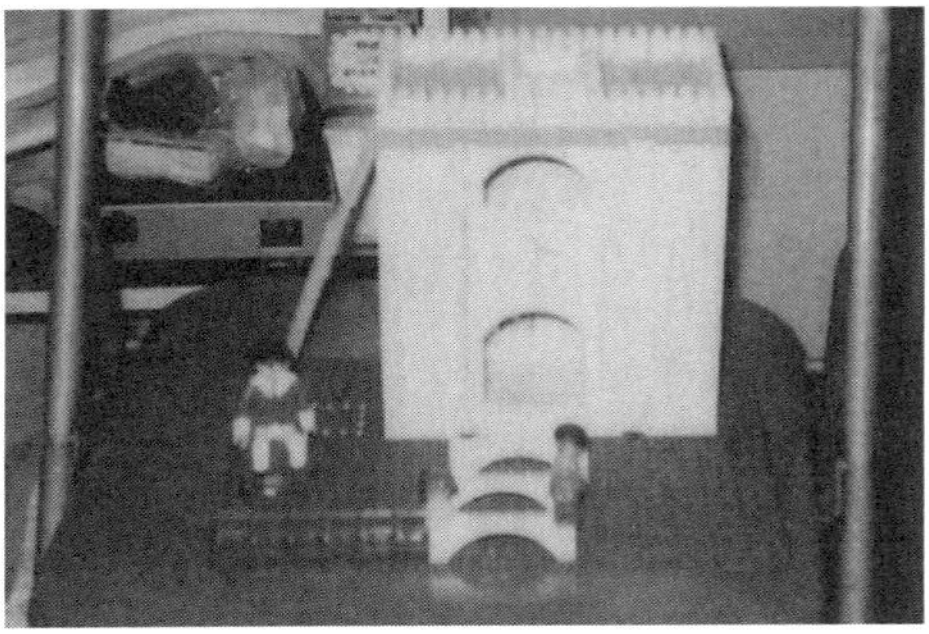

写真 4-7

〔＃45〕Aは箱庭の前に立つと、湿った砂を中央に集める。高く高くと砂を積み上げ、これ以上高くできないほどの山を作る。セラピストが以前ここにAの島ができたことを確認すると、Aは深くうなずき、山を崩して真ん中に穴のあいたドーナツ型の島を作る。穴の中の砂を掻き集め、固く固く結んで団子を作り、その団子をドーナツ型の穴の中央に置く（写真4―8参照）。そしてその中に水を注ぎ込み、「これでよし」と力強く言い、完成とする。

写真 4-8

図 4-9

・第4期　進むかおさめるか〔＃46～＃55〕

〔＃46～49〕サングラスをかけランドセルを背負った猿（図4―9参照）を描く。猿の横に「ウーキー、10才、5ねん」と書き加える。

マイクに向かって大声で叫び、落ち着きなく歩き回る。椅子に飛び乗るとセラピストを呼び寄せ背中におぶさり、Prを回らせる。棚からビックリ箱を取ると、中のピエロが飛び出さないように押さえ込んだままレバーを回す。押さえ込まれたピエロを見て〈押さえ込まなきゃならないものがあるのかな〉とセラピストは尋ねるともなく呟く。するとAは「おなら」といい、ピエロを押さえ込んだままレバーを回し続ける。棚の前に立つと「こいつ閉じ込められている」と檻の中に入っているライオンを指差す。閉じ込められているのは、人を食い殺す危険な「ウシウシライオン」だとセラピストに告げる。しぼんでいるポンポンジャンプの袋状の部分に手足を入れ、「入るかな」と身体全体も入れようとする。あと少しで身体全体が入りそうだったが「抜けなくなったら困る」と入るのをやめる。

Prいっぱいにトンネルを広げると、Aは素早く中にもぐりこみ両方の入り口を閉じるようセラピストに指示する。セラピストは言われたとおりにしてからAの寝そべっているトンネルの横に座る。Aは中からセラピストに信号を送る。セラピストもそれに答え、トンネル越しに人差し指同士をくっつけ、映画の『ET』のように指先で信号を送りあう。

〔♯50～54〕人生ゲーム。Aはゲーム盤の2階建ての家を自分の家とし、保険に入って家族を守り、生活できるのかと心配そうにお金の計算をし続ける。画用紙を出してくると、絵の具でりんごを描く。Aは画用紙の真ん中に大きな真っ赤な丸を描き、自分のりんごは「太陽みたい」だという。そしてそれは夕方の太陽であると言い、今度は別の紙に濃い水色で海を描く。セラピストが描いたりんごの絵は持ち帰るが、海の絵はPrに置いておくよう指示してから退出する。

〔♯55〕ボールを使って激しく動いた後、「疲れた」とAは床に寝そべる。冷たい床の上で寒いだろうとセラピストがそっと毛布をかけると、Aは横に添い寝するようにセラピストを誘う。添い寝をしたセラピストに、Aはプレイが終わった後セラピストはどうするのかと尋ねてくる。セラピストの声を聴きながら、Aは目を閉じたり毛布にもぐりこんだりする。時間になりセラピストが立ち上がろうとすると、Aはセラピストにしがみつき、「いやや、ずっとしがみついとく。お姉ちゃんにしがみついて、お姉ちゃんの家に一緒に帰る！」と叫ぶ。その言葉にAとセラピストは、はっとしたようにお互いを見つめる。セラピストが次回も待っていることを約束すると、Aは素直にセラピストから離れ、帰っていった。

• 第5期　中心の確認〔♯56～♯71〕

〔♯56～57〕家作りのパズルをする。子どもが花咲く庭で遊び、家の2階の窓から母親がそれを見つめている。家の前に門をつけて完成させると、Aは時間まで蒲団の中で休む。

〔♯58〜63〕「Prの中は暖かい」と入室。中心の穴に玉を入れていくというゲームを出すと、あるだけの玉を外側から内側に入れていく。真ん中にあいている穴を見つめ「真ん中に入りたい。でも中々入らない」と呟く。野球ドームの蓋を逆さにして床に置く。玉を端の溝にそって回すと、玉は同心円を描き中心に向かい、4個の玉すべてが中心に集まる。Aは黙ったまま、それを見つめていた。

〔♯64〕ウーキー（♯46に登場した猿）を描きながら、冬休みに父親と過ごした話をする。ネオブライト（色のついたピンをボードに差し込んで絵や文字を描き、ボードの電気をつけるとそれらの絵や文字が浮かびあがってくる玩具）の上段に自分の名前と！を書き、下段にセラピストの名前を書くように指示する。2人の名前の後ろにピンクのハートマークをつけていく。Aの名前、セラピストの名前、そしてピンクのハートに電気を灯し、「〇月〇日〇時〇分〇秒」と時間を確認し、拍手して完成を祝う。

〔♯65〜68〕Prに入ると、Aは迷わず人生ゲームを選び、ゲーム盤の一番大きな家を自分の家とする。車に乗せた人員（両親と子ども3人）を見て、自分の所と同じ家族構成だと言いながら、お金を貯め、保険に入って家族を守る。ゲームを進めながら、家に帰った時には必ず父親にAの好物を作ってもらうのだと嬉しそうに話す。退出時、♯64に作ったネオブライトの電気をつけ「A・セラピスト・ハート」と確認する。セラピストも繰り返すと、にっこり笑って電気を消し、帰っていった。

〔♯69〜70〕「寒い」と入室し、ストーブの前で身体を暖める。ネオブライトの電気をつけ、Aとセラピストの名前を見つめ「これも暖かい」と手をかざす。黒板に大きな丸を書き、その中心を塗りつぶす。外側から中心にむかって塗りつぶされた円に放射状に線が引かれ、円は8分割される。自分たちが卒業式に歌うという蛍の光のレコードをかけ、以前描いた海の絵を出してくる。青い青い海の右端上に真っ赤な丸い太陽が昇ってくる。Aは陽射しを描き加え、「昼間」の海を完成させる。ネオブライトの電気を消してから退出した。

（この後、春休みと施設の改装工事のため6週間の休みが入る。春休みを父親の元で過ごし6年生に進級したAは、プレイをやめると職員に告げる。プレイ当日、セラピストはその話を職員から聞かされる。）

〔＃71〕「この部屋狭いね」と入室。1ヶ月半ぶりに会うAは、少し背が伸びている。髪を肩で切り揃えスカートをはいていることもあってか大人っぽく見える。プレイ終了についてセラピストが確認すると、Aは砂の上に目を向けてしばらく考えた後、セラピストに視線を戻しうなずく。Aは棚の上にあった恐竜を3匹取り、乾いた砂の上に置く。3匹の恐竜は食事をしているのだと箱庭の中心に頭を寄せる（図4―10）。

図4-10（箱庭模写）

中央の穴に恐竜が排泄をした後、砂は平らに戻される。じょうろの水で砂を湿らせて中央に穴を掘る。「Aちゃん湾」だとまわりに高い土手を作り（＃45のドーナツ型の島と同じ形）、中央の穴に何杯も水を注ぎ込んでいく。そしてドロドロになった湾の中の砂を捏ね、団子を作る。固く団子を結ぶと周りに乾いた砂をまぶし、さらに湾の中の砂をまぶし固めるといった作業を何度も繰り返し、固い団子を作っていく。団子が両手で覆えないほどの大きさになると「スペシャル団子」だと湾の中に入れ、上から周りの砂をかぶせていく。スペシャル団子は埋まり、小高い山ができる。Aはセラピストに手伝わせて、固く固く山を押さえる。時間になると「団子を掘り出してから帰る」と団子を探す。山に埋まっていた団子を掘り出しながら、セラピストは団子が残っていることを祈るような気持ちで見つめていた。そして掘り出された団子はほぼ原型をとどめていた。「塊になっている」とAはセラピストをまっすぐに見つめる。セラピストも深くうなずく。団子を箱庭に戻して砂を平らにし、Aとセラピストは隅の方から砂を固めていく。

Aはプレイルームを出る。階段を駆け降り姿が見えなくなってからも、Aの別れの言葉が廊下に響き続けた。

4 考察

本事例では、遊戯療法の治療プロセスの転回点（♯1、24、29、45、71）において箱庭が用いられた。しかもその表現は、ミニチュアがほとんど使用されない砂が前面に出た表現であった。箱庭療法における砂のみの表現について山中（一九八四）は、「個々の名称や形をもった玩具を用いる以前の、すなわち言葉以前のchaosticな段階のイメージの表現」であり「『次元の変化』というか、中井が分裂病治療においていうbase changeに匹敵する、あるメッセージである（116頁）」と述べている。本事例では、箱庭を中心とした治療過程を辿らず、遊戯療法の流れの中で、しかも治療の転回点となる重要な時に箱庭が用いられている。その理由として、箱庭の特徴的なセッティングが、クライエントの内的表現を行う場として最適であったためではないかと考えられる。

そこでまず、全体的な治療の流れを検討した上で、転回点で箱庭が用いられたことの意味を箱庭に特徴的な素材と、クライエント―治療者の関係性の視点から考察していく。

1. 全体的考察

初回面接では、まず、セラピストがAの思いの託されたロバの人形を受けとめるという課題が与えられた。遊戯療法の過程で、クライエントが治療者との人間関係を確認する際に課題が与えられることがある。本事例においても、クライエントの提示した課題をセラピストがクリアできたことによって、Aは、箱庭の守られた枠の中に、これからセラピストとともに行っていく治療の課題を示した。それは恐竜に象徴されたものを的、つまりはターゲットとすることである。恐竜は「十分にコントロールされていない子どもの未成熟な自我の象徴（弘中、二〇〇二、20頁）」であり「子どもの成長に不可欠な生命力そのもの（弘中、二〇〇二、20頁）」であるといわれている。これら恐竜の特質と、Aが恐竜を倒したのち息吹を入れたことを考え合わせると、本治療の中で恐竜の持つ力をコントロール可能なものとし、創造のエネルギーに変換していく必要があると考えられる。しかしそこには見るものを石化させる怪物メドゥーサのような「魂を抜き石に変えてしまう」恐ろしい妖怪が潜んでおり、大変な危険を伴うことが予想された。妖怪の潜む世界には「自我と無意識が融合している（Neumann, E.、一九八〇、13頁）」状態を象徴する自らの尾を噛む蛇ウロボロス、荘子の寓話の中で混沌の天帝とされる「のっぺらぼう」、呑み込む「渦巻き」といったものも存在し、Aが得体のしれない混沌とした力に囚われていることがうかがえた。

これら混沌とした世界との接触は、Aの発達年齢との関連が考えられる。10歳前後の前思春期に、子どもの成長にとっての大切な転回点があり、内的な危機を経験すると言われている。生きることの本質を知るこの時期には、自らの存在を確認する作業の過程で、本事例に見られたような根源的な心の層との接触を体験するのではないだろうか。この時期のセラピストは、元型的ともとれるAの表現する世界に圧倒されつつも、とにかくAとの人間関係を構築していくことに心を向けていた。

図4―2の描画では、大人に叩かれ涙を流す子どもが描かれる。これは、大人によって不本意な運命を背負わされたAの現実と重なる。ここでAは、涙を否定的に捉えるのではなく、「花を育て、川を作り出す」肯定的な面

を強調した。これは、Ａが涙を成長の源とできる力を持つことを示してくれたと考えられ、セラピストはＡの持つ内的な力をあらためて感じていた。

＃11、Ａは恐竜のお腹から形ある「うんこ」として生まれ出てくる。「うんこ」は、「最も価値のないものから、最も価値のあるものに変容するもの（岡田、一九七七、263頁）」である。混沌とした恐竜のお腹から、価値あるものへの変容の可能性をもつ存在として生まれ出たＡは、身体接触によってセラピストとの関係を深め、その過程でセラピストに対する甘えと攻撃を表現する。この時期、Ａの現実世界では父親との外出が頻繁に行われ、父親の恋人とその赤ちゃんが同伴していたことがわかっている。セラピストへの攻撃は父親の恋人である女性との関連が考えられ、セラピストとして描かれた図４―３のつぎはぎだらけの女の子は、女性への攻撃とボロボロに傷ついた自分自身の両方がセラピストに投影されたものであるといえる。Ａはセラピストを攻撃しつつ、セラピストの気持ちを形ある物で確かめようとする。外出のたび父親に物を買い与えられていたＡにとって、物は心を測るバロメータであったのだ。＃23のプレゼントを巡るやり取りの中で、セラピストは目に見えない心を伝え、Ａはそれを受けとることができた。このやり取りは、両者の関係をより深めることにつながり、関係の深化によって、Ａは次なる課題を＃24に示す。それは、石化ならぬ「うんこ」にされたものを救出するため「びちゃびちゃ砂のうんこ村」のある箱庭の世界へ向かうことであった。Ａは箱庭を、内界へと降りていく「通路」に選んだのである。

第２期に入ると「びちゃびちゃ砂のうんこ村」での作業と呼応するかのように、Ａは下痢という身体症状を呈する。「無意識のレベルが深く関与するにつれて、身体感覚を喚起しやすくなる（李、一九九七、４頁）」ことから、Ａは内的作業に膨大なエネルギーを費やしていたと思われる。うんこ村で行われた作業は、自らの拠点となる城作りである。城作りの過程で＃24では「悪」だった「うんこ」が「大事なもの」へと変化していくが、拠点となるはずの城は「見せ掛け」で中身がないことがわかってくる。＃29、中身の確認を行うために箱庭が用いられる。天地創造のように、箱庭の中の混沌とした世界が攪拌され、島が生みだされる。この島はA自身である砂粒が集まってできたAの島であり、「本当のA」がエネルギーを蓄えていることが示される。しかしまだ「本当のA」には箱庭の外からの声は届かない。島は恐竜へと変化し、恐竜の力はまだコントロールされないため「見せ掛けだけの島」としておさめられた。転回点となったこの回では、混沌から生まれ出た「中身」が示され、これから「中身」を作っていく課題があることが確認された。

＃29のプレイの後、職員が嫌味を言うAに「素直でかわいいA、嫌味なA、どちらが本当のA？」と質問すると「どちらもA」と答えたという。これまでAは、良い子すぎることが施設職員の間で心配されていたが、施設での生活に適応していくためにAは良い子である必要があったのだろう。しかしそれはAにとって「見せ掛け」であり、本来の自分の思いとは一致していなかったと考えられる。

第3期、Aを脅かす「のっぺらぼう」の悪夢が語られる。＃5の描画でも示された「のっぺらぼう」には当然顔がない。「見せ掛け」だけで中身がないのである。そこでAは中身を作るためのエネルギーを蓄え、拠点となる城を完成させる。完成した城には、城作りを見守ってきたガリバーによって中身を構成する家族が呼び寄せられる。ガリバーは力を得たA自身であり、自分の力で内的な家族イメージを形作ることができたのではないだろうか。

その力をもって＃45、箱庭に臨む。まず、これまでの作業をまとめるかのように一つの山の完成をみる。続いてドーナツ型の島ができ、真ん中に砂団子が置かれ、中に水が注がれる。あたかも羊水の中に宿っている命のようにも見える。Aの基盤となる中心はまだ柔らかく不安定なものであるが、確実に形作られようとしていることが示されたようにセラピストには感じられた。

プレイ開始時、学校にも施設にも友達がいないAであったが、この時期、対人関係は急激に改善されていく。また、自分の気持ちを口で伝えるようになったと施設職員からの報告がある。Aが自分自身の思いを感じ、表現できるようになりつつあることがうかがえた。

第4期、ウーキーという自分で作り出したサルのキャラクターに自己イメージが投影される。描かれたサルは、悪の要素を取り入れたユーモアを持つイメージであり、良い子すぎるというこれまでのAのイメージとは異なっている。このサルのイメージは、施設や学校という現実社会に適応していくためのペルソナとしてAにとって必要なものなのであろう。

外枠となるペルソナを得た後、飛び出しそうなものを押さえ込み現実の世界に戻るのか、内界での作業を深めていくのかを逡巡しているようなプレイが続く。そういった時、Aとセラピストとの関係性が明確となる出来事が起こる。♯55、Aがセラピストの住む現実の世界に一緒に帰りたいとの思いを吐露したのである。ここで、セラピストはPrの中でAの内的世界をともに歩む存在であること、Aは自分自身の足で立ち現実世界に戻っていかねばならないことが、二人の間であらためて確認されることになった。

第5期、Aは現実へ戻る準備を始める。プレイの中でも現実の話題が増え、内界と外界をつなぐ作業を行う。現実の世界へと向かう一方で、♯45に箱庭に示された「中心」の確認、「中心」に入る作業を繰り返す。「世界の創造は中心において開始される（Eliade,1976, p.373）」ことから、自らの世界を形作るための中心となる核を確認する必要があったのではないだろうか。Aは4個の玉を真ん中に集めることで中心を見いだし、マンダラ様の絵によって表現する。中心を見いだしたことで区切りをつけたのか、Aはセラピストとの内的なつながりを確認し、♯70に昼間の海へと戻っていく。

最終回、箱庭が用いられ、これまでの面接の中で成しえたことが示されていく。初回にAが倒し息吹をかけた恐竜は、必要なものを取り入れるために食事をし、不要なものを排泄するといったコントロール可能な存在となった。続いて♯45と同じドーナツ型の島が再現され、穴の中の砂で団子が作られる。泥団子は「一点に収斂してしまっかりまとまりを見せた彼自身であり、彼の人格の核を象徴する（本田、一九八〇、133頁）ものであるように、Aが大切に固く団子を結んでいる様子は心の核を形作っているかのようであった。♯45には触ると崩れそうだった団子は、埋めた後も崩れないものになっており、Aの心に確固とした核ができたことが示された。この砂による核の表現は、Aが「自分自身で立つための内的な基盤（塩田、一九九四、28頁）」の表現であったと考えられる。

プレイ終結直後の施設記録には、Aはウーキーというあだ名で友達に慕われていること、施設内では皆のよきリーダーであること、「いざという時、一番頼りにできる子ども」として職員に信頼される存在であることが記されていた。また、一年後の引き取りの話も出ているとのことであった。

2．転回点で箱庭が用いられたことの意味

2―1　治療者との関係性

本事例はセラピストにとってイニシャルケースであるが、当時のセラピストにクライエントの内的世界を理解し、支えるだけの人格的な器が十分であったとは言い難い。また、過酷な運命に翻弄され不本意な状況に置かれているAに対して、セラピストはAのもつ運命に対する憤りとともに、現実の世界では何もAに対してできない自分自身の無力さを痛感していた。一週間に一度、一時間だけではあるが、Aの「こころの世界」で出会い、ともに過ごし、その中でクライエントの「こころ」に何か一つでも残り、過酷な現実を生きるAの支えになればと祈るような気持ちで毎回のセッションに臨んでいた。そのため、セッションが終了すると、毎回ふらふらになるという状態であった。

箱庭療法が進展するための要素として、治療者が、箱庭表現を「わかる」よりも「味わう」ことが大切であると

いわれている。しかし、本事例におけるセラピストの在り方は、「味わう」姿勢をとることさえできなかったといえる。なぜならば、治療の経過の中で箱庭に表現された世界は、「self」や「マンダラ」といった解釈的な理解も可能な深い表現である。このような深い表現を理解し、味わえるには、「self」や「マンダラ」といった表現がなされる時のクライエントの心的状態、あるいは外的状況すべてを含めた心的状況に対する深い視点や幅広い知識が必要となる。しかし、この当時のセラピストに、それを理解できる人格的な器も、治療者としての技量もあったとはいえない。セラピストは、クライエントの表現する世界を、ただただ感激しながら見守っているしかできない状況であったといえる。ただひたすら、クライエントが内界を表現できるこの時間を死守することに心を砕くことしかできなかったのである。心理療法において、技量的にも人格的にも未熟な初心の治療者が、ただ一生懸命にクライエントと向き合うことで、クライエントが変容していく場面に立ち会うことができるビギナーズラックといわれるものがある。セラピストは、まさにこのビギナーズラックを経験したといえる。この経験は、いかなる場合もクライエントの内的表現の「邪魔をしない」で見守るということの重要性をセラピストに示してくれた。

一方、Aは、治療の流れの中で、セラピストとの身体接触や母子関係を再体験するようなプレイを通して、セラピストとの信頼関係を深めていった。しかし、信頼を深めるといっても、Aは母親に捨てられるという深い傷つきを体験しており、容易に「信頼」などできるものではない。それでもセラピストとの関係にこころを開いていったのは、Aは不安定な状況であったとはいえ5歳まで家庭で過ごしていたこと、父親がAや弟妹らをとても可愛がっていたこと、これまでの周囲の関わりがあったことなどが、Aにとって人への信頼感を失わせない大きな要素であったと思われる。そして何よりも、A自身が心的な力をもっていたといえる。このAの力をもって、クライエントとセラピストの間には、カルフ（一九七二）のいう「母と子の一体性（10頁）」が徐々に築かれていき、「自由であると同時に保護された1つのある空間をわれわれの関係の中に作り出す（10頁）」作業が行われたと考えられる。その結果、「治療者が理論的な点に無知であっても、素朴に、不当な介入をせずに存在するならば、極端な場合、クライエントは自分の自己治癒力の力に最大限に頼って治ることもある（河合、一九九九、185頁）」という状況が生じたのではないだろうか。

全体のセッションを通してクライエントは、セラピストとの身体接触を頻繁に行ったり、セラピストの現実とつながろうとしたりと、セラピストに対する思いを直接的に表現している。河合（一九九九、216頁）は治療者個人に対して直接的に強い感情が表出されることを「強い転移」とし、「深い転移」とは区別している。セラピストの方も、クライエントが過酷な運命にさらされ、理不尽な状況におかれていることに対して「強い逆転移」を感じずにはいられなかった。

しかし、河合（一九九九、218頁）が言うように、「強い転移」と「深い転移」は必ずしも反対になるとは限らない。ヤコビーの治療の場の図（29頁、図2―1参照）を用いると、bの部分、つまりクライエントの無意識とセラピストの無意識間での関係性が生じていたと考えられる。しかし、セラピスト自身が自分の無意識に開かれ（c）、クライエントの無意識の世界を十分に理解し（e）、そこで起こっていることを意識化できていないという状況にあったと考えられる。これは、治療の大局観がセラピストに見えていず、非常に危険な状況であったと考えられる。

さらに、治療が行われていたプレイルームはクライエントにとって生活の場である施設内にあり、「場」の守りも薄い状況であった。クライエントは、プレイルームを一歩出れば生活をともにしている他児と顔をあわせるといったように、こころの世界と生活の場がわずか扉1枚でしか隔てられていなかったからである。

このように「治療者」、「場」の守りともに十分とは言い難いセラピー状況の中で、クライエントは自らの内界と向い合う場として箱庭の「枠」を選んだのである。この箱庭の「枠」が、クライエントを、そしてセラピストをも保護したのではないかと考えられる。

そこで次に、箱庭の「枠」の治療的意味について検討する。

2―2 「枠」の治療的意味

(1)「枠」の守り

治療の転回点で箱庭が用いられた要因として、まず箱庭の「枠」の守りの存在があげられる。「無意識の深みに到ろうとするとき、われわれは適切なる『通路』を必要とする(222頁)」と河合(一九九九)が述べているように、「身体性、本能、情動の象徴となる土の世界(横山、一九八九、18頁)」という危険を孕んだ根源的な箱庭の世界に降り、そこから戻ってくるためには安全な「通路」が必要である。その通路として、「枠」守りが強固である箱庭が選ばれたのではないかと考えられる。つまり、本事例において箱庭に表現されたAの内的世界は、セラピストとの人間関係だけでは抱えきれない世界であるといえる。この箱庭の「枠」は、クライエントの内的世界を守るだけではなく、そこに存在するセラピストをも守る機能を果したのではないかと考えられる。

(2)ひとつのまとまった表現

箱庭は、「枠」の制限があることでひとつのまとまった表現をすることが要求される。まとまった表現をしていくプロセスでは、自分の内界との対話である「対自的コミュニケーション(東山、一九八二、18頁)」が必要である。弘中(二〇〇五)は、子どもが箱庭の中で遊びを演じるのは「イメージとしてまとめる事ができないのではなく、湧き出すイメージが豊か過ぎて、それを表現するためには実際の活動に訴えるのがいちばん適切だから(677頁)」とその理由をあげている。つまり、子どもは対自的コミュニケーションのプロセスが箱庭の枠内で遊びとして演じられると考えられる。一方、大人の場合は、イメージの中で対自的コミュニケーションを行いつつ置き、まとまった作品としておさめていく。つまり、大人にとってはうまく「おさまっている」という体感が重要であり、完成したものを視覚的にとらえ対象化してみることで、表現したものを内在化させていくのではないだろうか。このことから、大人は対自的コミュニケーションのプロセスを体験するとともに、完成した作品を内在化する作業も重要だといえる。

本事例では、箱庭の中で遊びを演じることと、完成した作品を内在化する作業の両方が行われている。弘中（二〇〇五）は、箱庭の中で遊びが演じられることが9～10歳を境目に少なくなると指摘している。Aはちょうどこの境目の年齢にあたり、対自的コミュニケーションの表現と、作品の内在化という両方の作業を必要としたのではないだろうか。つまり、Aはプレイを通して身体で体験するだけではなく、表現したものを内在化するために一つのまとまった表現を行える、「枠」のある箱庭が必要だったといえる。

以上のように、Aは「枠」の守りの中で、自らの内界へ降りていった。その際、「砂」が内界への重要な導き手となったと考えられる。そこで次に、「砂」の治療的意味について検討する。

2―3　「砂」の治療的意味

（1）「砂」と身体性

Aは幼少期から不安定な生活環境の中で過ごし、母性剥奪を経験し、施設入所にいたっている。そういった環境に適応していくためには「外界に服従することで外界の衝撃を排除する偽りの自己（Winnicott, D. W.、一九六五、20頁）」を作り、真の自己を抑圧する必要があった。Aの主訴である身体の不調の訴えは、心の奥底の真の自己からのメッセージであると捉えられる。思春期を前にしたAは、真の自己からのメッセージを受け取り、心と身体の全体性を回復する必要があったのだろう。「心と身体がなかなか結びつかない患者にとって、それを結ぶ第三領域が必要であり、箱庭の砂＝body imageをとおして、心と身体の全体性を回復する（河野、一九八二、62頁）」ことから、Ａも第三領域である箱庭の使用によって、心と身体の全体性を回復していくことができたのではないかと考えられる。

Ａは砂に触れる中で、砂一粒一粒の中に自分を見いだし、砂粒を集め団子を作る作業を行った。「肉体がそれ自身に触れるところ、そこに『魂』は散在し（鷲田、二〇〇六、56頁）」ており、自分自身である砂粒を集め団子を作る作業は、散在した魂を集め自己を見いだす作業へとつながったのではないだろうか。また、「生命力を与え、成長を促し、一つの統合されたものへと形作る（塩田、一九九四、26頁）」という砂イメージは、心と身体の全体性に関わるイメージでもあるといえる。つまりＡは、心と身体の全体性に関わるイメージをもつ砂への働きかけを通して、「自分自身で立つための内的な基盤」を作り出し、身体性も含めた自己の再構築と取り組んでいったと考えられる。

（2）「砂」と母性

内的な基盤を作るためには、母性との関わりが不可欠である。木村（一九九〇）は砂との関わりについて、「母なるもの、土的なものをクライエントが感じ、それに抱かれる体験をするための一つの入り口になる（192頁）」と述べているが、本事例においても砂が母なるものとの接触へとつながり、癒す作用を及ぼしている。

Ａは母に捨てられた経験をもつことから、Ａの母イメージはけして好ましいものとはいえない。また、メドゥーサのような妖怪や髪の長いのっぺらぼうといった否定的な母親イメージの表現から、Ａにとっての「母なるもの」のイメージの傷つきが深いことがわかる。現実的な母イメージは、周りの人々やセラピストとの関わりを通してある程度は補えたとしても、深層での「母なるもの」の傷つきは大いなるものに抱かれることによってしか癒されない。Aにとって箱庭の砂との接触は、包み育む大地としての母なるもの、つまり大いなるものとの接触へとつながったのではないだろうか。さらに、大地の一部である砂（土）を掌で包み、団子を作ることで、大地と一体化し、団子を再び大地にかえすことで、母なるものに抱かれる体験をなしえたのではないだろうか。つまり、箱庭の守られた枠の中での砂との接触を通した表現過程は、Aにとってのヌミノース体験へとつながったのではないかと考えられる。

3. 砂のみの箱庭表現について

本事例では、遊戯療法の治療の転回点で砂のみの箱庭表現が行われた。転回点で箱庭が選ばれたことに、箱庭の「枠」と「砂」のもつ治療的要因が大きく作用したことは、これまで述べたとおりである。冒頭で述べたように、心理療法のプロセスの中で、砂のみの表現がされることがあり、それが治療の転回点となることがある。事例研究の中では、伊藤（一九八八）、横山（一九八九）、山中（一九九九）らの砂のみの表現が前面にでた箱庭が報告されている。

伊藤（一九八八）は、繰り返し砂を触り続けるクライエントを見て「自己のからだの表面としての皮膚に書き込みをし、確認しているように（15頁）」感じ、クライエントの砂を触る作業は、「彼の生の基盤作りであり、彼自身の自己形成の作業であった」と考察している。横山（一九八九）は、砂によって表現された大地の変動を、心の全体性の回復に向かわせる「身体性にかかわる内的宇宙の再構築（26頁）」とし、「その表現行為や、箱庭に表された砂のみの動きや自然を、ヌミノース体験として直覚することに意義があった」と考察している。両者の指摘から、砂のみの表現がクライエントにとって、身体性に関わる内的基盤の創出に関わっているのではないかと考えられる。

一方、山中（一九九九）は、砂のみの表現が前面に出てきたことを「クライエントの内的表現が一次元深化したこと、ないしは、新しい転回の起点となっていくことの表れともみられる（136頁）」と述べている。本事例においても、山中が指摘するように、箱庭の中に砂のみの表現が行われたこころの次元は、プレイにおける表現よりも深化した次元であることが推察される。さらに、砂のみの表現がなされたセッションを起点として治療が転回していることがわかる。つまり本事例では、幾重にも守られた枠をもつ箱庭の中で、クライエントの内的基盤の創出のための作業が行われたのではないかと考えられる。そしてさらに、クライエントにとって箱庭の「場」が、こころと身体をつなぐ、母なるものと自分をつなぐ、たましいと精神をつなぐ、そして自分とセラピストをつなぐ「トポス」となりえたのではないだろうか。自分自身の内界から湧き起こってくるイメージそのものは、けして既製の玩具では表しきることができない。クライエントは、内界から湧き上がってくるイメージそのものを大地の変動、いわば内的基盤の創出として砂の中に映し出し、映し出される世界をセラピストとともに味わい、自分自身の目で確認することによって、内的世界の再統合を行ったのではないだろうか。つまり、砂への関与が横山の述べる「心の全体性を回復に向かわせる内的コスモロジーの再構築」のための作業へとつながり、クライエントの自己治癒力の活性化を促したのではないかと考えられる。

5 おわりに

本章では、治療の転回点に箱庭を用いた心理療法過程を提示し、箱庭療法の特徴的な素材である「砂」と「枠」の治療的意味について検討した。治療者の理解が十分とは言い難い状況の中、箱庭の素材がもつ機能がクライエントの内界を保護し、自己治癒力を活性化する治療的要因として作用したと考えられる。しかし、あくまでも箱庭療法はクライエントと治療者の人間関係を基盤として成り立っている療法である。本事例のセラピストである筆者の治療者としての技量、人格的な器は不十分であったが、クライエントとの間に人間関係を築けたことが、箱庭が「変容の器」として機能する要因のひとつになったのではないかと考えられる。しかし、クライエントが一山越えることができたのは、何よりもクライエント自身が大きな自己治癒の力をもっていたからであろう。

本事例のように、治療者に治療の大局観が見えていないことは大変危険なことである。「判断力を持たず、ただ自分は箱庭療法の治療者として、傍らに居るだけと思いだすと、その人は大変な間違いを犯すことになる（河合、一九八八、2頁）」のである。本事例を通して筆者は、体験に根ざした知識とともに、人格的な器を広げる必要性を痛感した。

本来、箱庭療法の促進は「治療者の見守る次元と質に関わっている（東山、一九九四、69頁）」と言われており、治療者の力量が大きく影響する技法である。しかし、治療者は傍らにいて箱庭を見守っているだけのように見えるため、治療者の存在がどのようにクライエントに影響を及ぼし、両者の間でどのような内的な交流が起こっているのかは捉えにくい。そこで次章以降において、箱庭制作過程において、クライエント—治療者間にどのような交流が起こっているのかについて検討していく。

第5章 箱庭制作に影響を及ぼす要因
――「砂と水」のみの箱庭制作の試み――

◇1 問題と目的

第一章で述べたように、箱庭療法においてクライエントと治療者の人間関係の重要性が強調されながらも、これまでの箱庭療法研究においては、クライエント（制作者）と治療者（面接者）の関係性に重点が置かれた研究はほとんど行われていない。従来の箱庭療法の基礎的研究は、制作者と面接者の関係性は一期一会的な関係性の中で行われる研究が主流であったと考えられる。しかし、箱庭療法が、クライエントと治療者の人間関係を基礎として成立している療法であるからには、箱庭制作者と面接者の間に人間関係が成立した上で箱庭制作を行い、そこで生じている制作者の体験を検討する必要がある。

そこで本章では、スーパーヴァイジー――スーパーヴァイザーという関係性のもとで箱庭制作を行った際の制作者の体験過程について検討する。ここで取り上げる箱庭制作は、制作者と面接者の間に上述のような関係性が存在し、いわゆる調査実験における一期一会的な人間関係とは異なることから、調査実験の箱庭制作と区別するために「教育カウンセリング箱庭」と定義する。スーパーヴァイジーはいわゆるクライエントではなく、関係の質と深さはクライエント—治療者関係と同質とはいえないが、長年にわたるスーパーヴァイズの中で構築されてきた人間関係は、一期一会の関係性とは異なり、スーパーヴァイジーとスーパーヴァイザーの間には、転移—逆転移も含めた関係性が生じているのではないかと考えられる。

本章では、スーパーヴァイジー—スーパーヴァイザーという関係性のもとで箱庭制作を行い、第二章で提示したクライエント—治療者—作品の関係性を表した図2—5（33頁参照）をもとに、①関係性のある中で制作した箱庭に見られた特徴、②面接者の役割、③素材が制作者に及ぼす影響について検討する。ただし、箱庭を置く際、面接者と箱庭制作者の人間関係のみならず、砂、箱、棚に並んだたくさんの玩具、その中からミニチュアを選び出す作業、砂箱に置かれるミニチュアの構成など、さまざまな要因が一度に働くため、制作者と面接者の関係性が箱庭制作にどのような影響を与えるのかを検討することが困難になると考えられる。そこで、面接者と箱庭制作者の関係性に可能なかぎり焦点を絞るために、ここでは箱庭制作に使用する道具を砂箱、すなわち砂と水と箱のみに限定する。

2 方法

〔1〕箱庭制作者…心理療法を学ぶ女性　9名　年齢50代〜60代

〔2〕面接者…筆者

〔3〕箱庭制作者と面接者との関係性

面接者は、箱庭制作者たちが心理療法を学ぶグループのスーパーヴィジョンを行っている。スーパーヴィジョンは、月1回10名のグループで行われ、10年間継続している。

スーパーヴァイジー―スーパーヴァイザーという関係の中での依頼であるため、箱庭制作への参加が強制にならないように、全体の場で説明した後、希望者は個別に申し出てもらうように配慮した。

メンバー10名のうちの1名は、箱庭制作依頼の時期をはさみ半年間のグループスーパーヴィジョンの欠席を申し出ていたため、今回の箱庭制作の依頼は行っていない。そのため、依頼は9名のスーパーヴァイジーに向けてなされた。結果、9名中9名全員が箱庭制作への参加を希望した。

〔4〕箱庭用具

箱＝箱庭療法用として普及しているもので、内側が水色に塗られた57センチ×72センチ×7センチの木箱である。

砂＝一般に入手可能な砂ということに配慮して、箱庭療法用として普及している(株)クリエーションアカデミーで箱庭療法用に販売されている茶色の砂を使用した。

※制作条件を統一するために、あらかじめ1.5リットルの水を入れて湿らせ、面接者によって平面になされた状態で準備された。

〔5〕手続き

① 砂のみを使用して箱庭制作

「この砂のみであなたのしたいことをして、作りたいものを作ってください。何かを作るかどうかも自由です。

砂あそびの感触を楽しんでみてください。これでいいと思ったら、終わりを告げてください」

②　制作後のインタビュー

制作者の内観を妨げないように自由に表現してもらう中で、質問事項を入れる半構造化面接とした。

③　インタビュー項目

制作過程での心の流れ・制作後の感想・砂の感触について・砂を触る前の印象、触っている途中、触り終えた時の気持ちの変遷・面接者がいたことに関しての感想・テーマ

〔6〕セッションの枠組み

制作者の了承を得て、箱庭制作の様子は、面接室の片隅で三脚に固定したビデオカメラで撮影し、記録した。制作者の了承を得て、終了後のインタビューはＩＣレコーダーにて録音し、記録した。

制作者退室後、作品はスチールカメラで撮影し、記録した。

〔7〕時間枠

スーパーヴァイジー—スーパーヴァイザーという人間関係が成立している中での箱庭制作であるため、通常のカウンセリング状況に近い場が生じる可能性が想定された。1回きりの箱庭制作のため、制作者の内界が十分に表現でき、おさめられることに配慮し、箱庭制作、制作後の討議を含め、2時間の時間枠を準備した。

〔8〕振り返りのセッション

箱庭制作より1週間～2週間後（制作者によってその期間は異なる）に、メンバー全員が集まり、今回の箱庭制作体験についての振り返りの場をもった。セッションの時間は2時間である。振り返りの場をもちたいというのは、体験したことをメンバー全員で分かち合いたいとの、制作者側からの希望によるものである。

セッションには、箱庭制作に参加した9名中8名の制作者が参加した。参加しなかった1名は、日程の調節が

できなかったとの理由による。

〈3〉結果と考察——制作者—面接者—箱庭の関係性の視点から——

初発時間、制作時間、インタビューに要した時間、制作過程での特徴、テーマについての結果を表5—1、5—2（124〜125頁参照）に示した。

1．関係性のある中で制作した砂と水の箱庭の特徴

今回の箱庭制作は、スーパーヴァイザー—スーパーヴァイジーという関係性が成立している中で行われたものである。このような関係性がある中で箱庭を制作した場合、どのような特徴が見られたかについて、箱庭制作過程、制作後のインタビューをもとに検討する。

1—1　カウンセリングへの移行

今回の箱庭は、１回のみの箱庭制作という条件下で行われた。先に述べたように、今回の箱庭制作では箱庭制作者と面接者の間に、グループスーパーヴィジョンのスーパーヴァイジー—スーパーヴァイザーという関係性が成立していた。もちろん、今回の箱庭制作におけるスーパーヴァイジー—スーパーヴァイザー関係は、グループ

スーパーヴィジョンにおけるものであり、「スーパーヴァイザーとスーパーヴァイジーにも相性がある」、「相性は思ったほど固定的なものではない（東山、二〇〇四、249頁）」と言われていることから、スーパーヴァイジーとスーパーヴァイザーの関係の深さも質も個々人で異なると考えられる。にもかかわらず、今回の箱庭制作に参加した9名全員の箱庭制作場面がカウンセリングの様相を呈したことは、箱庭制作者と面接者との間にスーパーヴァイジー―スーパーヴァイザーという関係性が成立していたことが要因の一つにあるのではないかと考えられる。

心理療法としての箱庭療法においては、クライエント―治療者関係のもとで箱庭が制作される。その際、言語的なやり取りをほとんど行わずに毎回箱庭を制作するのみで面接が続いていくこともあるが、言語によるカウンセリングの後に箱庭を制作したり、箱庭を制作した後に言語によるカウンセリングへと移行したり、箱庭制作に終始する回と言語中心の面接の回とが混在したりという形で面接が進んで行く。今回の研究でみられた箱庭制作場面におけるカウンセリングへの移行は、箱庭表現の次元に差があるものの実際の心理療法に近い状態であったと捉えることができるのではないだろうか。

箱庭の作品として表現された世界と、語られた内容との一致が見られた結果を以下に記す。（制作作品一覧については表5―1、5―2 124～125頁を参照）

箱庭作品に「流れ」を表現した制作者Bは、制作過程において子ども時代を思い出しながら制作していたが、インタビューがカウンセリングの様相を示していく中で「母から自分、そして娘へとつながっていく流れ」についてイメージが広がっていった。

箱庭の手前側に二つの山を作り、一方の山に穴をあけた箱庭作品を作ったCは、制作途中から子ども時代の思い出を「海に来たんですけど」と、幼い頃両親とともに海にきた時の様子を現在形で語った。Cは、箱庭の中に入り込み、海辺で山を作りながら砂浜の向こうの海で泳ぐ父の姿を目で追っている自分の様子を語り続けた。作品は10分程度で完成していたが、「完成」を告げるまでに48分間もの間、作品を撫でながら過去から現在にいたるまでの自分と両親の関係について語り続けている。慈しむように二つの山を両手で包み込み撫でるCの様子に、面接者には二つの山が母親の乳房のようにも、Cの語る様子から父と母のようにも感じつつ、片方の山だけに空けられた穴が気になっていた。Cは制作後のインタビューの中で、「山が一つだけだったら淋しいですものね……二人だからね、喧嘩しながらも二人だからね」と、山と両親の姿を重ね合わせて語る。さらに「私、やっぱり子どもでいたい……そしてお父ちゃん、お母ちゃんにはこの時（箱庭の中の時代）のお父ちゃんお母ちゃんでいてほしい、守ってくれるお父ちゃん、お母ちゃんでいてほしい」と両親が老いていくことへの戸惑いを語り続けた。特に母親は痴呆の症状が出始めており、いろんな記憶が抜け落ちていくように感じ、それを見るのが辛いのだと言う。Cの語りから、穴のあいた山と、母親に対して感じるCの思いとが重なっていくようにも面接者には感じられた。

箱庭に火山から溶岩が流れ出て大地を作る様子を表現した制作者Dは、後のインタビューで、現在、近親者との間に抱えている怒りの感情を表現した後、心身ともに自分自身の在り方に変化が訪れてきていることについて語った。制作者Dは、これまで表現したことがなかった怒りを初めて相手に伝えたことをきっかけに、これまで一度も体調を崩したことがなかったのに、つい最近寝込み、心身ともに転機を迎えていることがインタビューの中で語られた。箱庭には、火山の噴火で溶岩が流れ出し、流れ出した溶岩によってあらたな大地が作られる様子が表現され、怒りのエネルギーによって新たな基盤が生まれるというような、箱庭表現と語りの内容が近似していた。

Fは、旅行先で見た「眠りこけるような田園風景」を作ろうと決めてきていたが、砂を触るうちにイメージが大きく変化し、火山とカルデラ火山を作りあげた。砂を触るうちに生じたイメージとは、「鳳凰」「火の鳥」という

写真 5-1　制作者Ｈ　完成作品

Ｆにとっては「懐かしく」感じるイメージであるという。インタビューの中では、溢れ出すイメージの世界や夢が語られ、最後に問題を抱える家族についての助言を面接者に求めた。

火山が大噴火する様を箱庭作品に表現をした制作者Ｇは、作品に「はじまり」とテーマをつけ、「家族の死」と「自分が新しいことに挑戦し始めたこと」について涙ながらに面接者に語った。「家族の死」は、大地が地殻変動を起こすような衝撃を伴っていたと思われる。また、「家族の死」がきっかけとなり「自分が新しいことに挑戦し始めた」ことは、地殻変動によって新しい山が出現するという「はじまり」であったことを語りの中で確認していった。

最近訪れた宍道湖の風景を作ろうと初めから決めてきたというＨは、箱庭制作後、自分の価値観が結婚によって180度変化せざるを得なかったことにより抱え続けてきた葛藤について、白黒つける生き方ではなく現在の自分を肯定する中庸の考えもあっていいのではないかと語った。Ｈの箱庭に制作した風景は、宍道湖、中海、日本海という三つの異なる水質をもっているものである（写真５―１）。Ｈの制作した三つの異なる水域がつながっている風景と、Ｈの語った白と黒、その中庸という三つの異なった心の層がつながっていくＨの語りとが一致したように面接者には感じられた。また箱庭制作の過程で、箱の角に海の方に向かってすすむ船のような文様が偶然に生じた（写真５―２）。面接者がその船影のような文様について後のインタビューの時に指摘すると、Ｈは「ああ、そうか……そうかもしれない」と感慨深げに箱庭をしばらく見つめ、これまでなかなか子離れできなかったが、子どもの自立の時を感じるようになり、子どもが戻ってきたら迎えてやれる自分でありたいと語った。

Ｉは、「私の人生」を制作しようとあらかじめ決めてきていたが、制作過程で制作したいもののイメージが変化したという。Ｉは三人の子どもに受け継がれた自分自身の人生を「流れ」によって表現し、三つの流れが一つになり、流れ続ける様を表現した。ここまではＩがあらかじめイメージしてきていた表現であるが、制作過程で、子どもたちが休む場所として、また全体を見渡せる場所として自分がいる島を中央に置きたくなったという。終了後のインタビューでは、息子夫婦に世代交代したものの、まだまだ自分が支えていく必要があるというエピソードを語る中で、作品の真ん中に作った自分がいるという島を指し「譲ったと思ってたけど、まだ私がやっている」とあらためて気付いていった。

写真 5-2　制作者 H　箱の隅の文様

制作開始から完成を告げるまで、箱庭の砂を平らに押さえつけるという作業に終始したＪは、終了後のインタビューで気持ちを押さえ込んでおかなければならない状況を語り、退出間際に、平らに押さえつけた箱庭の砂に小さな穴をあけた。面接者に内界を語ったことで、押さえ込まれていたものに少し風穴が開いたような印象であった。

このように、箱庭作品として表現されたものと、語りとして表現されたものが一致していた。実際、制作者たちは面接終了後のインタビューの中で一通り語った後、あらためて自分の作った箱庭を見つめ、自分が箱庭に表現したものと、面接者に向かって語ったことが一致したことに気づいていった。

人間は自分の内界に言葉にならない〝なにか〟、簡単には表現できない〝なにか〟を抱えている。それは、自分でさえ気がついてないような正体不明な〝あるもの〟としかいいようがないものである。河合（二〇〇七）は、この人間に共通して大事なものを「X」と呼び、それを表現していく方法のひとつに箱庭療法や絵画療法といった芸術療法を位置付けている（133頁）。さらに河合は、人が自分の思いを言葉で表現する時には口が1つしかないため現れてくるのは一つの表現だが、実は心の中では、オーケストラの演奏のようにたくさんの思いが流れていることを指摘している。たとえばこれは、「○○さんは嫌い」と言葉では一つの表現になるが、その背後にはとても好きな気持ちであったり、好き過ぎて嫌いという表現になったりと、いろいろな感情が流れているといったような場合が考えられる。これらいろいろな次元のXを、一度にひとつのまとまった表現として表すことが可能となるのが芸術療法といわれるイメージを主とした表現療法である。自分でも捉えられない〝何か〟＝〝X〟は、イメージという表現手段を見つけたことによって実在化されていく。つまり、人は自己の内に混沌として存在するXに形を与えることによって、自己の再統合を図ることができるといえる。

今回の箱庭制作で制作者たちは、心の中にある様々な思いを箱庭の中に表現し、最終的にはひとつのまとまった表現としておさめていったと考えられる。この時、箱庭の表現の中には、河合の言うようにいろいろな次元の思いが同時に存在している。それらさまざまな次元の思いの中で、一番自分の意識に近いもの、弘中（二〇〇二）の言う、「意識水準と無意識的水準の心の活動が交流する領域である（65頁）」前意識水準のものが、「語り」を通して面接者に表現されたのではないだろうか。つまり、制作者たちは箱庭に表現したものを面接者に「語り」、語ったことを自らの内界に再統合していくという、カウンセリングのプロセスを踏んだのではないかと考えられる。

制作体験の数日後に制作者が集まり、箱庭制作体験を振り返った中で、「（制作場面では）本当に自由で、子どもの時みたいで幸せな気持ちになって終わってからすっきりした。話もたくさん聞いてもらって、本当にカウンセリングをしてもらったんだと感動して帰った（制作者E）」との意見や、「自分が（箱庭に）表現したものが、後で（面接者）に話したことと一致していたのだと、帰り道で思った。終わった後、すごくスッキリしていた（制作者D）」

という意見が出された。今回、1回きりという特殊な状況設定にもかかわらず、制作者たちが内界について語り始めたのは、箱庭制作が制作者の内的世界を活性化することにつながったためであると考えられる。つまり、箱庭制作の「場」が、自らの内界を表現できる「場」として機能していたといえるのではないだろうか。また、制作者が箱庭について物語る際に、制作者と面接者の間の関係性が影響を及ぼすと考えられることから、箱庭制作者と面接者の間にスーパーヴァイジー―スーパーヴァイザーという関係性が成立した上での箱庭制作であったことが、「場」を機能させる要因のひとつにあったのではないかと考えられる。

以上のことから、研究のための箱庭制作という特殊な状況下であっても、関係性の元で置かれた箱庭は、制作者と面接者との内的な交流の結果生まれてきたイメージの表現であると考えられる。

1―2　自己へのメッセージ・面接者へのメッセージ

関係性の中で置かれる箱庭は、制作者の内界の表現であると同時に、そこに立ち合っている面接者に対するメッセージも含まれている。ただし制作者の自我が強ければ、面接者の理解が不十分で制作者と面接者との人間関係が浅くても、制作者自らがコントロールできる範囲での箱庭を制作することもありうる。つまり、極端な場合、そこに立ち会っている者の存在を排除した自己完結的な箱庭を作ることもあろう。

制作者Iは、代々続く伝統ある組織を取り仕切っている自我の強い女性である。制作後のインタビューの中でIは、「人がどう思うかまったく気にならない」と述べた後に、「先生が置いといてくださいと別の部屋に行っても、置けます。こんなんですわと見せると思います。でも、やっぱり見てもらわないとね。見てほしいです」と続けている。Iは、初めから制作するものをイメージしてきたので面接者がいなくても置けると述べているのだが、ここで注目すべき点は「やっぱり見てもらわないと」と完成したものを面接者である筆者に見せるという前提で置いていることである。誰かに見せる前提で置くというのが、関係性がある中で制作する箱庭の特徴であると考えられる。

初対面の関係性の中で置かれた箱庭でも、立会人が何らかの影響を及ぼしていることは斎藤（一九九一）のマッチング実験から見いだされている。第2章の図2—5（33頁参照）を用いると、ウ⇕エのベクトルである。初対面の関係でも、ウ⇕エという相互作用の中で生じたものが作品に影響することは十分考えられる（ア）。しかし、クライエントと治療者の相互作用（ウ⇕エ）が作品に表現され（ア）、作品からのフィードバックが治療者に行われる（オ）というような、ウ・エ→ア→オという心のエネルギーの循環は、クライエントと治療者の関係性が大きく影響するのではないかと考えられる。ただし人間関係の深さは、接している時間の長さとは比例しない。たとえ初対面の関係性の中でも、クライエントが治療者に理解されていると直感的に感じ取ったならば、深い表現がなされることもあろう。そのような場合を除いて、制作者と面接者の関係性が十分に成立していない中で置かれる箱庭制作の場合、先に述べたような、ウ・エ→ア→オの心のエネルギーの循環は生じ難いのではないだろうか。両者の関係性が十分に成立していない中で作られた作品は、あくまでも制作者の内界の表現（ア）であり、自己へのメッセージ（イ）であり、面接者に向けての特定のメッセージはほとんど含まれないであろう。しかし、関係性が生じている中で置く箱庭では、ウ・エの制作者と面接者の相互交流が作品に反映され、作品を通して制作者の面接者に向けてのメッセージ、ア→オが表現されると考えられる。

制作者Ⅰは、初めから制作するものをイメージしてきたと話していた（写真5—3）が、できあがった作品（写真5—4）は、あらかじめ考えてきたイメージそのものではなく制作途中でイメージが変化した。この点について言及したインタビューの一部を以下に示す。

「砂だけで何も玩具がないんだったら、作るんだったらこれと思った。今までの私の人生（声が詰まり涙ぐむ）。

子どもが3人、長男(中央)次男(上)長女(下)。この流れ(箱の左側から)中に入ってくる。そしてこれ(中央の島)が、私たち夫婦の城と言うか……そしてこちら(右下)にでていく。(真ん中には)何も置かないでおこうとイメージの中では思っていた(写真5—3)。でも、この砂見ていたら、作っていたら、そうだここ(中央)に少し高台作ろうと(写真5—4)。疲れたらここで休めるし。水だけだったらちょっと疲れるしね、そんなときにここでちょっと休んで。またこっち(右下)に流れていけるかなと……自分はここ(真ん中の島)にいるね。そして、だんだん流れが真ん中を削って、自然に流れていってなくなったときに、自分もこの世から消えたら最高だね……これ(真ん中の島)がいらないってことだもんね。一服する場所が要らなくなって、それでやっていけるようになるってことだものね。その時期に自分も消えてね……」

写真5-3　制作者I　初めに作ろうと思った作品

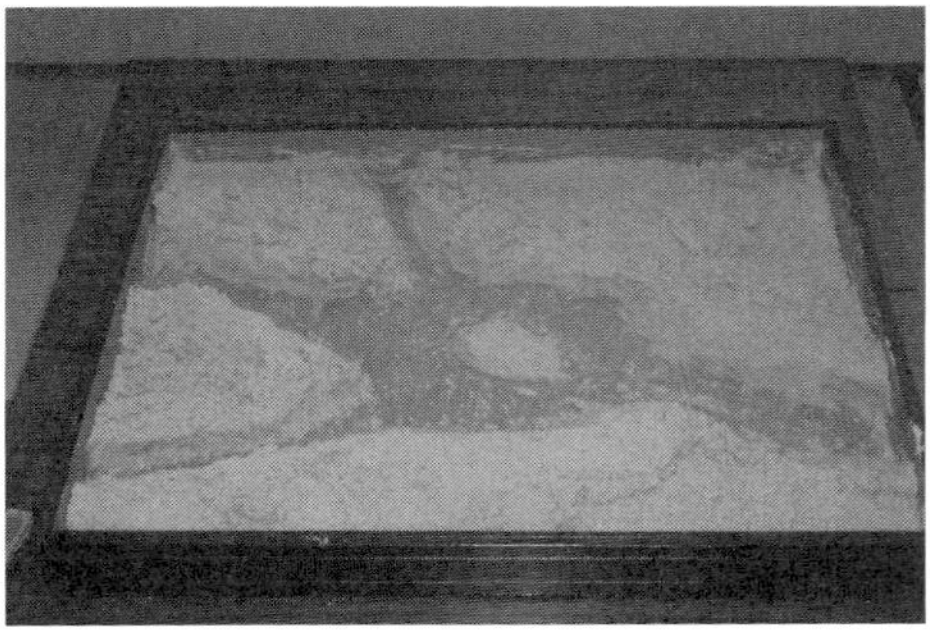
写真5-4　制作者I　完成作品

Iはこのように話した後、形式上では世代交代したものの、まだまだ次の世代に全部を安心して任せきることはできない、陰からサポートする必要があるという内容の話を、具体的なエピソードを交えて話した。Iは、自身の人生も終盤に差しかかっていることから、次の世代に「流れ」を渡していくイメージを箱庭に置こうとしていたが、実際に作る中で「流れ」を見守る必要性を感じている自分に気付いたのである。箱庭の中にイメージを表現し、その表現から制作者へのフィードバックが生じていることがわかる（34頁、図2―6参照）。つまり、自分自身の作品との対話の中で、現在の自分にぴったりとした表現を行い、面接者に作品で示したと考えられる。

Ｉのインタビューでは、あらかじめ置こうとイメージしていたものが明確に言語化されており、Ｉの箱庭表現は意識的な表現であることがわかる。しかし制作過程において表現が変化し、その表現によって気付きが得られていることから、Ｉに前意識水準の体験が起こったといえるのではないだろうか。

次に、Ｉ同様、前もって作るものをイメージしてきていた制作者Ｆの例を取り上げる。Ｆもあらかじめ作ろうとイメージしてきたものと、実際に制作したものがまったく違う表現になった。

制作後のインタビューの中でＦは、「全然思ってたのと違うのができた。もっとおだやかな、眠りこけそうな田園風景を思ってた（写真5―5）のだけど、この水（箱の青）が見えた途端、がらっと変わった。（自分でも）思ってませんでしたね」と、イメージしてきたものとは全然違う作品ができた（写真5―6）ことについて驚きを表わした。さらに、「たぶんね、何も置けないと思っていた。さすがです。先生のおかげです。もう箱庭はいいかと思ってたのに……やってもそんな深いところもあれだし、ポンポンと置くのもつまらないし」と述べ、初めは表面的におさめようと思っていたのが、制作過程で次第に制作にコミットしていったことに触れている。表現が変化するということは、Ｆと作品との交流が活発に行われていると考えられる（33頁、図2―5参照。ア⇕イの交流）。

Ｆのイメージを賦活し、表現に変化をもたらすきっかけとなったのは箱の青である。しかしここで、「何も置けないと思っていた」のに置けたのは「先生のおかげです」と、Ｆが面接者との関係性について言及していることは興味深い。Ｆがあえて面接者の存在について言及したのは、少なくとも、面接者の存在を意識しているからこそなされたことである。ここでは面接者の存在が、Ｆの箱庭表現の変化にどのような影響を及ぼしたかは明らかになっていないが、箱庭制作の場に面接者が立ち会うことが制作者に影響を及ぼしていることがFの語りから明白になるであろう。

箱庭は「意識的なコントロールによって、表面的な作品を作ることも可能であるが、心の深い層が関連して来ると、自分でも思いがけないものを作ったり、作っている過程において、『やった』というようなパフォーマンスの快感を感じる時もある（河合、一九八四、127頁）」といわれているが、Fは「とてもすっきりした」と満足し、自信に満ち溢れた様子でセッションを終えている。河合の言に従えば、Fの箱庭表現は、表面的な作品ではなく、Fの無意識が関わっている表現であると考えられる。Fは、箱庭制作から一週間後のグループのメンバー全員で行った振り返りのセッションにおいて、「箱庭を置いてから夢が活発になった」と報告しており、Fにとっては無意識層が活性化されるような箱庭制作の体験であったと考えられる。

写真 5-5　制作者 F　初めに作ろうと思った作品

写真 5-6　制作者 F　完成作品

集団の中で置くよりも、面接者との二者関係の中で置くほうが置きやすいと語った制作者Hは、二者関係とはいっても「誰がいてくれるかにもよりますけどね」と話し、そこに立会う者との関係性が重要であることを示唆した。箱庭は一人で置こうが、関係性の薄い人の前で置こうが「その人が内面的な表現ができる限り、だれにとっても意味を持つ(河合、一九八四、48頁)」ものである。しかし、治療場面で用いられる箱庭は、Hが述べるように誰がそこに立ち会うかということが重要な意味をもってくる。そしてそこで表現されるものは、IやFの言葉から、面接者との関係性の中で起こってきているものであることが明確になった。つまり、人間関係のある中で表現される箱庭は、箱庭制作者(クライエント)自身へのメッセージであると同時に、その場に立ち会う面接者(治療者)へのメッセージがこめられていると考えられる。

2. 治療者の役割

本研究の中では、制作者に面接者の存在がいかなる影響を及ぼすかについて検証するために、「面接者が居たことについて何か感想はありますか?」という質問を行った。質問方法として適切であったとは言いがたいが、面接者の存在に言及してもらうにはこの聞き方以外には想定できなかった。

ここでは、この質問によって得られた答え、あるいは制作者から自主的に言及された面接者との関係性についての語りについて検討することによって、箱庭療法における治療者の役割について考察する。制作者の語る言葉が、箱庭制作者—面接者の関係性のすべてを表しているとは言いがたいが、少なくとも箱庭制作者が意識的に捉えられている関係性の一端を示していると考えられる。

2—1 「場」を提供する

箱庭療法において治療者はクライエントと直接的なやり取りをするというよりも、クライエントが箱庭を通して対自的コミュニケーションが行えるように援助することが必要となる。つまりクライエントが箱庭に映し出されていく自己の内界との対話が促進されるように場を支えるのが治療者の重要な役割のひとつである。「援助の効果面の一つについての言い方が治療（藤原、二〇〇二、38頁）」と捉えるならば、今回の箱庭制作で、制作者の「自己治癒力」が十分発揮される「場」を提供することが面接者の大きな役割のひとつとなる。

たとえば、制作者Bは、「初めは、先生は何を、何を意図されてるのかなと思った。あとは……別に……どういっていいのだろう……いらっしゃって存在はあるんだけれど、それが気になって仕方がないとかそういうのはなくて……存在がある」と述べている。制作者Bは、面接者の教示を聞いた後は、いっさい言葉を発することなく箱庭と対峙し続けた。そこで面接者は、Bの内的な対話を妨げずに箱庭の中に表現されていくBの世界をともに味わいつつ、Bの表現を手がかりに、面接者自身の内界に起こってくるイメージとの対話を続けるという作業を行った。

筆者は以前、自分自身がクライエント体験をした際「面接を通して一番感じたこと、それはカウンセラーの存在の確かさである。それは『理解してもらえている』『受けとめられている』といった感覚ではなく、そこにカウンセラーが〝居る〟ことで、自分もそこに〝居る〟ことができるという感覚である。そこに〝揺るがず、逃げず、居る〟というカウンセラーの存在の確かさに支えられて、クライエントは心の世界に降りていける（中道、二〇〇二、66頁）」と感じた。治療者が「守ってくれる、安心感がある」ということよりも、そこに「居る」ことの重要性を強く感じたのである。箱庭療法の場合、箱庭を媒体としたクライエント―治療者関係であるため、治療者の存在が前面に出るのではなく、そこに〝居る〟、〝確かに存在すること〟が、対面でのカウンセリング以上に必要となるのではないだろうか。しかも箱庭療法においては、治療者の存在が前面に出るのではなく、場を抱える器の一部として存在するのである。

Bだけでなく他の制作者たちも、あらためて面接者が存在していたことを質問されると、「居てくれた」としか答えようがなかったようである。面接者が立ち合ったことへの質問に対し、制作者たちは、「面接者が居たことが気になるかどうか」を答えとして述べる傾向にあった。「初めは、先生は何を、何を意図されてるのかなと思った。あとは別に……いらっしゃって存在はあるんだけれど、それが気になって仕方がないとかそういうのはなくて、存在がある（制作者B）」「最初、先生が居るのが気になった。でも、それは最初だけで（制作者C）」と、制作者たちはすぐに箱庭と自分自身の内界との対話に没入している。また、「人がどう思うかとか全然気になりません。これでいいわと。見られたら気になる人いますけど、私はそうじゃないです（制作者I）」といった答えもあった。「気になる」という言葉から、箱庭を制作することで心理検査のように内界を知られるのではないか、それを見て「私」という人間をどう思われるのか、評価されるのかといった不安が見てとれる。これらの不安は、心理療法を受ける時におそらく一度は頭をよぎる思いであろう。

制作者Dは「先生がいなくて一人でやってるのとは全然違いますよ。見ててもらえるという気持ちと……私はすぐに探ってしまうから、何か思われてるかなとか、そういう気持ちが動く。それはあったけど……それは誰だって感じますよね。それがありながらも、見てもらえてるみたいな。それがなかったら、ただのお人形さんですものね。何か思ってくれてないとね」と話している。Dの言葉から、面接者に「何か思われているか」を意識しながら箱庭制作が進むことがわかる。面接者に「何か思われて」いようと安心できる度合いによって制作者の防衛の強度は異なるといえ、面接者との間の安心感の深さによって箱庭に表現される世界が変わってくると考えられよう。

「先生がいることは、平気でしたね。むしろ大勢の目の中の方が私は気になる。2人の方がいい。でも、誰がいてくれるかにもよりますけどね」という制作者Hの言葉からわかるように、どういった関係性の人間がその場に立ち合うかは重要であると考えられる。制作者Gは、「先生がこれをしてくださいと言わなければ、しなかったわけだから。言われて、すーっと入っていけた。思うとおりに。気持ちよかった」と述べている。Gの言葉からは、「場」を与えられることによって「すーっと入っていける」ような関係が面接者との間であったのではないかと推察される。つまり、制作者と面接者の関係性によって箱庭の表現は変化し、当然箱庭制作後の満足感も違ってくるといえる。

以上のことから、箱庭療法において、クライエントが箱庭を置く時、治療者に対して「何を思われても大丈夫」だと思える関係、つまり自分のありのままを認められているという関係が成立した「場」を提供することが重要であるといえる。これはロジャーズ（一九六六）の「建設的なパーソナリティの変化が起こるための6条件」のうちのひとつである「セラピストはクライエントに対して、無条件の肯定的な配慮を経験していること（125頁）」という治療者の姿勢である。自明のことではあるが、制作者からの生の声を聴くことによって、あらためてその重要性が感じられた。

2―2　侵襲性と受容性―「見られる」「見てもらえる」―

制作者から聞かれた「見られる」「見てもらえる」という言葉には、箱庭制作者（クライエント）とそこに立ち会う者（治療者・面接者）との関係性が表れていると考えられる。

面接者が立ち会ったことを、「見られる」と感じた制作者Jは、次のように話している。「見られるのがすごく嫌。自分ひとりでやらせてもらえたらいいのにと思う。以前にあるカウンセラーの前で何度か箱庭を置いたが、その時もそう思った。気になる。カウンセラーが居ることが気になるのかな……居るからといってやることが変わるわけではないとは思うんだけど、気になる。居なかったら自由になれるのかな……わからないけど。ひねくれてますね。気になる。気にしいなのかもしれない。気にしい、気にしい、気にしい……」と述べ、「自分には信頼できる人はいないのかもしれない」との思いにいたる。今回の箱庭制作には、Jは自ら希望して参加している。にもかかわらず「見られるのがすごく嫌」だと、表現することを拒否している。これは防衛であるとも取れるが、一方で「見られるのがすごく嫌」な現在のJの在り方を表現しているともいえる。Jの言葉から、箱庭療法において治療者がそこに居ることが「見られる」という侵襲的なものでなくなったときに初めて、箱庭が「自由で保護された空間」となり、クライエントの自己治癒力を活性化させるものとして作用することがわかる。

一人で表現を行った場合と、今回の面接者の前で箱庭を置いた体験の違いについて、制作者Eのインタビューを次に取り上げる。

「あんまりしんどいときは、粘土を買ってきて、くねくねこね回している」〈一人で？〉「そう一人で」〈それは、どうでした？〉「ねえ、そんなさっぱりもしなかったし、何か形みたいなのができても、なんか下手だなとか。余計ストレスが……子どもの時みたいにお人形さんとか作れたらいいんだけど、何も作れず、結局丸めてその辺に置いている……」〈今日はどうでした？〉「今日は気持ちよく作れた。さっぱりした。自分でも、こんなのができたんだっていう」〈一人でやっておられる時との違いはありますか？〉「今日は、まるっきり一人じゃない、見てもらえてるって思う。一人の時は、憂さ晴らそうと思ってやったけど、結局できない。もう1回しようという気にもならない。楽しくなかった……でも、今日は思いっきりやれたし、感触楽しめたし、楽しかった。あっち（一人でやっている時）は楽しい思いはなかった。一人でやってる時は鬱々している感じがもっと起こってくる。もし、ここで一人でやってたら、どうかな……もっと時間かけたかな。ポコンとこれつぶして、でも、何回も作り直してたら、どうやって終わるんだろう」〈ああ、終わりが難しいですよね〉「ねえ、終われないかもしれないね。どうだろう。でも、今日は、自分でもこんなんでいいのっていうくらいあっさり終われた。これでいい！って、スッキリして。自分でもびっくり（笑）。早く作っちゃわないといけないと思うのかな。人に見られるのは苦手だからかな？　緊張するからな？」〈今日は緊張してました？〉「いや全然。私は人の目を意識するところがあるけど、でも今日はやってる時は夢中になってやっていました」

Eが１人で粘土を作ったのは、趣味的な創作活動としてではなく、「しんどい」状態の時に内界を表現しようとする作業である。つまり、表現することによって自己治癒力を高めようとする行為であるため、箱庭制作との比較は可能であると考えられる。粘土と箱庭の違いはあるものの、１人で制作する時と立会いのもとで制作するときの違いがＥのインタビューから見てとれるのではないだろうか。

Eは、このインタビューの後、現在自分自身が抱えている悩みと課題を意識化していった。意識化していくきっかけとなったのは、箱庭作品からの刺激である。Eは、写真５―７、写真５―８のようなトンネルのあいた山を作った。Eは制作後のインタビューの中で、この作品を見ながら「見通しが持ちたい……」自分に気付き、現在の自分自身の状況を語り始めた。それは、子どもが自立していく中で取り残されるような淋しさとともに、配偶者との関係を見直し、さらには自分自身の生き方を模索しているというような内容であった。子離れと夫婦関係の再確認、自己実現の模索といった更年期女性が直面する危機である。「母という役割を他の新しい役割に変えることは、そうとうハードな内的プロセスを経なければならない（154頁）」という東山弘子（一九九二）の指摘からもわかるように、Eにとって、この課題は重要な中心的な問題であることが想像される。

Eが箱庭制作を通して行った作業を、図２―６（34頁参照）を用いて検討してみると、対自的コミュニケーション（う⇔え）を通して作品（あ）を制作し、

写真 5-7　制作者 E　完成作品

作品から自我にフィードバックされたこと（い）が再び自分に返され、さらに対自的コミュニケーションが活性化されたと考えられる。そして、作品が無意識に働きかけていたもの（お）が、制作後のインタビューの中で言語化されたと考えられる。

以上のような一連の作業を行うためには、そこに「見てもらえている」人が立ち会う必要があることをEのインタビューは示している。「見てもらえている」という言葉の「もらえている」つまり「もらう」という意味は「他からの動作で自分が恩恵・利益を受ける（広辞苑）」ということである。つまり、見られていることがEには何らかの利益をもたらしていると、Eには感じられているということである。Eは箱庭制作直後には「思い切りやれた」「楽しかった」と述べていることから、Eに快の感情がもたらされていることがわかる（ただし、このコメントは制作直後のものである。制作後のインタビューの中で自分自身の課題について語り出してからは、涙を浮かべるといった、制作場面とは異なった感情へと移行している）。また、粘土を1人で作った時のように、箱庭制作を1人でやっていたら「どうやって終わるんだろう」と話しているが、この言葉から、面接者の存在が「終わる」ための枠組の役割を担っていることが推察される。

以上、制作者JとEのインタビューから、「見られている」という感じではなく「見てもらえている」という制作者と面接者の関係性の大切さが明らかになった。箱庭療法では「見てもらえている」という安心感のもと「自由で保護された空間」という「場」が提供されることによって自己治癒力が発揮されるのである。しかも、治療者は前面にでることなく、その存在は確かにクライエントに意識されていることがわかる。

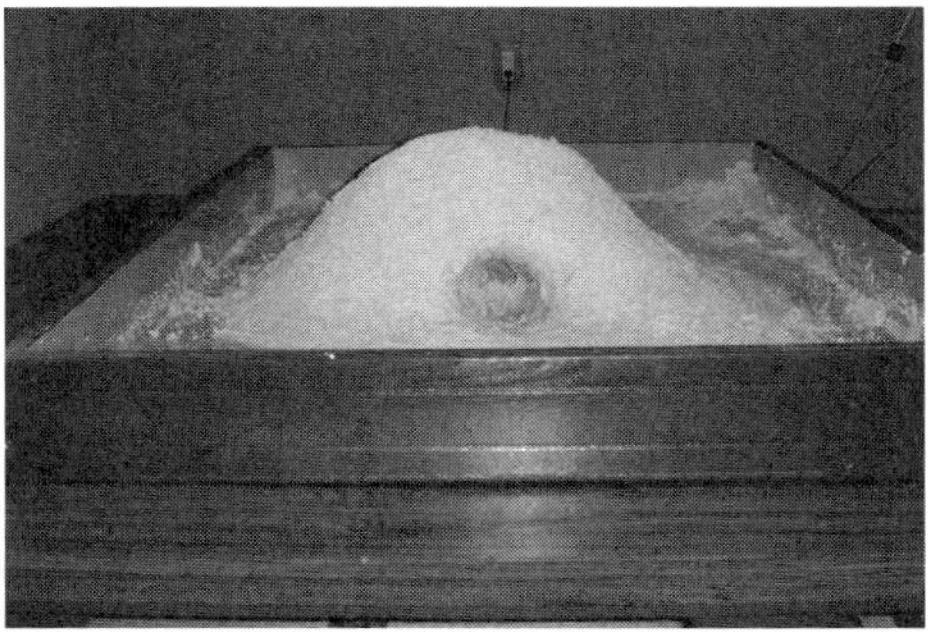

写真5-8　制作者E　横から撮影したもの

2—3　促進と制御

箱庭療法において、クライエントからの質問や働きかけがないかぎりは、治療者はほとんどの場合、黙って傍らにいるだけである。それが「見てもらえている」というようにクライエントに通じるのはなぜだろうか。「見てもらえているはず」だという、箱庭を置く以前の信頼関係（出会った瞬間に信頼関係が生じることももちろんある）はもちろん必要不可欠である。その関係をベースに、治療者に「見てもらえている」とクライエントが感じるのはどのような要因が働いているのであろうか。

河合（一九八四）はカルフの前で箱庭を作った時の体験を次のように述べている。「しばらく黙ってみていた彼女は、そこに置かれている木では不十分だと思ったのか、木のミニチュアの壊れているのを修繕したり、見えにくいところにあるものを探し出してきたり、それとなく私が仕事をしやすいように気を使ってくれる。なかなか勘のいい人だなあと感じたものである（9頁）」。このようにクライエントが何を必要としているのかを自然に察知できるということは、クライエントの心の流れを治療者が理解していることにもつながる。筆者自身も箱庭を置いた時に、棚の奥にあったミニチュアを取りやすい位置に治療者がさりげなく置きなおしてくれるということを何度か経験している。それは自分が探していたイメージのミニチュアであった。こういったクライエントの内的な流れに沿った治療者の在り方こそが「見てもらえている」という安心感を、クライエントに引き起こすのではないだろうか。

今回の箱庭制作においても、制作者の「仕事をしやすい」ように面接者が動いたことに対して感想が述べられた事例がある。それは、制作者Cのセッションにおいてである。Cが箱庭の中に小山を作り、側面を触り始めたとき、傍らで見ていた面接者は、Cが山にトンネルを通したいのだとすぐに感じた。しかし、山は高さがなく、指だけで貫通させるのは難しく、C自身も穴を掘り始めるのをためらっているように見受けられた。そこで面接者は長い木の棒をテーブルの上に置いた。箱庭制作を行った部屋は箱庭用具のない場所だったため、C自身が穴を掘るための道具を探せない状況下にあったためである。するとCはすぐにその棒に手を伸ばし、山にトンネルを通す道具として使用し、見事にトンネルを通した。このことを、Cは後のインタビューの中で「これ（棒）を出してくれた時、（面接者が）居てくれてる、見ててくれてるって思った。安心して作った」と述べている。録画したビデオテープを確認すると、面接者が棒を出した際、Cと面接者の間には何の言葉も交わされなかった。面接者がテーブルの上に置いた棒を、Cは手に取り、視線さえも面接者に向けることはなかった。すべてが自然の流れの中で行われていた。ここで取り上げたCと面接者のやり取りは、かなり表層的なものである、しかし、実際の箱庭療法場面では、こういった表層的なものから、深層に近いやり取りまでいろいろな層でのクライエントと治療者の交流が、細やかに行われていると考えられる。

箱庭療法において治療者は、最低限、クライエントが箱庭を制作しているのを邪魔しない、つまり背景に退いている必要がある。つまり、クライエントの自我と無意識、そして作品の間で対話がスムーズに行われている時（34頁、図2―6参照）は、治療者はプロセスを理解しながら見守っていることが必要である。クライエントの心の流れが何らかの要因で滞った時に、治療者の存在が重要になる。クライエントの発したサインを（バーバルなのかノンバーバルかにかかわらず）、治療者は確実に受けとめ、受けとめたことをクライエントにフィードバックする必要がある。つまり、箱庭制作過程の中で、クライエントと作品との対話が滞りそうになった時に、それがスムーズに流れるように治療者が応答したり、態度で示したりといった働きかけが行われる必要があるのではないだろうか。そのような働きかけができるには、治療者がクライエントの箱庭制作のプロセスを理解できていることが必要になるのであろう。

制作者Fは、「先生が居たことは、ブレーキになる。どこかであんまり暴れたら、ダメだしね。それは思いますね。

居るということで、この（箱庭）外にもう一つ枠がある安心感がある」と面接者がそこに立ち会うことで、制限になることが守りへとつながることを語っている。また、「見られるのが嫌」だといいながら箱庭の表面を撫で押さえることに終始した制作者Jの「先生がいなかったら、ずっと触っていたかもしれない。全部こうして押さえつけて、でもわっとなにか出したかもしれない」という言葉からも、面接者の存在が制限になると同時に、「わっとなにか」出すことをとめる安全弁となっていることが推察される。制作者Dは、「仲間の前で置くのと、先生の前で1対1で置くのと全然違っていた。（面接者の前で置くのは）置くんだということが意識される。居ないと思ってやってるんだけど、やっぱり見てもらっている存在があると感じられる。自由だけど不自由、でも自由。先生と2人、その中で表現するんだと思った」と述べている。「自由だけど不自由」というDの言葉は、制作者が、他者としての面接者がその場に居ることをいかに感じるかをうまく表現している。さらにDの言葉は、箱庭に表現されるものは、あくまでもそこに立ち会う者との関係性の中で生じているということを示唆していると考えられる。

以上のことから、箱庭療法における治療者の存在は、クライエントのエネルギーの流れを促進する、活性化させるという役割と同時に、安全弁となる役割をもつことが明らかになったといえよう。

3．素材が制作者に及ぼす影響

ここでは、制作者と砂との関係性に焦点をあて、砂が制作者にどのような影響を及ぼしたのかについて検討する。

制作者は、入室と同時に視界に飛び込んできた砂に関心を向け、制作途中でも砂に関して言及した。さらに、制作後のインタビューでも、面接者が砂に関する質問を行う前に、制作者自らが砂に関するコメントから入っていった。砂のみしか使用していない箱庭であるため、砂の存在が前面に出るのは当然のことであるが、制作者はこのシンプルな素材から多くの刺激を受けたようである。

通常の箱庭療法において、いっさいミニチュアが用いられず砂のみの表現が行われたり、砂に触るだけで作品らしいものは作らなかったりするというような場合がある。山中（一九九九）は、砂のみの表現、あるいはミニチュアが極めて少ない砂による表現が行われる時期を、「クライエントの内的表現が一次元深化したこと、ないしはあたらしい展開の起点となっていく表れ（山中、一九九九、136頁）」であると論じている。つまり、砂と対峙することは、制作者にとって特別な意味がある可能性がある。

今回の箱庭制作では、素材が砂のみであったため、制作者は真正面から砂と取り組むことになった。砂のみの表現という意図的な場面設定であるため、今回の箱庭制作の中で見いだされたものを、治療の流れの中での「砂のみの表現」にそのまま当てはめることはできないが、少なくとも砂のみの表現を行う時のクライエントの中に生じている体験の一端を理解する手がかりになるのではないかと考えられる。

3―1　感覚に訴える砂

（ａ）視覚

今回の箱庭制作で、９名中４名（Ｄ・Ｆ・Ｇ・Ｉ）が、面接者が教示を行う前に目の前に広がる箱庭について言及した。「わー！　濡れた砂なんですね（制作者Ｆ）」「わー！　なんか砂の感じが違いますね（制作者Ｉ）」と砂の質感についての発言、さらに「ああ！　気持ちよさそうですね（制作者Ｇ）」「ああ、思ってたより大きく感じる（制作者Ｄ）」と体感に訴えてくる感覚についての発言がみられた。いずれの発言も感嘆符を伴った発言で、砂のみの箱庭制作では真正面から箱庭と対峙することによって、触る前から心が動いていることがわかる。

また、「以前やったときの砂はもっと汚かった。この砂は綺麗。キラキラ光ってる。それが心惹かれる（制作者F）」「色の黒っぽい砂とかでやったことあるが、（この砂は）綺麗。一番よかったように思う（制作者H）」と、視覚からの入ってくる砂の感じが、多くの刺激をもたらしていることがわかる。

（b）触覚

教示後のセッション開始直後から、9名中8名の制作者が砂の表面を撫でたり押したり、さらには砂を握ってみたりしながらしばらくその感触を味わう作業を始めた。感触を味わうことなく制作に取り掛かったのは制作者H、1名のみであった。Hは教示後すぐに、あらかじめイメージしてきたものの制作に取り掛かった。それでも、終了後のインタビューでは「砂の感触はすごくいい感じだった」と述べている。他の制作者7名（B・C・E・F・G・I・J）も、砂を味わった感触が「気持ちいい」、「好きな感じ」であったと述べており、9名中8名の者が砂の感触を快と捉えた。

制作者Dは「イメージしていた砂と違っていた」ことからなかなか砂の感触になじめず「戸惑い」があったが、砂と格闘していくうちに「だんだんなじんできますね。最初はあらっと思ったけど、なんかいい感じになった」と砂へのイメージが次第に変化している。そして作品が完成を迎える段階にくると、「（砂の感触が）いい感じ」と述べ、砂への感じ方が、戸惑いから快の感覚へ変化していく様子を表現した。

以上のように、砂に触った瞬間から9名中8名がその触覚に快の感覚を抱き、残り1名が制作過程を経る中で、砂への感覚が変化しており、いずれの制作者にも快の感覚をもたらしたようである。

具体的な触覚の表現として「ひんやり感（制作者B・E・G）」「湿った感じ（制作者C）」、「ちょうどいい柔らかさ（制作者E・F・I）」「しっとり感」（制作者B・I）」「不思議な感触（制作者D）」といった言語表現がなされた。

（c）聴覚

制作者Eは、砂を箱いっぱいに広げては中央に寄せ、寄せた砂を両手で揉むようにこすり合わせる過程で「ああ、音も気持ちいい」と砂から受ける聴覚にも関心を寄せている。さらに、制作後のインタビューで「触っている間に、海のイメージ、波の音が聞こえたりして、いい思い出がたくさん浮かんできた」と述べており、Eの中では触覚と聴覚から内的感覚がひらかれていく様子が見てとれた。

（d）味覚

砂の素材感を表現するのに、「三温糖（制作者B）」、「キサラ砂糖（制作者I）」「塩（制作者D）」、「お菓子の生地（制作者F）」といったように、味覚を伴った食材を用いて表現する者が4名おり、素材感が食材にたとえられた。もともと、味覚と嗅覚は粘膜を通して感じられる感覚であるため、触覚を伴っていると考えられる。そのため、触覚を表現する際に、味覚を伴った素材にたとえられたのではないかと考えられる。

以上のように、視覚・触覚・聴覚・味覚といった人間のもつ五感の内の四つの感覚が入口となり、制作者が自分自身の内的感覚にひらかれていく様子がみてとれる。視覚や聴覚で捉えたものは、触れることで初めてその存在を確信できる。視覚や聴覚は、対象との距離があるため自分と切り離した状態で捉えるが、触覚は主体と対象の間に距離がなく直接的に制作者に働きかけてくる。対象化する作用が強い視覚に比べ、触覚は融合化作用が強いともいえる。それと同時に、触れることによって自己と非自己が明確に意識され、対象に触れることによって自己の感覚がより鮮明になる。触覚は「触ることによる自分の皮膚の変形や大きさや速度、指から失われたり与えられたりする熱による皮膚温度の変化という自己の状態を検知している（山口、二〇〇六、21頁）」のである。さらに、触れている面を通して相互に影響を及ぼしあっていくプロセスが、自分の中で意識される。つまり制作者が砂に

「触る」という行為は、同時に砂に「触られる」ことでもあり、「触る」―「触られる」という相互交流を通して、自己の内的感覚を鮮明に感じ取ることができる行為であると考えられる。

ミニチュアを使用する通常の箱庭療法では、ミニチュアから受ける視覚的イメージや触覚などの様々な要因が加わるため、今回の箱庭制作のように砂が制作者に強く意識されることは少ないかもしれない。しかし砂という素材から、本研究で得られたような多くの刺激を瞬時に受けている可能性は考えられるのではないだろうか。

3―2 主役となる砂

通常の箱庭療法では、砂のみの表現が行われることもあるが、多くの場合はミニチュアを使用して箱庭を制作する。今回の制作者は全員、一度はミニチュアを使用した箱庭を置いた経験があり、ミニチュアを使用した箱庭と砂のみの箱庭との違いについて語っている。そこで、制作者から得られた通常の箱庭と砂のみの箱庭についての違いについての発言を検討することで、砂のみの箱庭の特徴を明確にしていく。

制作者Eは、今回使用した砂の「しっとり感と色が自分に合った」と述べ、以前置いたことのある箱庭の砂を思い出そうとして次のように語った。「ええっと、どうだったかな。ここまでしっとりしてなかったかも……というか、（以前体験した箱庭では）あまり砂の方に意識が向かなかった。何しろいろんな玩具をひたすら並べていた」。Eが以前体験した箱庭制作では、砂よりもミニチュアに関心が向いていたことがわかる。青木（一九八六）が指摘するようにミニチュアが対話でいうところの言葉にあたるものであると仮定するならば、「いろんな玩具をひたすら並べていた」Eは、自らの中で生じるイメージをミニチュアという言葉にのせて「ひたすら」表現していたと考えられる。このことから、玩具を使用する箱庭療法では、砂と対峙することよりもミニチュアなどの玩具から喚起されるイメージと、玩具を構成していくことに意識が向く場合があることがわかる。このように、通常の箱庭ではミニチュアを使って砂箱の中に世界が構成されることが中心となる。その際、砂は主役ではなく、ミニチュアを支えるための基盤的な役割をすると考えられるのではないだろうか。

砂が基盤的な役割をすることについて、制作者Dが適切に言語化している。「前やったときは、砂も触るけどいろんな玩具を使うから、砂そのものを意識しなかったかも。砂は、まああるけど、土台みたいな、容れ物とか、そういう感じで自分では捉えていて……。置くものの方に自分の気持ちが向きますよね。砂とか箱とかはあったけど、砂にはあんまり気持ちがいかなかった。でも今日は砂だけでしょ。だから……シンプルだからね。砂に対しては今日の方が断然存在感があって、私には強い。ものすごく強い感じがしましたね」。Dが言うように、砂が土台や容器として働いている場合、砂箱と同様に、はじめからそこに「あるもの」として自然に使用される。

この点に関しては、石原（二〇〇七）が箱庭療法において前提として存在する砂箱と制作者との間で、制作者の体験のあり方として「自明の前提となる」、「前提に戸惑う」、「前提になじむ」という三つがあることを見いだしている（61頁）。今回の箱庭制作で見られた制作者E、Dの語りから、通常の箱庭制作時には、砂箱が「自明の前提」として存在していることがうかがえる。しかし、今回の箱庭制作では、ミニチュアを使用しないことによって砂の存在がクローズアップされ、砂が制作者に及ぼす影響の一端が明らかになったと考えられる。砂の存在が前面に出てきたことによって制作者は、「土台」あるいは「器」となる自分自身の内的基盤と向き合う作業を行う必要が出てきたようである。砂に触れるのは、自分の身体を通してである。五感が働く身体を通して砂に触れることは、自らの内的基盤となる身体と向き合う作業にもつながるのではないだろうか。つまり、制作者たちは砂を触ることによって、砂の感触が身体に響き、身体に響いたものを砂の中に映し出していった可能性がある。「何かに触れるという経験は、からだの〈内〉を対象に向かって開き、それを対象の表面に、あるいはその奥のくぐもった触感に付き合わせること（鷲田、二〇〇六、79頁）」であることから、触れることは砂に向かって自分を開いていくことにもつながる。だからこそ、「砂というものが、それを触る人の内面の深いところを動かしうる（木村、一九八五、21頁）」のではないだろうか。砂は、可塑性に富み、容易にその形を変えて創造していくことができる一方で、もろく崩れやすい性質をもっている。その中に、制作者が自らの〈内〉を開いていくことには、危険性も伴うことを面接者は忘れてはならないであろう。

制作者Hは、「単純なほど個性が出るかもしれませんよね。いろんなもの（ミニチュア）があったら、他の事で悩みますよね。あれをどう使おうとか、ここにこれ置きたいという事でなくて、何を使おうという感じで限定されるかもしれないですね。淋しいからなんか置いておこうかなとか……」とインタビューの中で語った。河合（一九九八）は「箱庭の場合は、逃げようと思えばいくらでも逃げられる（222頁）」ことを指摘しているが、Hの言葉からもわかるように、ミニチュアを使用する通常の箱庭制作では、様々な要因に注意を向けることで自らの内界にコミットすることを巧みに避けることができるのかもしれない。しかし、砂のみの箱庭制作の場合は、ミニチュアに関心を向け、ミニチュアの中に自分の心にひっかかる何かを見いだす以前に、箱の中に存在する砂そのものと向き合わざるをえない、自らの思いをそこに投入せざるをえない状況が準備されてしまうのではないだろうか。つまり砂のみの箱庭制作においては砂に自らの思いを投入するため、「今日の砂は、ちょっと違ってた。砂場の砂とはイコールできない。キャンバスというか、私はお菓子作りをするので三温糖のイメージというか、何か特別な感じがありました。ちょっと感じがちがいました（制作者B）」といった感想や、「この砂は、大地のイメージというよりは、地球の世界じゃない砂のイメージがあった。ドロドロじゃない。光の粒があるしね（制作者F）」、「なんか、不思議な感じですよね、この砂の硬さが。私にとっては。なんだろう、なんていうんだろう（制作者D）」、「普通の海の砂だったら、こんな世界は作れてないかもしれない……そんな感じがした（制作者F）」というような、砂に対する特別な印象が制作者たちに生じたのかもしれない。

通常の心理療法において、箱庭の砂を見た瞬間に子どもたちが「これ、何!?」と目を輝かせ、指先でそっと砂に触ってみるといったことをしばしば経験する。さらさらとこぼれ落ちる砂に、「お砂糖?」、「お塩?」、「雪?」といった様々な反応をし、「なめてみてもいい?」と尋ねる子どももいる。〈魔法の砂かも〉と答えると、子どもたちはワクワクした様子で砂の中に手を入れる。子どもたちは直感的に箱庭の中にある砂が特別なものであることを感じ取っている。その「特別」さは、けして砂の現実の質感だけではなく、その個人の内的なイメージが砂の上に映し出されるためではないかと考えられる。

3—3　ぴったり感……世界に入り込む

五感を通して感じられた砂の感触が「ぴったり」きたことについて、「色といい、しっとりした感じといい、すごくいい感じ（制作者I）」、「砂の感じとしっとり感と色が、自分に合った。最初に触った時に、あっ、いい感じって（制作者B）」といったような制作者の感想が得られた。

いっさいミニチュアを使用しなかった今回の箱庭で、「砂の感触がすごく気に入って、砂の中に入っていったみたいな、泳いでいるみたいな、（箱庭の）中で大暴れしているみたいな感じだった（制作者E）」と砂の感触によって箱庭の世界の中に身体ごと入っているイメージが語られた。セッションの中で制作者Eは、「気持ちがいい」と砂をこねくり回したり、両手で握ったり、擦り合わせたりしながら感触を味わい作品に仕上げていった。Eは、砂と戯れるプロセスで、自分の子ども時代、仕事をしていた時代（娘時代）、自分の子どもと遊んでいた時代が「短い時間だったけど、ドワーッと思い出された」と話している。つまり、砂に触れることによってEの内的世界が活性化されており、Eにとって砂がイメージに入っていくための入口の役割を果たしているといえる。

制作者Bは、「ここ（箱庭）を歩いたら、足の裏の感触（のつもり）で手で触ってみて、波が来たらどうなるのかなとか……という感じでちょっと、足跡つけてみたり……」と身体ごと箱庭の中に入っているようなイメージを語った。また、制作者Gは「砂を見た瞬間からこんな風にしたかった」と箱庭の中に身体ごと入っていきそうな勢いで、両手を砂の中にいっきに突っ込み、その感触を味わった。制作者Cは、箱庭制作途中で「海に来たんですけど……」と現在形で語り始め、イメージの中で箱庭の世界の中に入り込んでいることがうかがえた。さらに制作者Fは、「無難にこなそうと思っていたのが」砂の色と感触によって「ぴゅーとこの世界に入った」と述べている。

以上のことから、砂から受ける視覚的イメージ、さらには実際に触ってみての触覚が制作者自身と「ぴったりした」時に、イメージの中に入り込めるのではないかと考えられる。

一方、触った瞬間、砂の感じが自分の「思っていたのと違う。イメージが違う」と感じた制作者Dは、「初め、砂に感じがなじまなくって、何となく自分でしよう（作ろう）かなっと思ったのがね……砂の感じが違うから……砂の感じが違うなと思ってたのが、自分の中でしっくりくるまでが時間がかかった」と砂に対して、視覚的にも触覚的にもぴったり感が得られず、戸惑いを感じたことを表現した。それが「だんだん、こういう感じなんだなってわかってきて、砂に対するなじめない感じが途中からなくなってきて」と砂への印象が変化したことを語っている。その結果、初めに思っていたものとは全然違う、今まで自分では作ったこともないような物を作り上げたと話している。これは砂への「ぴったり感」を模索していく作業を通して、Dの中では意識と無意識の交流が起こり、無意識レベルにあった「何か」が前意識レベルへと浮かびあがってきたのではないかと考えられる。さらにDは、制作後のインタビューで語った自身の内的状態と箱庭表現が一致していたことに、箱庭制作後の帰路で気付いたという。金田・小山（二〇〇六）は、ぴったり感を「視覚、聴覚を手がかりに、自分の中から生じる内的な何かに触れ、それが主体と出会い、心の中で整理され、最終的に主体に統合される心のありよう（1頁）」であると定義している。また、箱庭制作後に作品について語ることは、「自分の中から生じた何かの一部に焦点が当てられ、無意識から生じた何かが前意識レベルから意識レベルにあがっていく（7頁）」ことであるとし、「語ることは、自分の中から生じる内的な何かとの距離を縮める傾向がある（7頁）」と述べている。金田らの指摘を考え合わせると、Dは砂と自分とのぴったり感を見いだす作業を通して、内的な「何か」に触れ、その「何か」を砂の中に表現していったのではないかと考えられる。つまり、箱庭制作によって、「自分の中から生じた何かの一部に焦点が当てられ、無意識から生じた何かが前意識レベルから意識レベルにあがって」いき、面接者にそれを語ることによって内的な「何か」との距離が縮まり、時間をかけて「何か」が主体に統合されていったのではないかと考えられる。

以上のように、初めから砂の感触が体感としてぴったりした者、なかなかなじまずにぴったり感を追求するプロセスで箱庭作品ができあがっていった者という違いはあるものの、体感としてなじんでいる、つまりぴったりきているかどうかが、箱庭の世界に入り、内界を表現していくために必要なのではないだろうかと推察された。

4 おわりに

本章では、箱庭制作者のインタビュー報告に基づき、スーパーヴァイザー―スーパーヴァイジーという人間関係が成立している中で制作した箱庭の特徴、治療者の役割、さらに素材が制作者に及ぼす影響について検討してきた。

ただし、今回の箱庭制作者は全員が妊娠・出産を経て、人生の終盤を迎えつつある女性たちである。「妊娠出産と人生初期に必要な母性は動物的で、土のにおいのする」との東山（二〇〇五、196頁）の指摘や、母子準備性が高いほど箱庭の砂を使用する傾向にあるという山口（一九九七）の研究結果から考えると、今回の「教育カウンセリング箱庭」の参加者全員が、積極的に砂へ関与した表現を行えたことは、彼女たちの年齢や人生経験と深く関わっている可能性もある。そのため、今後、普遍化に向けて、各年代・性別ごとの特徴と傾向について検証を進めていく必要があろう。

残された課題は多いが、これまで「自明の理」とされていた箱庭療法の治療機序の一端が、制作者側の体験として言語化されたことによって、より明確になったのではないかと考えられる。

B（60歳代）	C（50歳代）
	 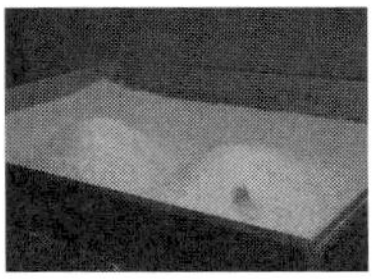
制作時間…14分	制作時間…58分
インタビュー時間…42分	インタビュー時間…34分
黙々と制作を続ける。制作プロセスを経て、更地にもどして終了とする。 子ども時代の思い出、前の世代から自分、そして次の世代に受け継がれる流れについて語られる。	制作の途中から、子ども時代の思い出を現在形で語り始める。制作開始から10分で完成形となるが、その後も作品を触りながら話し続け、完成を告げたのは開始から58分後である。 子ども時代からの親との関係、現在抱えている親の介護の問題が語られる。
テーマ…「浜辺」	テーマ…「子どもの頃」

D（50歳代）	E（50歳代）
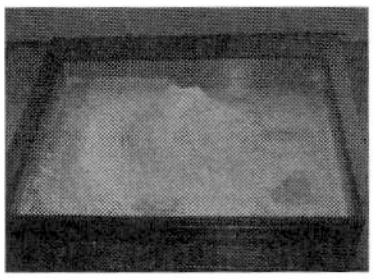 	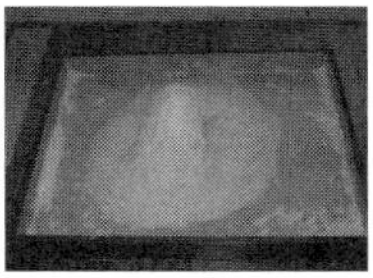 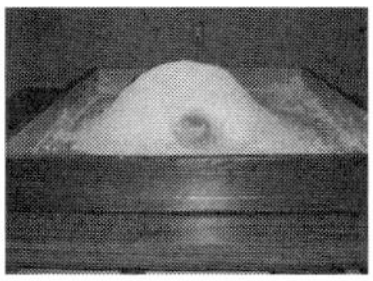
制作時間…13分	制作時間…6分
インタビュー時間…87分	インタビュー時間…43分
視覚的にも触覚的にも砂に対する戸惑いがある。砂の感触に馴染んでいくプロセスを通して制作がすすみ、作品として完成する。 制作後、親族とのトラブルを通して感じている怒りについて語られる。	砂遊びをするうちに浮かんだイメージを表現していく。箱庭の中に入って「大暴れしているみたいだった」との感想が語られる。 制作後、家族との関係、夫婦の関係、自分自身の生き方について語られる。
テーマ…つけたくない。つけれない	テーマ…「つながり・見通し」

表 5-1

F（60歳代）
 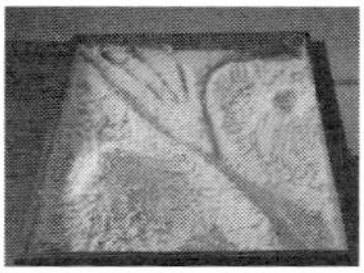
制作時間…13分
インタビュー時間…60分
砂と箱の青に触発され、初めにイメージしていたものとはまったく違う表現になった。 自分自身の中に生じるイメージの世界、その世界を抱えいかに生きていくのか、さらには家族の問題について語られる。
テーマ…「躍動」

G（60歳代）

制作時間…4分
インタビュー時間…60分
砂を触って感じた「そのまま」を、火山の大噴火として表現した。 長年抱えてきた家族の死について語った後、現在自分自身が取り組み始めた新たな課題について語られる。
テーマ…「始まり・これから」

H（60歳代）

制作時間…14分
インタビュー時間…42分
あらかじめ制作するものを決めてきた。具体的な場所をイメージして作ったが、作品の中に「私がでている」と感じたとのこと。 長年模索してきた自分自身の生き方について語られる。
テーマ…「バランス」

I（60歳代）
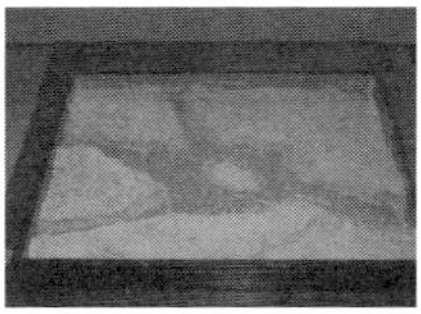
制作時間…3分
インタビュー時間…67分
あらかじめ制作するものを決めてきたが、制作過程を経てイメージが変化する。自分自身の人生を表現。次の世代へと伝えていく伝統や、その葛藤について語る。
テーマ…「私の人生 これでいいか！」

J（60歳代）

制作時間…19分
インタビュー時間…30分
「何かがばれないように」と砂を押さえることに終始し、インタビュー終了後に、右下隅に穴をあける。 原家族との関係、対人関係の中で感じる傷付きについて語られる。
テーマ…「私」

表 5-2

第6章

「教育カウンセリング箱庭」の内的体験のプロセス

1 問題と目的

一九六五年に箱庭療法が日本に導入されて以来、箱庭療法は臨床事例研究を中心に発展してきた。現在行われている臨床事例研究の手法は、できあがった箱庭作品を写真やスライドを用い、クライエントの内界、治療の展開を検討していくというものである。つまり、臨床事例研究は、その事例について治療側の視点にたった治療者による研究であるといえる。石原（二〇〇二）は「クライエントの表現とセラピストによる意味付けの間をつなぐものとして、表現の過程でクライエントがどのような体験をしているのか、また自らの表現についてクライエントがどのように感じているのかというクライエント側の主観的体験を積極的に取り上げていくような研究が必要である（62頁）」と箱庭療法研究の課題を示している。さらに、石原（二〇〇七）は、「心理臨床の実践で本質となるのが、クライエントの主観的体験である（7頁）」ことを指摘し、「箱庭療法においても、本来まず問題にすべきことは、クライエントの『主観』であるはずである（7頁）」と述べている。一方、弘中（二〇〇五、677頁）は、「箱庭表現を通じて作り手の中で生じる非言語的な体験こそが、箱庭療法におけるもっとも重要な治療的要因であると考えている」と述べ、制作者の体験を重視している。つまり、箱庭療法研究における治療的要因を解明するためには、箱庭制作者と面接者の間に人間関係が成立した上での箱庭制作過程における制作者の主観的体験を取り上げる必要があるのではないかと考えられる。

前章では、スーパーヴァイジー―スーパーヴァイザーという関係性が成立している中での砂のみの箱庭制作を検討することによって、素材である砂と水との接触によって制作者自身の対自的コミュニケーションが促進され、表現としてまとめられることが考察された。さらに、箱庭制作過程では①制作者と素材の関係性、②制作者の対自的コミュニケーション、③制作者と面接者の関係性の3点が箱庭作品に影響を及ぼしていると考えられた。ここでは、箱庭の素材を砂と水のみに限定して箱庭制作を行ったが、ミニチュアを使用する通常の箱庭制作においても、たとえミニチュアからイメージが喚起される要素が加わったとしても上記の3点は同様に重要であると思われる。

本章では、①制作者と素材の関係性、②制作者の対自的コミュニケーション、③制作者と面接者の関係性という各々の特徴が明確に見てとれた事例を各一事例ずつ取り上げ、制作者の主観的体験について検討する。箱庭制作過程における制作者の体験を詳細に検討することによって、制作者と素材、制作者と制作者の内界、制作者と面接者との関係性がどのように制作者に体験され、箱庭制作に影響するのかを考察する。

制作者の内的体験は、個人的な体験であるため数量化することはできない。そこで本章では、「教育カウンセリング箱庭」の設定の枠組みで得られた箱庭制作過程を、「事例」として取り上げ、その制作過程を検討することを試みる。この3事例を取り上げる理由は、箱庭に影響を及ぼしていると考えられた前述の3点についての特徴が如実に現れ言語化されており、箱庭制作のプロセスにそって考察することが可能であるためである。

2 方法

〔1〕事例

第5章で行った「教育カウンセリング箱庭」の中から、3事例を抽出する。

制作者―素材の関係性を示す事例　D（50代女性）

制作者の対自的コミュニケーションを示す事例　B（60代女性）

制作者―面接者の関係性の重要性を示す事例　J（60代女性）

これらの事例を取り上げた理由については、各事例の冒頭で述べる。

〔2〕面接者…筆者

〔3〕箱庭制作者と面接者との関係性、手続き、セッションの枠組み、時間枠などは第5章と同じである。

セッションの中で語られた制作者のプライバシーに関わる部分は可能な限り省略する。

3 事例の検討

取り上げた3事例はいずれも、箱庭制作後のインタビューの中で個人的な問題が語られた。ここで検討するのは、箱庭制作過程での制作者の内観であるため、語られた制作者の個人的問題の内容については極力削除して記述する。

（「　」は制作者の言葉、〈　〉は面接者の言葉とする。面接者の内観はゴシック体で表す。）

1．制作者—素材の関係性

【事例1】「ぴったり感」にいたるまで砂と格闘した事例

（1）問題

第5章において、箱庭の第一の素材となる「砂」が、制作者にいかなる影響を及ぼすかについて検討した。その結果、制作者は砂から受け取った刺激を、身体を通して感じ取り、自分自身の内的感覚に開かれていくことが明らかとなった。箱庭療法において「砂に触れる」という行為は、その感触から身体に働きかけ、それを通して制作者の内界に影響を及ぼすものであることが推察され、その結果として箱庭制作過程に影響を及ぼす要素になると考えられる。

ここでは「ぴったり感」にいたるまで砂と格闘した事例を取り上げ、砂の感触がいかに箱庭制作に影響を及ぼすかを見ていく。本事例を取り上げたのは、砂に関する言語データが多く、箱庭制作のプロセスにそって考察することが可能であることがあげられる。

（2）箱庭制作者…D　50歳代女性

（3）箱庭制作の様子と面接者の内観（制作時間13分）

「ああ、思ってたより大きく感じる」と箱庭の前に進む。面接者が教示をすると、「黙ってした方がいい？」と質問する。面接者は〈ご自由に〉と伝える。「では」と両手の袖をまくって、箱庭の中に手をさし入れる。砂の表面を指先で触り、撫で回す。「あ、ちょっと思ってたのと違う感じ。濡れてるからかな……イメージの砂と違う感じ、自分の中で……あれっ。濡れてると重い感じ。砂はさらさらって。ああ、こういう感じなのか。ああ……」と戸惑い気味である。言葉では戸惑いつつも、手は大胆に砂を触り、ダイナミックに砂全体をこね回し、中央に寄せ始める。「ああ、お山作りたくなった」と中央に集めた砂を小高くしていく。「ああ、なんか感触が……何か置くってこととは違っていて、すごくシンプルですよね。砂だけっていうのは」

「逆に何かわかるんだろうかな（笑）。今、本当に、なぜか山を作りたいんですよね。ああ、できれば全部の砂集めたいな。ああ、なんだろう。この砂……重たいな……うわあ、この湿り加減っていうのは、何かあるのですか？　びちゃびちゃでもなし、こう……形が作りやすい」。下から上に噴火するように山は高くなっていく。

砂を両手で大胆にあつかう制作者の身体全体から、溢れるようなエネルギーが出ているように面接者には感じられる。Cが山を制作し始めた時点で、面接者にはそれが活火山であることが予想された。

高くなった山をしっかり固め、山の周りのところどころ見えている青の部分をきれいになるように撫でる（写真6—1参照）。「これくらいでよしとしよう」と言いながらも、手は休めることなく、せわしなく動いている。山の周りと大地の境目の部分の砂を両手で撫で回しながら、「ああ、気持ちがいい。この感触。あ、なんか砂っていうより、塩って感じがする。この感じが。私の中では……塩って感じがする」。いったん山と外側の陸地を完全に分けるが、左下の方をつなげる。「あ、もうちょっと、山はあっち側に……」と山ごと両手で動かそうとする。「無理だろうにね……」と言いつつも腰を入れ、動かす手に力を込める。山は原形を留めたまま、箱庭の奥に移動する。

面接者は、大地からエネルギーが溢れ出し、地殻変動が起こっているように感じる。面接者の体温も上昇し、汗がにじんでくる。

移動した山をDは満足げに見ると、山の頂上から大地に向かって流れる筋を表面に刻む。

噴火が起こり、溶岩が流れ出したと感じる。それは、破壊的というよりは、溜まり滞っていたエネルギーが出口を見いだしたような印象であった。

写真 6-1　制作者 D　制作過程

さらにDは山のてっぺんに穴をあけ、そこから溶岩が流れ出す様を表現する。次に、陸地の部分の砂全てを左下隅に集め、山の左下に小高い山を作る。手前右の砂がなくなったスペースに、奥（右上）の方にあった砂をもってきて、再び山へとつなげた陸地を作っていく。溶岩が流れ出す様を何度も丁寧に表し、手前の陸地の表面を整え始める。

噴火後、あらたなる土地が生まれ出し、その土地が整っていく様子を見て、面接者は一息つく。

「よかった、昨日だったらね、風邪ひいてて……今日も朝くしゃみしてたんですけど、昨日だったら鼻水が落ちてたかも（笑）」〈ああ、お身体大丈夫ですか？〉「熱はないんだけど、治るのが長引いてる。このごろ……今まで風邪なんかひいたことなかったのに、年ですね……」と言い、手に力を込め

写真6-2　制作者D　完成作品

る。山の表面、陸地、何度も手を往復させ、少しずつ姿が変わってくる。砂の溶岩が流れ出したことによって、微妙に地形が変化していく。山の右側に、二つの穴（青い部分）ができる。山の左側に小高い尾根。Dの没頭している様子が伝わってくる。「だんだんなじんできますね。この砂の感じ。最初はあらっと思ったけど、なんかいい感じ」。左手前にもう一つ穴。左側の箱の枠にくっついていた陸地を下3分の2のあたりから、枠と陸地を離した状態にする。最後に溶岩をもう一度流れ出させて、手を止め、全体を眺める。「はい、これでいいです」と終了する（写真6―2参照）。

（4）制作後のインタビュー（時間87分）

「うわあ、すごく早かった？　あっという間に作った感じ。はじめ砂に感じがなじまなくって、何となく自分でしょう（作ろう）かなっと思ったのがね……砂の感じが違うから……砂の感じが違うなと思ってたのが、自分の中でしっくりくるまでが時間がかかった。だんだん、こういう感じなんだなってわかってきて、砂に対するなじめない感じが途中からなくなってきた。全然、なじめない感じはなかったです。今までこういう感じの物（山）を作ったことがなかった、でもなんか、山がどうしても置きたかった」〈最初に山を作り始められましたね〉「そう。何か置きたかった……何かね、このブルー（箱の青の部分）はね、色はこの色だけど、自分の中で、あんまり水とか池とか海とか、そういう感じではないです。何となく、色から思うと水がたまってるとか、海みたいな感じなんだけど、私はこのブルーを出したところは水とか海とか思ってない。全然違う」〈全然違う……水じゃない〉「そう。自分では地面という感じ。地面……水関係じゃない」〈ああ、でもこの陸地（砂地の部分）の地面とも違う〉「ああ、違いますね。陸の所とはまた違う。最初、山を集めようとしたでしょ。その時は、このブルーの部分がすごく気になって、色を感じたっていうか。寄せると、ブルーの部分の割合が多くなるでしょ。そしたらああ、ヤダヤダって感じで（と、両手を箱庭の上で左右に振り、全体を伸ばすようなしぐさ）それで広げたんですけどね。あんまり見えるのも嫌だなと。……うーんそれくらいですかね……ああ、このへんに（青の部分を）出したいなと感じたところにあけていった」〈初めから作りたいもののイメージがあったのではなくて〉「そう。寄せたらね、あんまり青いのが見えたら嫌だなって感じで、こうなっていった……あとね、ここ（火口）は、こっち側（山の裏側を覗き込み）には流れ（溶岩の流れ出した跡）がないんですよね。裏だからな……いや、やっぱり、3つがぴったりくる（と穴の数を確認）……ここ（3つの穴）から何か流れる感じ……あ、そうね、流れる。だから3つある。いやそれは偶然だけどね。こっち（裏側）には（流れの筋を）作りたくなかったのよね。こっち（箱庭の上部）は青い部分が広いけれど、それはそう作ったんじゃなくて寄せたからたまたまそうなっただけ。流れは3つかな、やっぱり。……ここ（手前の穴）は、もっと深くてもいい感じかな。もっと砂があれば……もっと深い感じが自分ではする。この表現では、ちょっと浅い感じに見えるけど、でも深い。やっている時は、深いつもりで作っていた。今見ると、ちょっと浅いかな……」〈地殻変動という感じでできたような〉「そうそう、そんな感じ」〈砂の感じが違うとおっしゃっていましたが〉「そうですね。自分の思っている砂のイメージは、寄せるとさらさらと崩れる感じ。この砂は、寄せると、そこに止まる。それが自分の思っていた砂のイメージとは違っていて、最初は戸惑った。すぐになじみましたけどね。だから、自分の思ってる、箱庭の砂のイメージが、前にやったことのある箱庭のイメージがあるから、それと違うなって……うーん、自分の中の砂のイメージと違う。でも不快というのではない。でも、自分の中のイメージは、砂はさらさらこぼれ落ちるみたいなイメージがあって、前（別の機会に）やった箱庭も、乾いてたし。でも、海の中とか、波のところは湿った形になる砂がありますよね。あれはあんまり好きじゃない。どっちかっていうと、水とは離れたところのサラサラッと乾いた砂の方が好き。この（今回）砂は、やったらやった形で残ってくれてしまう。やったら、さらさらって崩れて、それでまた寄せてみたいな感じとは違う。もうちょっと崩れてくれてもいいんじゃないみたいな。私の中の砂のイメージとはちょっと違う。それは不快っていうよりも……うーん、そう、戸惑い。不快ではなかったですね……」〈エネルギッシュに動かしておられましたね〉「そう。なんかね。重たかったですけどね、動かしましたね。……ちょっとね、風邪をひいて長引いていてね、（気分が）落ちたんですよ（と、高いところから下に下がる動作を手で示す）落ちていって、今はちょっとマシ。もう少し前だったら（箱庭を）置けなかったですね。もう、何もするのもいや、そういう感じだったんですよ。そこに埃が落ちていても（拾うのも）もう無理って感じで。そういう感じでダウンしていて。それこそこうって（と、山の裾野から頂上に向かって爆発するような仕草をし、笑う）。今までこんなに風邪が長引いたことなかった」〈なるほど。作っている間、感じておられたことは？〉「うん、そうね……これ（流れ出る部分）は、本当はもっともっともっと、たくさんたくさんたくさん、筋をつけて出したいのに、今日は……まあ3つにしとこうかみたいな（大笑いしてのけぞる）」〈へえ、もっとたくさん出したいんですね〜〉「うん、もっとたぶん！（と、流れ出る道筋を指で何箇所も示す）。うん、真ん中（山の火口）も穴をあけたいかも」〈ああ、穴か……あけてみられます？〉「いやいや、いいです。（笑）自分で作ったけど怖いわ（と合掌）。何か、不思議な感じですよね、この砂の硬さが。私にとっては。なんだろう、なんていうんだろう。小麦粉でもなし、おうどんでもなし、粘土とも違うし……なんだろう」〈さっき、お塩っておっしゃっていた〉「そう、ざらざらってする感じが、お塩のね。私の中では手の感触が、お塩の感じ。お漬物つけるときに、使う。ここに入ってきたときも、色を見て、えって感じだった。私の中では、イメージとしては白い、もっと白いさらさらした砂」〈ああ、これ乾いたら白いさらさらの砂になります〉「えー、乾くとですか。へえー（もう一度砂を触ってみる）……だからそれにちょっとね。慣れてしまえば大丈夫なんですけどね。前やった時のと違うから……」〈前やった時と、身体の感じも違われます?〉「ああ、違いますね。やっぱり砂の感じでだいぶ違う……ああ、でも前やったときは、砂も触るけどいろんな玩具を使うから、砂そのものを意識しなかったかも。砂は、まああるけど、土台みたいな、容れ物とか、そういう感じで自分では捉えていて……。置く物の方に自分の気持ちが向きますよね。砂とか箱とかはあったけど、砂にはあんまり気持ちがいかなかった。でも今日は砂だけでしょ。だから……シンプルだからね。砂に対しては今日の方が断然存在感があって、私には強い。ものすごく強い感じがしましたね」

〈終えられての感想は?〉「気持ちいいです。すっきりというか……良かった」

〈面接者が立ち会ったことについては?〉「先生がいなくて1人でやってるのとは全然ちがいますよ。見てもらえるという気持ちと、……私すぐに人がどう思ってるか探ってしまうから、何か思われてるかなとか、そういう気持ちが動くタイプ。今回もそれはあったけど、でも、それはそれ。誰だってそういうこと感じますよね。それがありながらも、見てもらえてるみたいな。何か思われてなかったら、ただのお人形さんですものね。何か思ってくれてないとね。何を思ってくれているかはわからないけど、でも見てもらえているというのが……私は、相手がこう思ってるんじゃないかとか気になるタイプ。でも、今日は別に考えなかった……ああ、不思議ですよね。人がどう思っているかはすごく気になる方なのに……でも、何かそれが考えられなかった……それは風邪を引いているからなのか……なんか、これ(砂)触ってたら、考えられなかった……」と、風邪の話が始まる。これまでDは、家族全員がインフルエンザにかかっても自分だけはかかることがなかったのに、今回初めて風邪で寝込んでしまったという。さらに、身体話は、年齢的な身体の変わり目である更年期障害の話へと移っていく。Dの身体話を受けて面接者は次のように応答する。〈ああ、身体モードも変わってこられて〉「そうなんです」〈それとともに心モードも変わってこられて〉「それはすごく変わりました。今まで頭で、自分の中に起きてくる感情みたいなものを、頭でコントロールしてきたのに、それが今は、コントロール不能ですよ。理性で抑えられないというか。これって今まで私の中にはなかった。感情って自然にわいてくるものでしょ。それが今まで私の中になかった。こういう感じで自然にわいてくるのがなかった」〈なかった〉「なかった。本当になかった。あのね、なかったんですよ。私はもともと怒らない人、物わかりがいい人。でも、笑う、泣く、喜ぶというのはすごく自由に、誰の前でも出す。ただその怒るという感じがね……」と、火山の噴火のように、怒りを爆発させ、その怒りを相手に向かって表現した最近のトラブルについて具体的に話し始め、カウンセリングの様相を呈していく。

話し終えると、「ああ、すっきりしました。ありがとうございました。いやーなんか身体が熱くなってきた。いや本当に。すっきりしたあ」と述べた後、「箱庭って自分が出るからな……どろどろどーん（箱庭を触り）て感じでしたね」と言って退室する。

(5) 考察

Dは、入室と同時に箱庭を見て「思っていたより大きく感じる」と、実際の箱庭と自分のイメージしていた箱庭とのズレについて言及している。さらに「（入室した時、砂の）色を見て、えって感じだった」と視覚的な違和感や、「さらさらではない砂」という触覚的な違和感を覚えながら箱庭制作を開始している。触覚は視覚からの情報にリアリティを与えることから、Dは視覚的に入ってきた砂に感じた「えっ」という違和感を、実際に砂に触ることでより強く意識したと考えられる。その違和感は「不快」ではなく「戸惑い」であるとDは述べているが、「戸惑い」という言葉が不適切に感じられるほど、箱庭制作過程においてDは、積極的に、身体全体を使って砂と格闘し始めている。その過程で、「今までの（箱庭で）作ったことがなかった」ものを作りたくなり、これまでの箱庭制作では作ったことのないという「山」を作り始める。制作過程でDは、「ああ、お山作りたくなった」と言葉にしており、後のインタビューでも「山がどうしても置きたかった」と述べている。これらの言葉から、Dはあらかじめ作るものをイメージしていたのではなく、砂に触れるうちに内界からわき出したイメージを箱庭に表現したことがわかる。「どうしても」という言葉が、Dの無意識からの必然性を物語っている。触覚は、「触ることによる皮膚の変形や大きさや速度、指から失われたり与えられたりする熱による皮膚温度の変化という自己の状態を検知している（山口、二〇〇六、21頁）」ものである。つまりここでDは、自己ではない砂を、しかも自己のイメージとは異なる砂を「触る」ことによって、砂に「触れられて」いたと考えられる。そして、砂に「触れられる」ことによって、自己の内界に「触れる」ことが可能になったのかもしれない。つまり、実際の砂と自分のイメージの中の砂との「違和感」を、自己の状態に一致させていく作業を行うことが、Dが自分自身の内界に触れることへとつながったのではないだろうか。Dが自己の内界に触れることができた要因として、砂と水という素材がDの身体レベルにまで働きかけたことがあるのではないかと考えられる。

この時期、Dの身体の状態は更年期という変わり目にあったこと、身体がダメージを受けるほどの精神的ダメージを受けたトラブルが起こったことが後のインタビューの中で明確になる。さらに、インタビューの中でDは閉経の予兆があることを述べている。東山（一九九〇）は「閉経の体験はある意味で死の体験でもある（152頁）」ことを指摘し、この死の体験から再生するには「自分自身になる（153頁）」という変容をとげる必要性について論じている。

今回Dの周りで起こったトラブルを通して、Dは初めて自分の中の「怒り」のエネルギーに気付いたという。そのエネルギーは、これまで風邪さえも引いたことのないDが、寝込んでしまうほどのダメージを身体に与えたようである。つまり、Dは今までの自分の在り方とは違う自分に気付く時期にきており、Dの内界では、東山の言う更年期の課題である「自分自身になる」ための作業が始まっていると考えられる。Dにとって「自分自身になる」ことの第一歩として、今まで自分では気付かなかった自分の中の「怒り」のエネルギーを自覚することが生じたのではないだろうか。今回の箱庭制作を通じて、Dの「怒り」のエネルギーの一端が、火山の爆発による地殻変動として箱庭の中に表現され、発散されたとも考えられる。

しかしDは、このような具体的なイメージを浮かべながら箱庭を制作したわけではない。数日後のグループメンバーとともに行った振り返りのセッションの中で、Dは制作後のインタビューで語ったことと、箱庭に表現した世界とがつながったことに制作後の帰り道で気づき驚いたとの感想を述べている。「遊びや箱庭制作において、クライエントは自分の抱える問題と関連する重要な〝何か〟を体験している。それは、必ずしも言葉で説明できるような形で意識されるわけではないが、前概念的水準において、クライエントの心の変容に重大な影響を与える体験（弘中、二〇〇二、52頁）」であったと考えられる。つまりDは、箱庭制作体験過程において、現在の「自分の抱える問題と関連する〝何か〟を体験」し、そのプロセスを箱庭に表現することによって「すっきり」したといえるのではないだろうか。東山（一九九〇）のいう「自分自身になる」という作業は、並大抵のことではない。それは、D自身のあり方を基盤から揺るがすようなものであり、Dの「変容」に関わるような凄まじい体験であろうと推察される。今回の箱庭制作が、そのような体験へと直接つながったとは考えにくい。しかし、具体的な出来事を通して生じてきた怒りの感情の爆発の一端が、箱庭の中に表現されたといえるのではないだろうか。そして表現されたことによって、自分自身の内的な体験が客観的に視覚化され、Dの自我に統合されるというプロセスを踏んだのではないかと考えられる。

また、Dのインタビューでは箱庭において重要なことが示唆された。それは、山の周りの青の部分について（132頁、写真6―2参照）述べた「この表現では、ちょっと浅い感じに見えるけど、でも深い。やっている時は、深いつもりで作っていた。今見ると、ちょっと浅いかな……」とのコメントである。「やっている時は、深いつもりで作っていた。今見ると、ちょっと浅いかな」とのDの言葉は、制作過程での体験と、終了後の体験にズレが生じていることを表している。「やっている時は、深いつもりで作っていた」というように、制作過程でDは自分自身のイメージの中に入りこみ、ぴったりした表現が行われていたことがうかがえる。その体験から数十分しか経過していないにもかかわらず、「今見ると、ちょっと浅いかな」というようにズレが生じているのは、表現が「今・ここ」の感覚であることと関わっているのではないだろうか。Dの言葉には、箱庭制作においては「今・ここ」でのその瞬間の体感が、制作者にとって意味をもちうることが示唆されていると考えられよう。

上記のような制作者の体験を、そこに立ち会う面接者がどう受けとめるかは重要である。面接者は、Dの制作過程を見守った内観に記したように、箱庭を制作するDの身体からエネルギーが溢れ出しているように感じていた。そこで、面接者は、箱庭に表現される一連の流れを、大地の変動、つまりはDの在り方に変化が起こっているような体験と捉え、溢れるエネルギーがどのように表現されていくのかを見守っていた。面接者自身の体温が上昇してくるといったように、面接者はDの表現を身体で受けていたと考えられる。身体にこもる熱は、出口を見つけて放出されねばならない。熱が汗となって放出され、体温を下げるように、Dの蓄熱されたエネルギーが箱庭に表現されることによって、どのように放出されるのかとイメージを膨らませていた。面接者はDが山を作り出した直後に、この山は活火山であることを予想し、爆発がどの程度のもので、どのような形で起こってくるのかとの思いで見守っていた。噴火が起こった後、土地が生まれ、整地されていくのを目の当たりにし、Dの地殻変動は、あらたなるものを生み出す可能性をもつ大地となりえたと感じた。これら面接者のイメージしていたことが、どこまでDに伝わり、それがDの箱庭制作に影響したのかは不明である。ここで言えることは、面接者が立ち会ったことについて、「1人でやってるのとは全然違いますよ」と強調したDの言葉から、Dが自己完結的に箱庭を制作したのではなく、面接者の存在を意識しながら箱庭制作を行っていたということである。Dは、「(面接者に)何か思われているか」との気持ちが動いたが、「見ててもらえてる」という安心感をもっていたと語る。さらに、いつもは「相手がこう思っているんじゃないかと気になるタイプ」であるのに、今日は「考えなかった」、「考えられなかった」と述べている。これはDが箱庭の世界に没入していたためであると考えられ、没入しながらも面接者の存在を確かに感じていたことがわかる。このことから、Dは面接者との内的な交流を続けながら、自己の内界へと降りていた状態にあったといえるのではないだろうか。つまり、第2章図2―5（33頁参照）において検討したように、クライエント―治療者―作品の関係性が成立していたと考えられる。Dが自らの内界に没入できたのは、D自身の自我の強さ、砂のもつ要因などが複雑に絡み合っている。しかし、そこに面接者が存在していたことの要因が関わっていることをDのインタビューから推察できる。

Dの箱庭制作は、「戸惑い」を引き起こした砂との格闘を通して、自分自身にとって「気持ちいい」感触の砂へと変容していくプロセスであったといえる。つまりDは、自分の体感と砂の感触をすり合わせながら制作を進めていったと考えられる。もっというならば、身体を通して砂と対話することによって、ぴったりとした体感、ぴったりとした表現を模索していったといえないだろうか。そして、表現された世界がDにとっていかなる意味をもちえたかが、制作直後の面接者との対話を通して意識化されていったのではないだろうか。長引いている風邪の熱というDの身体症状は、感情が大きく揺さぶられるような現実での出来事の中で爆発しきれずにこもってしまった熱であるとの捉え方もできる。終了後、Dの「身体が熱くなった」という体感は、こもってしまったものを箱庭の世界の中にひとつのまとまった形に表現できたことによって、熱が放出され始めたとも取れるし、箱庭に表現された火山の爆発に身体が感応したとも取れるのではないだろうか。

以上のように、Dにとって今回の砂のみの箱庭制作体験は、砂と直接的に対峙し、砂の感触をダイレクトに身体が受けとめ、そこで受けとめたメッセージを砂に返すという作業を通して、内的な表現がなされていったと推察された。

2. 制作者の対自的コミュニケーション

【事例2】 対自的コミュニケーションに集中した事例

(1)問題

心理療法の根本は、クライエントの自己治癒力を活性化することが重要であるとされている。東山(一九八二)は、心理療法は、セラピストとクライエントの対他的コミュニケーション(inter－personal communication)及び、それによって促進されるクライエント内部の対自的コミュニケーション(intra-personal communication)を通じて行なわれる内的的世界の再統合である(18頁)」と述べている。箱庭療法では、クライエントの「自己治癒力」を活性化させる、つまりクライエントの対自的コミュニケーションを活性化させるための媒体物として箱庭が用いられると考えられる。つまり、箱庭を制作する過程において、制作者の中でどのような対自的コミュニケーションが起こっているのかを検討することは、自己治癒力が活性化されるプロセスの解明に寄与するのではないかと考えられる。

ここでは、制作過程において対自的コミュニケーションに集中し、その後のインタビューを通してその過程が言語化された事例を取り上げ、検討していく。本事例を取り上げたのは、箱庭制作過程の内観に関する言語データが多く、箱庭制作のプロセスにそって考察することが可能であることがあげられる。

(2)箱庭制作者…B　60歳代女性

(3)箱庭制作の様子と面接者の内観(制作時間14分)

Bは箱庭に視線を落とし、静かに面接者の教示に耳を傾けている。面接者の教示が終わると、「はい」と小さく頷き、一呼吸おいたあと右手を箱庭の手前にそっと入れる。砂の感触を確かめるように、砂の上を指先で押すよ

写真6-3　制作者B　制作過程1

うに触っていく。右手を砂から離すと、今度は左手の指先を入れ砂の表面をなぞるように触る。右手の指先も砂につけ、両手の指を動かし、砂を触り始める。初めは恐る恐る触っていた指先が、次第に自由になっていくかのように触る範囲を広げていく。指先で感触を確かめた後、おもむろに両掌全体を砂の上にのせる。砂の表面の温度や感触を確かめるかのようにしながら、撫で、そして時には押さえながら箱庭全体の砂に触れていく。箱全体の砂にまんべんなく触れ終わると、遠くに視線を向ける。何か思いついたかのように手元に視線を戻すと、右手を箱の右上隅に置き、カーブを描くように下に流していく。右手で作られたうねりは、左手にバトンタッチされて、箱の下にまで流れが続く（写真6—3参照）。大きな流れができあがると、今度はあいているスペースに小さな流れを描き始める。

面接者はBの箱庭に水の流れる音を感じ、ふと、京都法然院の白砂壇が浮かぶ。そしてさらに、川の流れの音から海の波の音へとイメージが移っていく。小さな流れを描くBが、小さな女の子のように見えてくる。Bは今、砂浜で心遊ばせているのだろうかと思う。

箱庭いっぱいに大きな流れが描かれ、その周りに小さな波のしぶきが上がる。流れが箱庭全体を覆い尽くすと、右上からその描いた流れを消していく。再度右上隅から流れが描かれようとしたが、Bは手を止め、今度は箱庭の上方から下に向かって箱庭の中央あたりまで手を動かす。上から下に打ち寄せて来る波のようにも見える。砂を手で触る音がザーザーと波音のように聞こえてくる。

面接者の中でも、波の音がどんどん大きくなっていく。心地よい波の音が、Bと面接者、そして箱庭全体を包

みこんでくれているように感じる。

Bは、箱の上から真ん中あたりまでその流れをつけた後、手前の下半分を両手で押さえ、平らにしていく。平らになると、左手と右手と交互に使いながら、手前に小さな穴をいくつも掘っていく。下半分が小さな穴でいっぱいになると、再び箱の上方に手を持っていき、奥から手前に、砂が立つように、両手を動かしていく。奥から手前へ、砂の波のような文様が、上半分にできる（写真6―4参照）。上半分のスペースが、奥から手前にむかう波でいっぱいになると、今度は奥から手前につけた模様を消すように、手前から奥へと砂を押し戻していく。寄せては返し、砂が上下に動かされていく。

写真 6-4　制作者 B　制作過程 2

面接者は、潮が引いていくのを感じる。

Bは上下に砂を動かしながら、今までつけた波の後を、満遍なく平らにしていく。その作業の途中、Bは時折手を止めては、平らになっていく砂を見つめる。両手を使ってゆっくりと満遍なく砂を触り続ける（写真6―5参照）。平らにし終えると、Bは20秒ほど手を止め、平らになった砂を見つめる。

面接者には、Bに触れられた砂が、次第に温まっていくように感じる。海から何が生まれてくるのだろうと、面接者は次のBの表現を待つ。生まれてくるものは、Bにとって大切な何かであろうと思われた。Bは日頃から、和菓子を作りグループのメンバーにふるまったり、古い着物をほどいて洋服にリフォームしたり（この日もかすりの着物をほどき、洋服に作りかえた服を着ていた）、たくさんの野花を育てていたりし、様々なことを丁寧に、大切にしながら生きている方である。面接者は、日頃接する中から見えていたBの

写真 6-5　制作者 B　制作過程 3

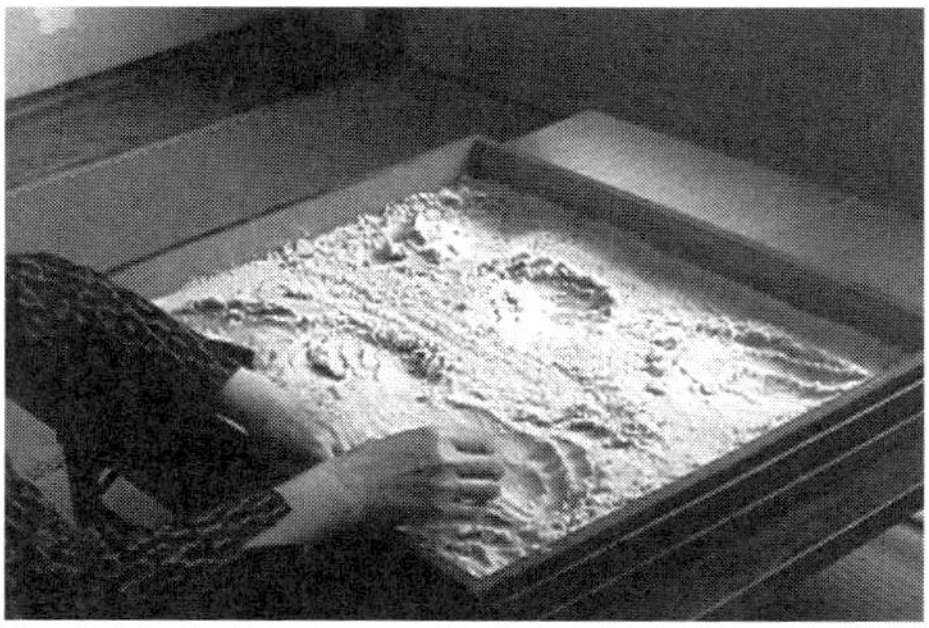

写真 6-6　制作者 B　制作過程 4

生き方の根底に流れているものに思いを馳せる。

平らになった砂地を見つめていたBは、急に何か思い出したかのように、再び手を動かし始める。先ほどの穴よりも少し大きな浅い穴が掘られていく。ところどころ、下の青い部分が見えてくる（写真6―6参照）。

面接者には、Bが大事なものを掘り起こしている作業を行っているように感じられる。

穴を5つほど掘った後、手前の砂を取って、その穴と穴の間に盛砂をしていく。穴と穴の間が、砂によってつながっていくような感じである。全部の穴がつながると、盛り砂を平らに戻し、さらに掘られた穴も平らに戻されていく。Bは丁寧に慈しむように、何度も砂の上を優しく撫でる。箱全体の砂がすべて平らになっても、Bは砂の表面を撫でる手を止めようとしない。突然手を止め、10秒ほど静止する。静かな時が流れる。箱の右上に手を置くと、今までの中で一番深い穴を掘っていく、どの穴も下の青が確実に見える。右上から左上、さらに、その穴は、箱の全体に掘られていく。

9個ほど掘られた穴で箱庭がいっぱいになると、掘り足りなかったのか、それぞれの穴をもう一段深く掘っていく（写真6―7参照）。

面接者は、Bの中の大事な何かが確認されているのだろうと思う。そして、それらが全部つながっているのだろうという感じが起こってくる。

箱全体に掘られたすべての穴の青い部分が見えると、一呼吸おき、Bはすべての穴を埋め始める。

今までのように慈しむような触れ方ではなく、平らにしていくさまを見てBの心の作業は終了したのだと面接者は思う。

砂がきれいに平らに戻されると、Bは「終わりです」と面接者に告げる(写真6―8参照)。

(4)制作後のインタビュー(42分)

写真6-7　制作者B　制作過程5

写真6-8　制作者B　完成作品

「この箱を見たときには、特別取り立てて何も感情はなくて、これから作業……何かするためには自分で掘り起こさないといけないのかなと、どこからどうやったらいいのかなとちょっと戸惑い気味でした。何もないから……」〈何もないから〉「砂を触ると、ひんやりと濡れて冷たい。その時に、どういったらいいんだろう。濡れてるから、砂の感触というよりは水の感触、砂を通しての水を思った。一番最初は、ああそうだ、着物の、私着物を解いているのですけど、着物の裾に水の流れのような模様があるので、それを描いたらどうなるんだろうと、描くの難しいなと思いながら、着物の裾の水の流れの模様を、どんなんだろうとやってみた。ただ水の流れを描くだけでも難しいんだと思って。それが、それをやり直そうと思ってるんじゃなくて、水の流れと思っているうちに、この感触が海辺……私、海辺で育っているんですけれど、海辺で育ちながら砂浜じゃなったんですね。私のところ。石というか、貝掘りするときも、砂利というか、深く掘っていくと細かい砂があるんですけれど、そういうところで育っているので、あんまり海水浴に行った時くらいしか、砂浜を裸足で歩く感じがない。ここ（箱庭）を歩いたら、足の裏の感触になったつもりで手で触ってみて、波が来たらどうなるのかなとか。という感じでちょっと、足跡つけてみたり」〈波の感じがありましたものね〉「ええ。そして最後に、ちょっとシーズン過ぎたけれどアサリ掘りのシーズンですよね。そうだ、アサリ掘りした後の海って穴がいっぱい、行くと、ああここで誰かが掘ったとわかるくらい穴がいっぱい、海岸ってこんなんだったなと、小さい頃を思い出しながらちょっと遊んでみました。結婚して家を出るまではその海の近くで育った。砂利よりもう少し大きな石で、海に入るにも焼けた石の上を熱いと思いながら走って入る感じだった。海で泳ぐのは小学生くらいまでだったけれど、常に海の側にいたというか」〈常に海の側にいらっしゃったのですね。砂の感触は、育たれたところのものとは？〉「海の砂の感触は違うけれど、でも、土ではよく遊んだ。舗装してない広場で、広場のあちこちに穴を掘って、穴を掘ってきれいなお花をきれいに並べて、ガラス板をその上に置く、それがまたすごくきれい。そして帰るときは土をかけて、私の宝物をそこに埋めて、次に行った時は、それを掘って、あまだ私の宝物は綺麗と思って。そういう土遊びをしていた。友達とやっていたけれど、私の宝物、友達の宝物、それぞれの私だけの物って感じでした」〈私だけの宝物なんですね〉「そう。土では遊んだけど、学校や幼稚園の砂場はあんまり遊んだ記憶はない。私は幼稚園に勤めていたけれど、あんまりそこで私がそこにのめり込んで遊んだというのはなかったですね」〈今日触られた砂の感触はいかがでした？〉「今日の砂は、ちょっと違っていた。

砂場の砂とはイコールできない。キャンバスというか、私はお菓子つくりするので三温糖のイメージというか、何か特別な感じがありました。ちょっと感じがちがいました」

「こういう海辺で波が打ち寄せてきたらどんな感じかなという心の流れがあったけれど、その思いに対して私の別の思いというのは……よくわからない。ただ、作っていた時は、自分のふるさとの景色は浮かんでいた。私が常に思っているのは、海から変化していろんな思いを抱かせてくれるという思いをもっている。というのは、……秋口あたり、台風が来るときって海が一変するでしょう。これから大変なことが起こりそうだという……私にとっては恐怖ではないんですね。ワクワクする思い。生活に変化がある。台風が来ることは嫌なんですよ。空は真っ暗だし海も灰色ですよね。そこから、あの隙間から何かが来て、私たちの生活がくるくると変わるというか……不安はなくてワクワクする感じ。大変だっていう感じが出てきて、波が打ち寄せて来るのを見ながら、いろいろ思ってるんですね。で、父なんかが戸締りしなきゃ、あれしなきゃと普段じゃない行動している。守ってくれてる感じがしてる。だからちっとも怖くない。むしろ、何が起こるんだろうと。ワクワク。今日のご飯はおむすびにしときましょうというのがまたすごく楽しい。ワクワクする。だから、海が何かそういうものをもってきてくれる、ワクワクするようなものを運んでくれる。海は遊び場であったし、お盆過ぎると遊んじゃいけませんと言われてるし、父が時々釣りに行ってその釣ってきたお魚を私たちが食べるし、生活につながってる。海とはどこかつながってる。ワクワクするものをもたらしてくれる。その海のイメージとつながったというか」〈ワクワクするものをもたらしてくれる海のイメージとつながった〉「……これがもっと石のような砂だったら、私の幼い頃のことがもっと浮かんだかもしれないけれど、それとは違ったもっと想像の世界と、自分の中の思い……自分でもよくはわからないけど……思いが混ざった感じです……」

〈終えられていかがですか?〉「……いろんなことを思い起こさせてもらったなと……たぶん、これで終わりではなくて、この帰り今日一日、明日もかもしれないけれど、このことをふっと思い出すと思うんです。私、こういう作業をしたなという思いと同時に、過去の思いとか今の思いがつながっていくような……終わって、こうでしたっていうよりは、これから、これが始まりになってという感じがしている……今はちょっとまとまらない。これから何が出てくるのかな……このことで私に何が出てくるのか楽しみ。私、その時にいろいろな感じがあってお話してるんだけど、それが元になっていろんな思いがめぐらされる。そちらの方が時には大きいことがある。だからこれがどうなるのかなって楽しみに。私、ほうれん草を湯がきながら、ほうれん草のことではなくて、あの時こうだったとか、ああもっとこうできたのではないかと、そういうことまで含めて。だから食事の支度も30分でできるところを、いろんな思いをめぐらせるから1時間くらいかかったり、よくそういうことやる」〈ご自分の中で、いろんなことがつながっていく、流れているのですね〉「ええ、それが流れていくものもあるし、いつの間にか消えているのもあるし……思わぬことで出てくることもあるし」

〈面接者がいたことについては？〉「初めは、先生は何を、何を意図されてるのかなと思った。あとは……別に……どう言っていいのだろう……いらっしゃって存在はあるんだけれど、それが気になって仕方がないとかそういうのはなくて……存在がある」

この後、祖母から母、そして自分、さらに娘へと受け継がれている大事な「流れ」についての語りが始まる。それは、現在の自分の在り方を支えてくれている大事なものであることを、Bは語りの中で再確認していった。

(5)考察

「この箱を見たときには特別取り立てて何も感情はなくて」と初めに述べているように、Bはセッションに臨むにあたって、あらかじめ作るものをイメージしてきてはいなかったようである。セッション開始直後、指先で恐る恐る砂を触っていく様子から、インタビューで語られたように、「何も（ミニチュアなどの道具が）ない」ため「自分で掘り起こさないといけない」ことへの「戸惑い」が見て取れた。そんなBのイメージを引き出していったのは、「砂を通しての水」の感触である。砂を触ることによって「砂を通した水」を感じ、「水」の感触が着物の「流れ」の模様へとつながっていく。

ここでBの中では、砂を触ることによって対自的コミュニケーションが促進され、内界にわき起こってくるイメージに集中し始めたといえる。箱全体の砂を触る様子は、自分自身の心の襞に触れることで、自分の心を確かめているようであった。中村（一九八四）は、箱庭療法は、「まずヴィジュアル。ヴィジュアルというのは、客観的に見ることとは違って、もっとイメージ的に見ること。さらにそこに『触れる』ということが加わる。触れること、加わることが決定的な意味を持ってくる（163頁）」と述べ、視覚と触覚が重なることによって「五感の統合としての共通感覚」に近づくことを指摘している。中村はさらに、視覚と触覚という「二つの感覚を押さえておけば、非常にイメージが働きやすい状態になる。つまり人間が全感覚でコミットできる。ということは、ある意味ではその人の存在をかけている（163頁）」ことにつながると論じている。

Bは、初めに箱庭を視覚で捉えたが、その時は「特別取り立てて何の感情もなくて」と述べたように、Bの中ではイメージはまだわいていない。もしも今回、ミニチュアを使用する箱庭制作であったならば、ミニチュアを視覚で捉えることによってイメージが引き起こされてきた可能性がある。しかし、今回は、ヴィジュアルに訴えるものが箱の中にある砂に限定されている。そこからどのようなイメージがわき起こってくるのかは、砂に「触れる」ことによって身体に響いてくるものを手がかりにするしかない。Bの場合も砂に「触れる」ことによって、初めてイメージが働き始めている。しかもそれは、視覚を手がかりにしたイメージではなく、触覚という身体レベルのイメージであるといえる。そしてさらに、自らが砂を動かすというパフォーマンスによって、砂の「ヴィジュアル」が変化する。ミニチュアを使う箱庭では、ミニチュアを「見て」、手にとることで「触れ」、箱庭の中に置いてそれを「見る」というように、視覚と触覚の間に一呼吸おける距離がある。しかし、砂のみの箱庭では、砂に「触れて」砂を動かしながら「見る」ということが並行して進んでいき、視覚と触覚が一体となっている状態であるといえよう。つまり、中村（一九八四）のいう「人間が全感覚でコミットできる。ということは、ある意味ではその人の存在をかけている（163頁）」状態が、より生じやすいのではないかと推察される。

「砂を通しての水」によってBの中に引き出されたイメージは、「着物の裾の水の流れのような模様」である。Bは、着物をほどいて洋服にリフォームするといった古いものを受け継いでいくということを大切にしている人である。つまりここで出てきたイメージは、Bの在り方、生き方の本質につながっている可能性がある。人生は「川の流れ」にたとえられることがあるが、ここで「水の流れ」と「人生の流れ」が重なったともとれる。

こうしてBは、箱庭に「流れ」を描き始める。この時、面接者は水の音を聞き、京都法然院の白砂檀（写真6―9参照）を連想している。つまりこの時、Bの箱庭を通しての対自的コミュニケーションが、面接者の中でも始まっていたといえる。

白砂壇は、法然院の山門をくぐり本道へ向かう参道の両側にある白い盛り砂である。この白砂壇は水を表しており、この間を通ることは心身を清めて浄域に入ることを意味しているとされている。そしてこの砂盛の上にはBが描いたような水を表現した文様が描かれている。Bは、箱庭の砂で心身を清め、浄域である心の世界に入っていく作業を行っていたように面接者には感じられていた。「一つ結界を越えて奥に進むことは一つ視野を狭めることである一方で、反対に視覚以外の感覚を研ぎ澄ます（山本、二〇〇七、85頁）」ことであるように、Bも砂によって箱庭の世界に引き込まれるにつれ視覚よりも触覚が研ぎ澄まされてくる。「ここ（箱庭）を歩いたらと、足の裏の感触になったつもりで手で触ってみて」とBが述べているように、イメージの中では身体ごと箱庭に入り、心遊ばせていたことが推察される。そして、その触覚は、幼い頃に過ごした海辺での体験を呼び起こしていく。

Bが幼少期を想起するきっかけとなった箱庭の砂の感触と、Bが実際に育った浜辺の砂（小石のような砂浜）とはまったく質感が異なるにもかかわらず、砂の触覚がBの幼少期の記憶を呼び起こしたことは興味深い。箱庭の砂が現実の海辺での砂の体験とつながり幼少期が想起された可能性は低く、箱庭の砂はあくまでも幼少期の思い出を賦活させる「仕掛け」として働いていたと考えられる。Bの場合、「砂を通しての水」から流れが起こり流れの行く先として海へとつながったともいえるし、これまでの人生の流れを振り返り、自らの原点となる幼少期の海へと遡っていったともいえるではないだろうか。

砂の感触がBの育ったところの浜辺のものとは違うかどうかという面接者の確認の応答に、Bの連想は土を掘って「私の宝物」を埋めていたことへと移っていく。これは箱庭制作過程の中で、いくつも掘られた「アサリ掘り」の穴を想起させる。アサリ貝は、自らの身を貝殻で守り砂の奥深くに隠れている。大切な身を二重に守っている状態である。一方、Bは、花をガラス板で覆い、土をかぶせることによって二重に守っていた。それはBにとってかけがえのない「自分だけの宝物」であった。Bが宝物を埋めた穴とアサリ掘りの穴がシンクロする。箱庭に掘った穴は、Bの意識の上では「アサリ掘り」の穴ではあるが、幼い頃土を掘って入れた「宝物」を掘り起こすことと結びついていたのかもしれない。

Bが「今日の砂は、ちょっと違ってた」、「特別な感じがありました」と述べているように、「今日の砂」は、Bの心の中のイメージを映し出す「キャンバス」であり、甘いお菓子を作り出すには欠かせない材料である「三温糖」のように重要なものだったのであろう。Bにとっていつもと違う「特別な」砂に

写真 6-9　京都法然院　白砂壇（著者撮影）

よって、Bは「想像の世界と、自分の中の思いが混ざった感じ」の世界に入っていたのではないかと考えられる。河合（一九八四）は、「意識と無意識の交錯するあたりに『イメージの世界』がある（16頁）」と述べているが、箱庭制作中のBは「意識と無意識の交錯するあたり」にいたといえるのではないだろうか。「作っていたときは、自分のふるさとの景色は浮かんでいた」と述べているように、ふるさとの景色の中にB自身が入り込み、そこで行っていた作業が箱庭制作のプロセスの中にみられたと考えられる。イメージとして浮かんだものをBが箱庭に表現しているというよりも、B自身がイメージの中に入り込み、その中で作業を行っていたのかもしれない。

砂は「キャンバス」というBの言葉は、制作過程を見守る面接者のイメージ中にわいてきた〈法然院の白砂壇〉と通じている。法然院の白砂壇は、その表面の文様を季節ごと、あるいは雨で流れた後など、いったんまっさらに戻されて描きかえられる、まさにキャンバスのようなものである。

その後Bの連想は、幼い頃「ワクワクするようなものを運んでくれる」という海へと移っていく。Bの連想した海は、何らかの変化を予感させるものを内包している。しかもそれはBを不安にさせるものではなく、守られた中で迎える変化の兆しとして、Bにとって肯定的な意味をもっているものである。現在のBの中でも、何らかの「変化」の兆しが生まれている可能性も考えられるが、その点は明確にはなっていない。

さらにインタビューが続く中で、Bは、現在自分が大事にしている価値観や、自分自身の在り方を振り返る。そしてそれらは、祖母、母、自分、そして娘へと受け継がれているひとつの「流れ」であることに気付いていく。ここで語られたことは、箱庭の中に表現された「流れ」や「土の中に埋めた宝物」をひとつひとつ掘り起し、確認するような作業であったように面接者には感じられた。

Bは、さまざまなイメージを浮かべながら箱庭制作を行い、最終的には初めの更地と同じ状態に戻して、箱庭制作を終了した。終了後のインタビューから、制作過程で生じていたBの心の中での活発な対自的コミュニケーションが明らかになったが、最後の作品を見ただけでは、この体験をとおしてBにもたらされたものはまったく想像がつかない。山本(二〇〇七)は、沖縄の琉球の精神性、地場性、風土性の研究で得られた体験をもとに、箱庭療法についての検討を行っている。その中で、「目に見える箱庭作品が来談者のこころを表していると言うよりも、来談者のこころへの通路を示していると考えること(91頁)」に臨床的意義を見いだしている。山本が指摘するように、Bにとって箱庭は作品がBのこころを表しているというよりも、Bの「こころへの通路」となったといえるのではないだろうか。

さらに山本は、クライエントのこころが心理療法の場で変容する要因として、沖縄の御獄のイビ(霊石)を例にあげている。御獄とは沖縄に多く存在する信仰の場であり、天への交接点としての意味があり、そこにまつられているのがイビである。山本はさらに「こころがイビを通路にして自身の内と外、またその内と外をあらしめる世界へと(から)往来し、そこで自己にとって重要な鍵となる記憶(体験)に辿り着く。そしてその体験へ自己の想いを届けることを試みては、そしてその体験から還ってくる自らのこころを受け取るという、往相と還相を繰り返しながら、展開・修復していくことになる(95頁)」と論じている。Bが箱庭制作過程で体験したことは、山本が述べるところの「イビ」を「箱庭」におきかえたような体験であったといえないだろうか。Bは、〈終えられていかがですか?〉という面接者の問いに、「いろんなことを思い起こさせてもらった」と答え、「これで終わりではなく」「これが始まり」になると続けている。つまりBは、箱庭制作を通して現在のBの在り方を支えている重要な鍵となる体験へと辿り着き、それを「始まり」として心の作業を続けていくのではないかと考えられる。

通常の心理療法の面接場面では、治療者との対他的コミュニケーションを通してクライエントの対自的コミュニケーションが促進されていく。そして次の面接日を迎えるまでの間、クライエントの中では対自的コミュニケーションが続いていく。クライエントは、対自的コミュニケーションの中で起こってきた思いを抱えて、次の面接に臨むという作業を繰り返している。筆者自身もクライエント体験をしたときに、一度きりの面接の後、いろいろな思いが自己の内に生じ、気がつくと面接場面のように内界で語り続けている自分がいたという経験をしたことがある。もしもＢの面接が継続したならば、今回の箱庭制作を通して「始まり」となったことが、次の面接の中で表現されていくのであろう。面接者との間で行われるこの繰り返しの作業は、心理療法で行われる重要な作業のひとつであるといえる。

以上、検討してきたように、今回の箱庭制作過程でＢは、対自的コミュニケーションに集中していたといえる。では、面接者との対他的コミュニケーションはどう行われていたのであろうか。Ｂは、箱庭を作る際いっさい言葉を発しなかったため、面接者との対他的コミュニケーションは表面上には現れていない。しかし、面接者の内観で示したように、面接者はＢの表現の中に自分も一緒に入り、面接者の中の対自的コミュニケーションを進めていっている。それがＢにどのように伝わったかはわからないが、少なくともＢは面接者の「存在がある」ことを感じながら箱庭を制作していたことがわかる。このことから、面接者もＢとともに箱庭の世界の中に入っていたといえないだろうか。斎藤（二〇〇六）は、箱庭療法は「治療者は来談者に同行して、箱庭というイメージ世界を歩き回り、その風景を生きていくと考えられる。そこでは、単に視覚的にその世界に入るだけではなく、あらゆる感覚を伴ってその風景を感じることが前提になっている（32頁）」と論じている。面接者は斎藤の言うように、Ｂに同行して「箱庭というイメージ世界」に入っていたと考えられる。面接者はＢの箱庭制作を見守りながら、イメージするだけではなく、〈川の流れの音〉を聴き、砂が〈暖まっていく〉感じを体感している。つまり視覚だけではなく、聴覚や触覚という感覚を伴ってＢの箱庭表現を感じることによって、Ｂの世界に共に存在し得たのではないだろうか。箱庭制作過程において、面接者の「存在がある」ことをＢが感じていたことは、面接者との間で内的交流が続いていたといえるかもしれない。箱庭療法においても、この内的交流によって、クライエントは安心して自らの内界と向き合えるのではないだろうか。

以上、対自的コミュニケーションをさかんに行ったBの箱庭制作過程について検討した。Bは、制作体験から1週間後の全員での振り返りの場で、「作業している時に、私はこういうのを作りたいとか、こうしたいと思っているのとは違って、その感触、濡れたひんやりとした感じを味わっていた。この上に立って歩いたらどんなのだろうとその感触がすごく印象的だった。もっとあんなふうにしたいとか、あれはどうだったのかなというような思いはとんでいた。今でもあの感触が残っている。すごく心地いい。作ったものが何かというよりも、感触の方が大きかった」との感想を述べている。このことから箱庭制作体験後も、Bの身体を通した作業が内界で継続していることが推察された。

3. 制作者—面接者の関係性

【事例3】　関係性の重要性が示唆された事例

（1）問題

箱庭療法において、クライエントと治療者の人間関係が重要であることは周知のことである。クライエントが自己治癒力を活性化させる対自的コミュニケーションを安心して行えるには、器としての場（トポス）が必要となる。その役割を果たしているのが、面接室の枠であり、箱の枠であり、そして治療者である。ここでは、器としての場（トポス）がいかに重要な意味をもつのかを示唆する事例を取りあげ、検討する。本事例を取りあげたのは、箱庭制作において面接者の存在がいかに影響するかについての言語的表現が行われ、箱庭制作のプロセスにそって考察することが可能であることがあげられる。

（2）箱庭制作者…J　60歳代女性

（3）制作の様子と面接者の内観（制作時間19分）

Jは、入室前に待合室で電話をかけている。電話を切り、入室した途端に再びJの電話の呼出音がなる。仕事の電話だから出てもいいかと面接者に確認したあと電話を取り、話し始める。電話を終えると、電話機の電源を切ってから箱庭に向かう。

面接者の教示を、厳しい表情で聞いている。教示終了後、Jはしばらく箱庭を見つめた後、「どうしよう、どうしよう」と繰り返しながら両手を箱庭に差し入れる。そして、手前から丁寧に砂を固め始める。砂を箱庭の下へと押し込んでいくように、力を込めて固めていく。

砂を押さえ込む時の力の入りように、面接者は心してこの場を抱えなければと気持ちをあらたにする。

表面だけを押さえるというのではなく、身を乗り出し、体重をかけて押し固めていくような感じである。丁寧に、そして寸分の隙もないように箱全体の砂を押さえ終えると、Jは「おしゃべりしたらだめですか」と口を開く。

初めの厳しい表情が少し緩んだように面接者は感じられる。

Jは「何か、砂の感じが違いますね。すごく粒が細かい」という。さらに砂を押さえつけながら「何かがばれないように……ばれないように」と、口元に笑みを浮かべつつ、呪文のように繰り返しながら押さえる作業を続ける。「この前（スーパーヴィジョンの中で）した（自分の）小さい頃の話……。今日、家族の写真をもってこようかなと思ったんだけど、やっぱりやめた」押さえる手に力がこもる。Jは前回のスーパーヴィジョンの中で、父親が歌ってくれた子守唄の話や母との思い出を、スーパーヴァイザーである面接者に語っていた。

「私、小さい頃の写真を撮ったことがない。家族で並んで。小さい頃の、いい頃の家族で並んで撮った写真……なんで撮らなかったんだろう。……照れくさいから。普段の写真は撮るけれど、写真屋さんに行って、家族で写真を撮ったことがない。(家族の)誰も、そんなこと言い出さないし。わざわざ写真屋さんに行ってそんな写真なんて撮らなくてもいいじゃないと思ってたから……思ってたから……お宮参りとか七五三とか。準備して、撮りに行くかなと……でも結局、近所のお宮に行って、これでいいかとそれで終わり。1枚もない。でも、今、娘の子どもが記念写真を撮るでしょ。それを見て、ああ、私も撮っておけばよかったなと」と、自分が幼少の時の家族写真、自分が親の立場での家族写真が1枚もないことを話す。「年齢的なものもあるのかな……なんかそういうことをさかんに思い出して。撮っておけばよかったなと」と箱の隅の方の砂も、丁寧に押さえていく。

面接者の中には、泥団子を作り表面が光るように磨く作業が思い浮かんでくる。

〈ああ、写真は思い出の1コマ、宝物みたいなものですものね〉「宝物。そうですね……そう考えると、私には宝物はないかもしれない……」〈心の中には〉「それがだんだん薄れて来るんですよ。なくなっていく……私は、かわいくない子どもだった。本当に……どうしてでしょうね」表面を撫で回す。「日々の暮らしで精一杯。ミスをしないように、ボロが出ないように、それをするので精一杯……」でこぼこの部分があるとそれを削り出し、平らに押さえていく。

Jの現実生活での対人関係のことへと話が進み、Jは対人関係の中で心に引っかかっている話をしながら、砂の表面を満遍なく、優しく撫で回す。表面は次第に光ってくる。両手で、全体を押さえて、「はい、きれいに押さえこんで……あ、まだ隅の方がきれいになってない」と隅の方も何度も押さえ撫でる。

砂の下にはJの思いがたくさん詰まっているであろうと面接者は感じる。砂が強く押さえつけられる様子に、面接者はどこか悲しさを感じ続けていた

写真 6-10　制作者 J　完成作品

が、Jの砂を触る手つきに変化が生じたことに、ホッとする思いがわいて来る。砂の表面を撫でる様子は、Jが自分自身を撫で、慈しんであげているようにも面接者には感じられた。

今度は、ポンポンと砂の表面を掌で軽く叩き始める。

「私ね、箱庭するときはいつも、真ん中とかに砂を寄せたくなる。山こしらえて。いつか、そのてっぺんに靴を片方置いたことがあって……赤い靴の歌がありますでしょ。あの赤い靴。その時に説明を聞かれて、私は置きたかったから置いたんだけど、その意味って何なんだろうなって……終わります」と終了する（写真6─10参照）。

（4）制作後のインタビュー（時間42分）

「もう、（箱庭を）しながらしゃべったから……しゃべってたからよくわからない。普通箱庭する時ってしゃべりませんでしょ」〈いつもはしゃべられない？〉「しゃべらない」〈今日はしゃべられたのは？〉「……することないから（笑）。っていうか、押さえとかなきゃいけないいし。あまり動かしたくない。（家を）出てくるときは、山でも作るのかと思っていたが、ここに来て現実の電話が入って、ああ現実のことがわっと押し寄せて来て、今日は置けないなと思った。とにかく、押さえようと思って、箱庭を作りながら、今話したようなことが心に浮かんで、それをつらつらと話した。先生がいなかったら、ずっと触っていたかもしれない。全部こうして押さえつけて、でもわっと何か出したかもしれない。30分でも何もなしに座ってるよりは、こうして触ってる方が……面と向かって座ってしまうと、隠さないといけないことも……やっぱり自分で押さえとかないといけないことも。何をしたかと言うと、やっぱり自分で置いとく、置いとくことっていうか……今、話したことは自分では大丈夫なことを、揺らされないことです。でも動くようなことはしまっておこうと。それは、家を出る前……出る前にちゃんと決めて……ちゃんとこれは言わんとこう、今言うと心がワーッと動いてしまって、大変だから、これは言わんとこうとちゃんと決めてきた。心が動きすぎる。言うと収拾がつかなくなるところってありますでしょ。それをしまっとかなきゃと。ずーっとしまいこんでおけることはしまいこんどこうと。このへん（箱庭）ぎゅーっと押さえとこうと。言う時期がくるだろうからと。でも、今、こうやって言っててもポロポロとなってくる（涙ぐむ）。ずーっと、しまいこんでることはしまいこんどこうと。それをここにちゃんと押さえ込んどこうと。今も、ここで動きそうに……」〈ああ、そういう中、来てくださった〉

この後、Jが日常の対人関係の中で表現したがために傷付いたという具体的な出来事が語られる。ひととおり話し終えると、箱庭に話が戻ってくる。

写真6-11
制作者J　インタビュー途中で開けられた穴

「今見て、やっぱり私やなと。私がここにいると思う。いつも箱庭を置く時に（これまでグループ、個人の箱庭を何度も経験している）、見られるのがすごく嫌。自分ひとりでやらせてもらえたらいいのにと思う」〈個人で置く時も？〉「以前にあるカウンセラーの前で何度か箱庭を置いたが、その時もそう思った。気になる。カウンセラーがいることが気になるのかな……じゃあ、いるからっていって、やることが変わるわけではないとは思うんだけど、気になる。いなかったら自由になれるのかな……わからないけど。ひねくれてますね。気になる。気にしいなのかもしれない。気にしい、気にしい、気にしい……」

Jは、自分自身の「気にしい」の性格について話し始め、言語によるカウンセリングへと移行していく。

話し終えた後、箱庭をあらためて見つめる。

「しんどいだろうなって。押さえたのだったらしんどいだろうなって。私がこの下にいるような感覚。私がこの下に隠れてるような。今、ふっとそんな感じが（と、箱庭を見る）ここに寝てるのを感じたの。押さえ込まれてね。ああかわいそう。ちょっとあけとこう（と、人差し指で穴をあける。（写真6―11参照）。ああ、（と、いったん穴をあけ、再び砂を戻し、ポンポンと表面を叩く）」〈ああ、優しくして〉「だって、出たらだめですよ。ぽんぽん。はい、今日はおしまい」と終了を告げる。

（5）考察

Jは、セッション前から仕事の電話を受け、さらに入室後にも電話を受けており、Jにとっての現実の世界が、面接室に入りこんでいる状態で箱庭に向かい始めている。Jにとって面接室が「自由で守られた空間」とはなりえていない状態である。Jが箱庭制作の直前まで仕事の電話を受けざるを得なかったことは、自らの内界と対峙することへの抵抗ともとれるし、面接者との関係性の中での1回限りの箱庭セッションにおける抵抗であったともとれる。いずれにしても、それはJが自らを守るために必要なことであることを踏まえた上で、面接者はJのペースを崩さないように、Jを含めたこの空間全体を抱える覚悟でその場に立ち会おうと決心する。

Jは、「どうしよう」と戸惑いを表しながら、箱庭に向かう。箱の手前からしっかりと砂を押さえ込んでいく様子は、「表現しない」ことを、明らかに表現していたと考えられる。しかし一方で、表現せずに押さえこまねばならないものが、Jの中では強く意識されているであろうと面接者には予想された。Jがこのまま黙って押さえ込む作業を続けるということは、表現されない状態でJの中で対自的コミュニケーションが進んでいくことになる。つまりJが押さえ込まねばならないものを強く意識しながら1人で抱えることになり、大変苦しい作業であるのではないかと面接者には思われた。そのように面接者が感じていたときに、箱庭全体の砂をひととおり押さえ終わったJが言葉を発する。箱庭全体の砂をひととおり押さえたことで心の蓋がなされたことへの安心もあっただろうが、対自的コミュニケーションをこれ以上進めないために話をするということは必要なことだったのではないだろうか。J自身、制作後のインタビューの中で、いつも箱庭を作るときには「しゃべらない」のに、本セッションでは制作しながら話をし、それは「押さえておかなきゃいけないし、あんまり動かしたくない」ためであったと述べている。Ｊのこの言葉から、箱庭と向かい合うということは、必然的に自分自身の内界との対話を進めざるをえないことであることがわかる。

自己の内界に没入することは、Ｊが言うような「言うと収拾がつかなくなるような」ものをひらくことにもつながる。そして、本来の治療とは、「言うと収拾がつかなくなるようなもの」を、治療者との関係の中でひらき、抱え、そしておさめていくことなのではないだろうか。その時重要になってくるのは、クライエントにとって心をひらくことのできる治療者(面接者)との関係性である。

今回の箱庭は、初めから1回きりという条件の下での制作である。また、グループスーパーヴィジョンのスーパーヴァイザーである面接者に、Ｊが必ずしも深い信頼を寄せているとは言い難い。つまり現在のＪと面接者の関係性の中で表現できるものが今回の箱庭制作に表現されたのではないだろうか。つまり、「表現できない」という表現を、Ｊが面接者に示したといえる。面接者との関係性によって表現するものを吟味することができるためには、制作者側に自我の強さが必要である。「私とその人の関係というのが出来て、『この人なら本当に十階から飛び降りても大丈夫だ』というものがないかぎり、箱庭は始まらない」との河合(一九八四、84頁)の言葉からわかるように、箱庭を置くということは自分自身を賭けた大変な作業である。「十階から飛び降りても大丈夫だ」という信頼感がないかぎりは、飛び降りるのをやめるか、1階から飛び降りる程度にとどめておくかなどといった現実吟味を制作者自身が行う必要がある。しかし制作者の自我が弱い場合には、面接者との間の信頼関係が十分ではないのに10階から飛び降りるようなことが起こってしまうこともあろう。そして、収拾がつかなくなるようなものを表現してしまい、それが制作者を脅かし、傷つけることになりかねない危険性がある。制作者が意識しているか否かにかかわらず、箱庭を制作するということによって無意識にあるものがひらかれてしまう可能性があることを、今回のJの事例は如実に示しているといえよう。

今回のセッションでJは、1回きりの箱庭制作という条件のもと、面接者の人格の器に合わせ、面接者との関係性の中で表現しても大丈夫な部分を表現した。「自分では大丈夫なことを、揺らさないこと」をJは懸命に選んで話そうとしながらも、一方で表現されない思いがふつふつと溢れてくる様子が見てとれた。それは、インタビューの途中で涙ぐむといった様子からも推察された。

山本（二〇〇二、8頁）は、「心は実態のないものであるが、ゆえに現に表現することで構成されるのであり、表現されることで表現されなかったものが示唆されることになる」と述べている。山本が指摘するように、Jは表現しなかったことで、表現されなかったものをより鮮明に自覚したと考えられる。本来の心理療法であれば、ここで表現されなかったことは、次の面接までにクライエントの心の中で熟成していき、次の面接以降に、何らかの形で治療者に表現されてくる。その時の治療者とのやり取りを通して、クライエントは治療者との信頼関係を深め、「押さえこまねばならないもの」を押さえるのではなく、抱えていけるようになるための面接が行われていくのであろう。

制作過程で、ひたすら砂を押さえ込むJを見守る面接者に安心をもたらしたのは、面接者との対話が進むにつれ、「何かがばれないように」と砂を押さえ込んでいるJの手つきの変化である。Jの様子が、体重をかけて押さえ込む様子から優しく表面を撫でて、その下に押さえ込まれたものを慈しんでいるように変化したのである。面接者の心の中には、その表面の光沢から自らの魂を慈しむように泥団子を磨き上げる子どもの姿が思い浮かんできた。面接者は、Jの「押さえ込まねばならないもの」が、大事に扱われることを願うような気持ちで箱庭を見守っていた。それが、現在のJとの関係性の中で面接者にできる最大限のことであった。

Jはインタビューの最後に、あらためて箱庭を見つめ直し、「押さえていたらしんどいだろう」と砂の下に押さえ込まれている自分自身を強く意識していることが推察される発言をした。そして、固く押さえ込まれた砂の表面に、一瞬だけ穴をあけた。その穴は、すぐに埋められ、セッションが終了した。おそらくJは、押さえ込まれた箱庭をあらためて見直したことで、「押さえていたらしんどい」自分自身を意識せざるをえなかったのではないだろうか。ここに、「ひとつのまとまった表現」を作品として視覚で捉えることができるという箱庭の特徴が見てとれる。言語によるやり取りであれば流せた可能性があるところを、箱庭ではひとつの表現として自分自身で捉え直さざるをえなくなるのである。

セッションの数日後、面接者のもとにJからの手紙が届いた。その手紙には、セッションの中で余計なことを話しすぎたとの後悔が綴られていた。これは、セッションの最後に、一瞬あけられた穴の下にいるJからのメッセージであったと面接者は大切に受けとめている。

以上、Jとのセッションについて検討してきた。Jの事例から、1回きりという条件下での「教育カウンセリング箱庭」という枠組みの中での箱庭制作においても、面接者との関係性が大きく影響することが明確となったといえよう。

4 おわりに

本章では、砂と水のみの「教育カウンセリング箱庭」において得られた箱庭制作過程と、制作後のインタビュー報告をもとに、制作者と面接者の関係性、素材となる砂が制作者に与える影響、さらには、箱庭制作過程で生じている制作者の内的体験について検討、考察した。

事例1では、自分の砂イメージと実際の砂とのズレを、身体を通して一致させていく作業を行う中で、最終的にぴったりした身体感覚を得、それに伴ってひとつのまとまった表現が完成したことが見てとれた。事例2では、砂を触ることによって惹起されたイメージを手がかりに、自分自身のイメージ世界の中に入り込み、内界との対自的コミュニケーションが繰り返されたことが明らかになった。事例3では、箱庭を制作することによって内界が動かされることを避けるために、箱庭の砂を押さえることによって、心の世界に蓋をしていくプロセスが示された。

いずれの事例も、制作時の心的状況が箱庭制作プロセスに如実に表現されていることが、制作後のインタビューから明らかとなった。また、制作者たちは対自的コミュニケーションを行いながらも面接者の存在を感じ、面接者の方も制作者の表現によって自身の内界が活性化されていったことが明らかとなった。これらのことから、制作者と面接者との間に内的な交流が生じていたと推測されるが、ここでは制作者と面接者との間の関係性がいかに箱庭制作に影響を及ぼすのか、制作者と面接者の間にいかなる内的交流が生じていたかを明確にするまではいたらなかった。そこで、第7章において制作者と面接者の関係性がいかに箱庭制作に影響を及ぼすのかを、第8章において制作者(クライエント)と面接者(治療者)との内的交流について検討する。

第7章

箱庭制作に影響を及ぼす「関係性」

——関係性の異なる2人のセラピストの前で——

1 問題と目的

今日の臨床心理学は、クライエントとの心理療法の過程を検討する臨床事例研究を基盤に発展してきた。そこには、実際の臨床活動の中で「個」をみつめ、その普遍性を導き出そうとする帰納的な姿勢がある。しかし現在行われている臨床事例研究は、治療者側からの解釈や理論提示、クライエントの理解を述べており、心理療法の過程でクライエント自身にどのような体験が起こり、変容していくのかという検証がなされたものは数少ない。それは、治療を通して内的変化が生じ、症状が消失し、自己治癒力を得るということがクライエントにとって重要なのであり、心理療法の過程でどのような体験が生じ、どのように作用したかを、クライエント自身が語る必要がないからである。

クライエント側からの心理療法の体験が書かれたものとして、アン・ファラデーの『ドリームパワー』(一九七三)や前田重治の『自由連想法覚え書』(一九八四)、東山紘久編の『体験から学ぶ心理療法の本質』(二〇〇二)などがある。いずれの書物からも、クライエントと治療者の「関係」の重要性が再確認でき、治療者としての在り方に多くの示唆を与えている。中でも、精神分析の指導的立場にある前田重治が、被分析者の立場からその体験を語った『自由連想法覚え書』では、分析者の古沢平作と被分析者の前田の間で交わされる言葉の底に流れる、生きたやりとりを読み取ることができる。

一方、面接者―被面接者の双方向から面接場面を検討した書物として、皆藤章(二〇〇四)の『風景構成法のときと語り』がある。皆藤は、「描き手と見守り手の双方にとって、風景構成法とはいったいどのような体験なのであろうか(53頁)」ということを明らかにするために、一事例を取り上げ、描き手と見守り手の各々の体験を綴り、つき合わせるという試みを行っている。皆藤の論からは、「風景構成法が描かれるという体験が、いかになまなましくリアルに描き手の『生のありよう』を語っている(91頁)」かを読み取ることができる。

氏原(二〇〇六)は、皆藤の『風景構成法のときと語り』の書評の中で、箱庭療法において治療者側からのクライエントの内界の変化に対する分析の発表はあっても、「そこにセラピストが立ち会っていることの意味は、曰くいいがたいとする暗黙の了解があるかのような感じがあった(745頁)」と、これまでの箱庭療法の研究の在り方について述べている。氏原の言う「そこにセラピストが立ち会っていることの意味」は、箱庭療法における本質に関わる部分である。箱庭療法において、人間関係の重要性が言われながらも、「面接者との関係性がいかなる影響を及ぼすのか」、面接者との関係性の中で箱庭を制作した場合「クライエントにいかなる体験が生じているのか」については、いまだに明らかにされていない。

本書では、第5章、第6章において、スーパーヴァイジー―スーパーヴァイザーという関係性が成立した中での箱庭制作過程の制作者の体験を検討してきた。ただし、両者の間に長年の人間関係が成立しているとはいえ、治療関係のような信頼関係が成立しているとは言いきれない。

そこで本章において、「クライエント―治療者」関係のもとでの箱庭制作過程におけるクライエントの体験に迫るための一つの試みを行う。それは、筆者自身が教育分析を受けているセラピストの前で箱庭制作を行い、その過程で生じる内的な体験を可能な限り言語化していくというものである。さらに、箱庭に立ち会うセラピストとの関係性がいかなる影響を及ぼすかをより明確にするために、同時期に、筆者とは人間関係が希薄なセラピストの前で箱庭制作を行うことを試みる。このような関係性の異なる二人のセラピストの前での箱庭制作過程で生じる内界の状況を検討することで、立ち会う者との関係性の違いが箱庭制作過程にどのように影響するのか検証していく。

ここで、筆者自身が箱庭制作者であるクライエントとなることには多くの異論があろう。その最大の問題点は、筆者の主観が大きく反映される可能性があるということである。この点については、客観的な視点で論述するよう最大限に努力するが、主観的になる可能性は否めない。さらに、本研究では1セッションのみを取り上げ言及するものであるため、偏った結果となる可能性もある。また、各々のセラピストの個性もあり、一概に本研究が、すべての箱庭療法に通じるともいえない。しかし、臨床心理学が「個」から出発する学問であると考えた場合、クライエント側からの体験を言語化することによって、「個」の体験を普遍化するための何らかの手がかりが得られるのではないだろうか。面接という臨床の場に参加しているクライエントと治療者は、ともに影響しあう存在として時間と場を共有している。臨床事例研究は、「治療関係におけるクライエントや治療者の内的イメージの変化をとらえることによって、治療関係の本質に近づいていこうとする研究法である（鑪、二〇〇二、102頁）」という視点に立ち、治療者側からの見解だけではなくクライエント側の視点からもとらえることで「そこにセラピストが立ち会っていることの意味」の一端を解明できるのではないかとの考えのもと、本研究を行う。

今回の研究の目的は、箱庭に表現された結果を検討することではなく、関係性が箱庭制作過程にどのような影響を及ぼすのかを検討すること、人間関係のある中で箱庭を制作した場合、クライエントの中にどのような体験が生じるのかということを検討することにある。そこで、本章では、箱庭に表現された筆者のコンプレックスには触れないことを確認しておく。

2 方法

〔1〕箱庭制作者…筆者

〔2〕面接者

性別は同じであるが、臨床経験（大学院修了時からカウント）、年齢、箱庭制作者である筆者との人間関係が対称的である2名の臨床心理士に面接を依頼した。

◎Kセラピスト：臨床経験3年。20歳代男性。臨床心理士。

制作者との関係性……本セッションまでの間には遠目に2、3度顔を合わせたことがある程度で、直接言葉を交わし個人的に話をしたことはない。「顔を知っている程度の関係性」である。

◎Lセラピスト：臨床経験41年。60歳代男性。臨床心理士。

制作者との関係性……Lセラピストによる5年にわたるグループスーパーヴィジョンの指導を受けた後、約

10年にわたり教育分析を受けている。教育カウンセリングの「クライエント—治療者の関係性」である。

〔3〕手続き

Kセラピストの前で箱庭を制作する。その2日後にLセラピストの前で箱庭を制作する。箱庭制作後、いかなる視点で箱庭を見守っていたのかについてセラピストからフィードバックをもらう。

〔4〕セッションの枠組み

制作過程および制作後の討議はビデオ録画した。時間は箱庭制作、制作後の討議を含め、1時間である。

〔5〕場所…各々のセラピストが通常使用している面接室で行った。

〔6〕箱庭の条件を統一するために水を含ませた砂のみが使用された。

③ 箱庭セッションのプロセス

1．Kセラピストとのセッションのプロセス（X年5月24日）

1—1　面接に臨むまでの心の流れ

制作者は、Kセラピストとこれまでに何度か顔を合わしたことがあるものの、Kセラピストがどのような人物で、どのような人間観、臨床観をもっておられるのかはまったく知らない状況である。このような「顔を知っている程度」の関係性の面接者の前で、箱庭を制作するのは初めての体験であった。十数年以上前に一度、箱庭実験の被験者として箱庭を制作したことがあるが、同じ研究室の仲間が面接者であったためか、その時は面接者についてあまり意識しなかったと記憶している。

セッションに臨む前日、どのようなものを作ろうかとシミュレーションしようと試みたが、砂のみの箱庭であるからかまったくイメージがわいてこなかった。そこで、箱庭の前に立った時の自分の中に生じてくる流れに自然に従おうと心に決め、当日のセッションに臨んだ。制作者はセッションの2日前から風邪のため微熱が続いており、物事をあまり深く考えられない状況にあった。

1―2　箱庭制作のプロセス

（内省記録のため、以下語り手は「私」と表現する。文中の「　」は箱庭制作者、〈　〉はセラピストの言葉とする）

私は、箱庭の前に立つ。Kセラピストは教示後、箱庭の右側に立ち、少し小刻みに左右に身体を揺らしながら見ている。できるだけKセラピストの負担にならぬよう、自分自身と箱庭との対話を進めていく中でおさめていければという思いが心の隅に浮かんでいた。風邪の熱のため大量に汗が噴出し、心はせわしなくざわついているのが自分でも感じられた。

準備のために、砂を湿らせ全体になじませる作業を行っていたので、砂と対話するためのウォーミングアップは十分に整っていた。Kセラピストからの教示があると、とにかく内界に集中しようとすぐに砂を触るために箱庭に手を伸ばした。箱の中のどこに手を着地させようかと両手を広げ左右に空を動かす。一瞬躊躇した後、左下隅に右手を着地させる。右手を砂の上に着地させると、ホッと一息つくような安心感が生じ、左手も砂に手を入れ、両手を使って左下隅の砂を掘る。掘り始めると、先ほどまでの落ち着かない気持ちと風邪の熱が砂のひんやりとした感触によって冷まされるように鎮まっていく。左隅の掘った砂の下から青い部分が出てくると、青の部分を広げるために迷いなく砂を掘り広げていく。自分の心と身体感覚に注意を向ける。砂の感触は心地よく、しかし意外なほど重さが感じられる。砂を動かしつつ、何か明確なイメージが浮かんでいたわけではなく、青の部分を広げていくうちに、左下と右上の世界に二分していく方向へと自然な流れが生じてくる。注意深く丁寧に青の部分を広げ、世界を二分する。箱の青と砂の茶色のコントラストを見ると、自分の中に非常にすっきりとした感じが起こってくる（写真7―1参照）。

砂の表面を丁寧にならしているうちに、世界を二分するラインがあまりにも直線的な気がし、そこに流れを作りたい気持ちが起こってくる。勾玉のイメージが浮かぶ。砂の全体を動かして、勾玉に形作ることはできるだろうかと、右下隅に手を入れゆるやかなカーブを作っていく（写真7―2参照）。

右下の先端ができたところで、右上部分の曲線をつくろうと、右側隅の砂の中に手を入れる。しかし砂は重く、いっきに右側の砂を移動させ、曲線を作るのは困難そうである。そこで先に砂を区切ってラインを作ろうと手を入れてみる。残りの砂は、できあがった形の上に積んでいけばいいかと

写真 7-1

写真 7-2

写真 7-3

思ってのことである。しかし、砂を区切って移動させようと手を入れた瞬間、いっきに自分の中に違和感が広がる。この違和感は、自分でも驚くほどのもので、その動揺をごまかすかのように「あれ？」と言葉を発する。ここまではKセラピストのことはほとんど意識せずに箱庭の砂と向き合ってきたが、心の流れが止まったことによって自分ではない他者が存在することが強く意識されてくる。切込みを入れた部分に慌てて砂をかけ、元に戻す。砂全体を丸ごと動かして形づくって行くことが必要であることがわかる。しかし、いっきに動かすには砂は重すぎる。Kセラピストの動く気配がすると、そちらに意識が向き、早く終わらねばというあせりも起こってくる。あせる気持ちを落ち着かせつつ、右側の砂を移動させ、三日月型の山を作っていく。思ったより砂の量が多く、形を整えつつ動かすたびに砂が崩れ落ちてくる。気になりつつも補正しながら進めていく。三日月型を勾玉形にするために、先端をいっきに動かそうとすると、今度は大きく形が崩れ、砂が流れ落ち、心もとない気持ちが起こってくる。それでも自分を奮い立たせながら、左上の部分が箱に接した状態の勾玉ができる（写真7—3参照）。

表面を整えながら、終われそうなぴったりした形を模索する。しかしどう表面を整えても、どうしても自分の中ですっきり来ない（ここまでで10分経過している）。

形を整えようと砂を高く積むほど、自分の中の違和感が大きくなる。たまらず「どうしよう」と言葉にしてみる。この言葉には、ぴったりこないのでもう少し時間が必要であるという思いをKセラピスト伝える気持ちを含んでいたように思う。ここでやめてしまいたいが、このまま終わってしまうとモヤモヤ感を抱えたまま終わることになる。それはあまりにも怖くてできない気がする。何とかおさまってほしい。表面の砂を移動させているうちに最初の出発点に戻ろうと、ふと思いつく。最初の形にまで戻せれば、終われるような気がする。制作したプロセスをビデオで逆回しするように、上部全体が箱と接した勾玉、三日月型、そして最初のシンメトリーの形へと返していく。おさめよう、おさめねば、おさまってくれという気持ちで、初めの形を作る。シンメトリーの形にまで戻った様を見て、ホッと胸をなでおろす。この形なら終われるような気がする。少しずつ落ち着きが戻ってくるのが自分でもわかる。シンメトリーの形にまで戻すと、冷静に箱庭全体を見つめてみる。とりあえずおさまってホッとした気持ちと、作ることができずに戻ってきただけの現実に無念な気持ちの両方が起こってくる。砂と青のコントラストの世界だけではあまりにも淋しい感じがしたので、青の部分に何か置こうと砂を盛り丸い円形を置いてみる(写真7―4参照)。

写真 7-4

写真 7-5

　青の部分に円形にした砂を置いてみると、砂の部分にも同じ大きさの丸い青の部分をあけたくなり、そのようにする。そして全体をきれいに整え、あらためて自分の作品を見つめる。あまりにも整いすぎている感じがする。しかし、ここからまた何かを作ろうという気持ちは起こってこないし、この形のバランスを崩すことはできない気がする。そこで青い部分に丸く盛った砂を、三日月型に変化させる(写真7―5参照)。

これでようやく終われると思い、「はい。終了です」と言葉にし、終える(15分)。

1―3 制作後のセッション

〈どうでしたか〉「最初は半分と思ってやって……二つに分かれてるって感じで……それを1つにまとめようと思って何とかまとめようとしたのですが、まとまらなくって、やっぱり元の形に戻ったんですけれど、戻ったところでこっちにも(青の部分においた砂)置いてみようかなと思って置きました」〈意外とよどみなくやっておられましたね〉「……(沈黙)」。

〈割と思いどおりのものが作れたのですか?〉「まとめようと思ったのがまとまらなかったから、これが今の自分でできるぴったり感かなと……(勾玉の形を作る時に)わーっと動かした時に、どうおさめるかというのが自分の中で見えなくなったなというのがありました」〈ありましたね。元の状態に戻したのは?〉「ええ、どうおさめられるかなと思って。もっと勾玉みたいな感じでおさめられると思ったのですが」〈勾玉みたいに見えましたものね〉「ええ、大きすぎるっていうか」〈砂を動かしてる時、重そうな感じがしてました。ごうっと(全体を)動かそうかとしてたから、重そうだなと〉「そうですよね。……勾玉みたいな形から、涙みたいなものを連想したんですが、それもうまく行かなくて」〈元に戻して、穴あけて、なんだか対極図みたいな〉「(笑)知的におさめました……違うか。いや、でも、うん、そうなんです」〈秩序っていうか、おさまりっていうか、求めておられるんだろうなと思った。最後、(丸く土を)削ったのは面白いなっと思って〉「月と太陽だと思って」〈これ(青の部分においた砂)を置くことで、こっちの(青い)空間に一瞬で意味が現れたような。開始した直後から、わりとぐっと砂を動かしたじゃないですか。だから僕の中では、作ろうというのをあらかじめイメージしてたのかなと思った。

僕の方から見てわりとよどみなくワーッと寄せていたから。いったん半分にして、眺めてから、全体を曲げてきて、何回か迷ってどうしようという感じ。このへん（箱庭左上）は壁についてて、ぶら下がってるような、心臓みたいな感じがした。ぶら下がってるって感じで重たいんだろうなって。で、何回か迷ってどうしようかなって言って、もともと考えてたのがそこで止まってしまった感じだと思っていた。で、制作者はそこでどうするんだろうとちょっと興味があって。でもどうにもならないから戻されて、やっぱり秩序、それを求めておられるんだろうなって。その時に思ったのは、1回という（面接者との）関係性じゃないですか。きっとこういうのも続けていけば、たとえばにっちもさっちも行かなくなった時、もっとばっと（破壊的に）なるのかなと思ったんですけど、1回の関係性でいえば、やはりどうしても防衛が、おさまりというのをつけとかないとダメだし、それができる制作者はすごく常識的、安心して見てました。ばっとなったら（破壊的になったら）、どうしようかなと。戻していたので、たぶんお互いの落ち着きどころを感じておられたのかなと。またスタートに戻ったじゃないですか。僕はひょっとしたら初めの状態で終わるのかと思ってたんですけど、1回の関係性というのも関係しているのでしょうけれども、シンメトリーですか、そこで終わるかなと思って見てたら、穴あけてこっちにやって、それみた時全然関係ないんですが、琵琶湖と淡路島を思い出して、形が似てるじゃないですか。そのときに、対極図が勾玉の形で合わさってるやつ、その亜型を作ろうとしてるのかなって。半分だけ切っただけだったら、陸と海じゃないけど、砂のある空間となない空間の対比っていうのがあったけれど、でも砂のない空間はからっぽじゃないですか。そこにこれ（青の部分においた砂）を出すことによって、調和ができたと思って。最後、青の部分においた砂に切れ込みを入れたけど、僕には月には見えなくて、遊び心を出したのかな、これだけで終わったらあまりにも整いすぎて面白くないのかなって。なんかやってやれと思ったのかなと。今、この2人の関係でできる、その部分がこれ（青の部分においた砂）なのかなって〉「おっしゃるように、最初の部分に戻してと思ってたんですけど、もう少しいけそうというのがあったんで〈青の部分に置いた砂〉置いてみた。セラピストがそう思って見てくださってたので、もう一歩出れたところかもしれませんね」

〈砂がすごく重たいのが、初めからすごく気になっていて。この部屋に砂は2種類あるんですよ。まだ視覚的には白い方が軽いのに、茶色い方をつかったというのが〉「……。心臓と言ってくださったのが、へー、と」〈最初は勾玉に見えたけど、だんだん心臓に見えてきて、でもそれは早いぞ、心臓みたいなのはと。そういう大事な器官を出すにはまだ早いぞ、それでどうするんだろうと、ちょっと心配半分あったんですけど、でも戻してくれたので、見てる方としてはああ良かったと思います〉

〈どんなことを考えてやっておられた?〉「最初は全然何にも。箱庭に手を置いた瞬間に、寄せてみようと思って、何を作ろうと考えてたけど浮かんでなくて。とにかく手を置いて、置いた瞬間に寄せてみようと。寄せてみたら、2つ、自分の中に対立する二つがあるというのはテーマなので。それを1つにまとめられないものかと思いながら、一方でKセラピストにも申し訳ないなと思いながら作っていった。どうにもならない感じになった時に、ああ、どうしようというのが、ああ、まだ自分ではどうにもならないんだという感じが起こってきた。Kセラピストがどんな思いで見てるのかは常にあって。最後にどうにもならなかったのでとにかく終わろうと思って、元に戻して無難に終わるというのも1つだったんですけど、ここ〈青の部分に置いた砂〉置けたのはセラピストがいたからでしょうか。心臓とおっしゃったのは少し心に響いたけど、そう思って見てくださってたのが影響していたのかなと」〈1回でやる時の特性が出てたと思う〉「そうですね」

〈ある程度形を作るのにはもう少し砂の量が必要かなとか。後面白いのは、勾玉を作る時に切り取って作るのではなく、ぐっと全体を動かそうとしたのが面白いなと思った。エネルギー使うだろうなと。合理的に作ろうと思えば切り取ってやればいいのに、それが形を保ったまま全体を移動させようとしてたから、エネルギー使うだろうと。それはあなたにとって安心なやり方なんだろうと。完全に形を独立させるのではなくて、どこかにつながって、枠につながってできるのは、あなたが安心してできる方法なんだろうと思った〉「介入は？」〈どうしようもない時があったら介入しようと思ったけど、特に思わなかった。見てたらいろんなことを思う。自分が下手に声出さない方がいいという思い。出してしまうと、影響を及ぼしそうな〉

最後に、制作者の方から、面接者に感想を求める。

〈全体をガッと押した時にバラバラと崩れ、元に戻すと思っていた。不安を感じただろうから。初めから形が決まってて、その塊のまま動かしてたのに、そのやり方が崩れた、その形が崩れた、だから戻すだろうと思っていた。あとは、きわめて健康的だと思った。信頼ができる。クライエントとセラピストという関係じゃないのにそこで破壊的なものを出されると不安になるがそれはなかった。1回の関係で、深い関係でないのに落ち着くところに落ち着けたのではないか。防衛が高い人なんだろうと思った。実際のセラピーで、やってもやっても手応えを感じないかもしれない〉との答えをもらい、Kセラピストとのセッションが終了した。

2．Lセラピストとの箱庭セッション（X年5月26日）

2―1　面接に臨むまでの心の流れ

Kセラピストとの箱庭セッション後の2日間、途中で作りきれなかった先には何があるのかということがずっと気にかかっていた。Lセラピストとのセッションで、Kセラピストとの間で制作したものとは別のものを作ろうという発想はまったくなかった。それほど、Kセラピストとの間で表現したものが、自分の内界のことと深く関係しているのではないかと考えられた。

風邪はいっこうによくならず、身体は熱で憔悴しきっていた。高熱が思考する気力を奪っていたためか、前回の作りきれなかった先の箱庭制作過程をシミュレーションすることもできないし、もちろんする気も起こらなかった。ただ、作れなかった感じだけが残り、ひどく居心地の悪い状態が続いていた。

写真 7-6

2―2　箱庭制作のプロセス

（内省記録のため、以下語り手は「私」と表現する。文中の「　」は箱庭制作者である制作者、〈　〉はセラピストの言葉とする）

Lセラピストは箱庭の左側に立つが、私の意識は迷わず砂にまっすぐと向かい、Lセラピストの動きはいっさい気にならなくなる。箱の左下に迷わずに手を入れる。砂の上に手を入れた瞬間から、この2日間抱えていた居心地の悪さやモヤモヤ感が意識にのぼらなくなる。砂に触れた瞬間に感じたひんやり感に、自分の身体にこもった熱の高さを再認識する。こもった熱が砂の中に開かれていき、砂と自分の境目がなく、砂が自分の身体の一部のような感じが起こる。砂を掘り、斜め半分に陸地と海とに分ける（写真7―6参照）。世界が二分されると、砂地の表面を平らにならし、砂の高さを均等にする。全体が整うと、いったん箱庭から手を放しあらためて全体を眺める、さあここからだった……ふと前回のセッションが頭をよぎる。右斜め上の箱の角に手を入れ、右側にある砂全体に曲線をつけ、勾玉の形にしていこうと作業を始める。前回のセッションで部分的に動かすことは自分にはぴったりこないことが身体でわかっているため、全体を一度に動かすことに迷いなく挑んでいく。前回同様、いっきに砂を移動させようと思うと、砂の重量感が強く意識される。乾いている時はさらさらと指の間をすり抜ける頼りなげな砂が、その内に水分を含むことによって強く重い存在感を醸し出す。粘土ほどには思い通りの形に留まってくれない、しかし乾いた砂の時ほどに軽やかではない湿った砂は、動かせばある一定の形を保ちつつ、しかし思い通りには留まらないとの自己主張をもってそこに存在している。砂の重さを感じつつ、そして動かし方によっては崩壊するような危うさを感じつつ、慎重に、かつ力を込め、勾玉の形になるように砂全体を動かしていく。２度目だという安心感のせいか、砂が若干崩れる瞬間があったが、動揺することなく平静を保った状態で作業を進めていく。左上が箱に接した状態の勾玉ができあがる（写真７―７参照）。

写真 7-7

前回は、ここまできてどうにも動けなくなったのだ。しかし、今回も作れないのではないかという不安は微塵もなかった。そこにはただ、砂と自分が対峙している世界があった。決してこの砂を思い通りに動かしたいわけではない。もっと砂の動きに身を任せてみたい、砂はどのように私を写してくれるのだろう……何も考えずにただ箱庭の世界に入っていく。私は、勾玉の形になった箱庭の砂を、ただ流れに身を任せるように先端をまきこみ、少しずつ丸みをもたせていく。ここから先は未知の世界だ。ここから先、私はどこへ進むつもりだったのだろうか……滑らかな砂の表面が心地よい。何か愛おしい気持ちが起こってきて、きれいに形を整えていく。ふと、左上の隅とつながっている部分が気になる。左上から流れているものを感じるが、その流れのラインはもっと細くてもいい気がしてきて、左上からつながっているラインを細くしていく。いったん手を止め、箱庭全体を眺めてみる。しばらく見つめているうちに、壁とつながっていた部分を離そうという気持ちが起こってくる。本来の勾玉の形により近

写真 7-8

写真 7-9

づけたい。あくまでも全体の形をそのまま移動させながら箱と接している部分を離し、徐々に徐々に中央で勾玉の形を整えていく。何度も表面を撫でながら、これではまだ完成とはいえない、終われない気持ちが自分の中にあることがわかる。勾玉の形が整ったところで砂から手を離し、箱庭全体を見つめてみる（写真7―8参照）。静かに流れる時間の中で自分の心の中のぴったり感を探るため立ち止まる（ビデオでは1分という長い時間が流れるが、自分自身の実感では数十秒であった）。

「ああ、もっと入り込める」そんな言葉が自分の中に浮かんでくる。勾玉の曲がった部分同士を、全体を動かしながら、上部からと下部から、各々の砂を動かし1つの円を作っていく。勾玉の表面は何度も撫で、整えられていたので、できた小高い丸い島は、表面がきれいに整っている（写真7―9参照）。そのつるんとした表面を見ていると、無性に山が作りたくなり、島の砂を隆起させ、山を作っていく。湿った砂は、手の流れにそって滑らかになり、表面がきれいに整った山ができあがる（写真7―10参照）。もっと荒削りな方が自分にはぴったりくる気がしてきて、下から上に指で撫で上げ、山の表面を削っていく。砂を固めるのではなく、空気を含んで砂粒が表面に現れてくる感じが心地良い。この時、身体を移動させてきたLセラピストが視界に入る。自分の視界にLセラピストが入った瞬間、これまでセラピストの存在は感じつつも、まったく意識していなかった自分に気付く。山の裾野を広げ、全体を整え「完成です（写真7―11参照）」と非常に満足した状態で終了した（13分）。

2―3　制作後のセッション

〈どうですか？〉「箱庭の実験で自分が被験者になって別のセラピストの前で置いたのですが、その時はできなくておさめたのですが、すごく変な感じがあって、でも今日はできたので」〈同じようなもの置いたの？〉制作者は、Kセラピストとのセッションを簡単に説明する。

写真 7-10

写真 7-11

〈最初の形は海食岸みたいなものだね。崖のような。アイルランドとかね。それが龍ヶ崎のような岬になったでしょ。龍の頭みたいだったでしょ。岬だったけど、こう入れて（先端を丸めいれて）後は小島になった。それは少しなだらかな島だったけど、これ（完成作品。写真7―11参照）は火山だね。わーと吹き出したような、富士山とか三原山のような火山だね。海食岸みたいなところに、ブラックジャック（手塚治虫のマンガ）の家が建ってるよね。もしここに置けるとしたら、ブラックジャックの家が置けるかと。もう1つはアイルランドの白い家が置けるかと思ってるのよ。龍の頭みたいなのが来た時は、海に岩が置けたらなと思ってるのよ。岬だったら灯台や観音像、マリア像が置ける。海は穏やかに見えてるいけど大変なんだよね。遭難が多いからね。なだらかな小島の時は、砂浜のない島だったね。砂浜がないから、それじゃあ亀もよう上陸しないなとかね。石川啄木の歌に『我泣き濡れて砂とたわむる』とあるが、作った小島は、砂浜がなく人を寄せ付けない島だったね。小島の時は蟹が置けるかと思っていた。後は海の中には魚が置ける。ところが海の底は箱庭で作れないなと思っていた。火山には何も置けないね。これ（箱庭）に何が置けるかとだいぶ思いながら見ていますよね〉「Lセラピストは箱庭の中の世界がどう展開していくか、どういう流れがあるのかと思って見ておられるということですか？」〈ブラックジャックの家だったら、制作者は、ブラックジャックなのか、それともピノ子なのか、訪問者なのかと思って見ている。白い家だったら老夫婦が似合う。しかし、もし若い子だったら1人で住むとすごく孤独だしね。若い夫婦だったら子どもがいるのに危険なところに住むということになるよね。だけど眺望はいい、だから非常に冒険的な家族か……とか。それならば、柵を置かなかったらいけないなとか、そういう変化を見てる。白砂のない島の場合だったら、漁村の家みたいなのを1軒置いたらどうかとか、せめて蟹を置いておこうかとか、蟹も置けなかったらこの孤独さはどうするんだろうと考えてる。セラピストのカウンターで見るのではなく、できてくるものが変化していったら、変化に合わせ見ている。どうしてこう変化したかをずっと考えてる〉と、Lセラピストの見方を聞かせてもらい、終了時間となる。

4 考察

本章の箱庭制作研究においては、箱庭制作者とは顔を知っている程度の関係しかないKセラピストと、長年の人間関係が成立しているLセラピストの前で同時期に箱庭を置くという試みを行った。箱庭制作の過程で得られた箱庭制作者の内観、さらには箱庭制作後のセッションについて検討する。

1．Kセラピストとの箱庭セッションの考察

第2章図2―5（33頁参照）で検討したように、箱庭制作場面では、制作過程においてクライエントと作品の交流（ア⇕イ）がさかんに起こり、クライエントと治療者との交流（ウ⇕エ）は背景に退いていると考えられる。この時治療者は、クライエントと作品の交流の邪魔をせず、作品からのメッセージ（オ）を受けとめつつ、箱庭制作の「場」を支えるものとして存在することが必要になる。

河合（一九八四）は、自分をかけて箱庭を置くときのクライエントの状況を「置いている人は、本当に一種の自分では抗しがたい力を感じるわけです。やっていて、もうこれしかないというものが自分でわかっているわけです。（中略）そういうものに、その人は身をまかすわけでしょ。非常に怖いわけですよ。自分でも分からないものに身をまかすんですから」と述べ、「つまり箱庭は、わからないものに身をまかしてもいいような場を治療者が提供している（89頁）」と治療者の役割について指摘している。クライエントと作品の交流（ア⇕イ）がスムーズに起こ

り作品が完成されれば、「わからないものに身をまかしてもいいような場」を提供している治療者の存在がクローズアップされることはほとんどない。しかし、クライエントが「自分でも抗しがたい力」に圧倒されそうになり、クライエントと作品の交流（ア⇕イ）が滞った際に治療者の存在が必要になってくるのではないかと予想される。

以上のことを踏まえ、本セッションを振り返ってみる。

今回の箱庭制作では、制作者は、「Kセラピストの負担にならないように」との思いが強く、自分だけの閉じた世界の中で箱庭を制作しようとしていたと考えられる。しかし、制作者には、おさまりのいい表層的な箱庭を作ろうといった思いはなく、あくまでも自らの内界との対話を進めながら、箱庭を作ろうとセッションに臨んでいる。

箱庭の前に立つが、Kセラピストの存在は当然気にかかり、それでも自分の内界に集中しなければとの焦る気持ちや、落ち着かなさがあった。制作者のうわついた気持ちを、内界にコミットできるよう導いてくれたのは箱庭の砂である。砂の上に手を置き砂の感触に手ごたえを感じた瞬間に、定まらなかった気持ちが不思議なほどに落ち着いてきたのである。安島（二〇〇四）が「砂を手でつかむ実感は、目にも見えず手に触れることもできなかった自分の『心の世界』に手を届かせ、自分の『心の世界』の造形を手掛けることを可能にする（2頁）」と述べているように、手に触れ、その実体を確かめられるということは、制作者に想像以上の安心感をもたらした。しかも流動的な砂は、イメージが固定されておらずいかなるイメージをも映し出してくれる可能性をもっていることから、制作者はつかめそうでつかめない自分の心を砂に託そうと試みた。砂に触れさえすれば、後はこの砂に委ねていけばよいとの思いで、心の趣くままに砂を動かし始めた。砂の感触が身体に直接響いてきて、その身体に響いたものが、砂の中に映し出されていくようであった。この時、制作者にとって砂は、そこに映し出されてくるであろう内界と対話するためのスクリーンとなっていた。心の動きが砂に映し出されると、それが刺激となり、心の中に具体的なイメージが浮かび上がってくる。心の中に浮かびあがったイメージに向かって砂を動かしていくと、箱庭の砂がシンメトリーの形をなす。箱の青と砂のコントラストに制作者の中に「すっきりした」感じが生じているが、ここで自らの内界と向かい合うことへの迷いがなくなり、内界へ一歩を踏み出したと考えられる。その後、直線から流れ、流れから曲線へと連想が進み、勾玉のイメージが具体的に生じてくる。そして、勾玉のイメージを合理的に作ろうと砂の流れを無視した時に、それまでスムーズに流れていた心の流れが止まってしまう。ここにいたるまで制作者の中では砂の流れとの対話が自らの内界との対話につながっていたと思われるが、砂の流れを無視すれば自らの内界との交流が停止するのは当然のことである。この時点で、砂粒1つ1つが制作者にとって自分の心の構成要素となっていたと考えられる。つまり流れを無視して合理的に心を扱うことなどできないことがわかる。心の流れが止まったことで、方向性を見失ったエネルギーは、制作者の中に違和感と戸惑いを生じさせる。制作者は内界に没入していた状態から現実に引き戻され、現実に引き戻されたことによってその場に存在するKセラピストが再び意識されてきたのである。

制作過程でこのような異変が生じなければ、制作者は自己完結的に箱庭制作を終了できた可能性もある。しかし、内界のイメージに自らを委ねていく中で異変に遭遇し、制作者の中に動揺が起こった。動揺が起こることで内界のバランスが崩れ、閉じていた世界に亀裂が入った。亀裂によって内界から現実に引き戻され、面接場面やセラピストとの関係性がクローズアップされたのではないだろうか。

もしも、ここにいたるまでに、制作者がKセラピストとの関係を確認しながら内界へと降りて行っていたならば、このような動揺は生じなかったと考えられる。なぜならば、セラピストとの関係性を確認しながらの箱庭制作であれば、そこに表現される世界はセラピストとの関係性の中で作られたものとなり、作品は制作者とセラピストの共同作業の結果生み出されたものであるといっても過言ではないからだ。つまり制作者にとって、セラピストが受けとめてくれるとの信頼感が持ちえる層での表現であるため、動揺する必要がなかったであろう。

しかし、このセッションで制作者は、Kセラピストとの関係を不問にし、自分の内界に浮かんでくるイメージに身を投じて制作に臨んでいた。身を投じた結果、動揺が生じてしまい、その時点から内界との交流を絶ち、表層的な箱庭を作ることは不可能となってしまっていたのである。ここでひとつ言えることは、制作者が心を閉じていれば、いかに素晴らしいセラピストの前で箱庭を置いても、箱庭のもつ機能は十分に発揮されない可能性があるということである。

この時、制作者は、何ができるかわからないプラモデルの部品を全部広げ、途中まで組み立てようとしたものの、そこから先をどう作っていいのかわからない状況に陥ってしまったといえる。そこで、制作者には、自分なりに収拾がつけられる地点を見いだす必要に迫られる。時間をかけて自分なりの方向性が見いだせるまで格闘するのか、解体して元の状態に戻すのか、この時に選ぶ道は2つしか浮かばなかった。作りかけのまま終了することはできそうになかった。なぜなら作りかけのまま終了することは、自分の内界を剥き出しのまま外界にさらしておくようなものであると感じられたからだ。かといって、いっきに崩してしまうことはためらわれた。未完成のものを崩すことは、破壊すること以外のなにものでもない。絵画療法などにおいて、未完成のまま終わるということは、あまり好ましいこととされていない。それは完成させるエネルギーがクライエントに乏しいという意味もあろうが、内界を剥き出しのまま外界にさらす状態になることが破壊へとつながるという危険性があるからではないだろうか。そこで、未完のまま終わった場合、剥き出しになったものをクライエントがおさめられるように援助できるかは、治療者の役割のひとつであると考えられる。

箱庭は、「箱の枠」と「治療者の枠」という二重の枠があると言われている。表現されたクライエントの内界が箱の枠に自分でおさめられる時は、河合（一九九一）の言うように『おさまりをつける』という、治癒の働き（130頁）」がうまく作用する。この「おさまりをつけ」終わるというのは、箱庭療法の特徴のひとつである。「おさめる」ということは、「混乱している事物を安定した状態にする。物事を落ち着けるべきところに落ち着ける（広辞苑）」といった意味がある。さらに細かくみると「病苦をしずめなおす。治療する」という意味ももっている。箱庭療法において「おさまりをつける」ことが、河合の指摘にあるように治癒的に働くとすれば、治療者の役割のひとつとしてクライエントが「おさまりをつける」ために援助するということが考えられる。つまり、「箱の枠」の中にクライエントが「おさまりをつける」ことができない時に、「治療者の枠」、つまりクライエントと治療者との関係性が重要な意味をもってくるのではないかと考えられる。

本セッションでは制作者はまさに制作途中で「おさまりをつける」ことができなくなったが、おさまりをつけることができないのであれば、まとめるしかない。「『まとめる』ためには何らかのprincipleが必要（河合、一九九一、130頁）」になってくる。principleは頭で考える必要がある。つまり、「おさまる」ことは一種の体感のようなものであるが、「まとめる」のは意識的に行わなければならないため知的に考えるという作業が入ってくるのである。箱庭制作後のセッションの中で制作者は、作れなかった状態から「知的におさめました」と感想を述べているが、これはつまり「まとめた」ということであろう。

それでは、本セッションではどのようなprincipleが適用されたのであろうか。それは、「もと来た道を戻る」というものである。

たとえば通常の人間関係の中では、相手との関係性によって話の次元は異なる。話し手は、相手からの理解が得られないと感じた時点で、話の次元を相手の理解してくれる次元にまで戻し、その場を無難に終えるものである。ここで、「なぜわからないのか」と迫る人は、相手との人間関係が依存関係の上に成り立っているといえる。もしも本セッションのKセラピストと制作者の間に治療関係が成立し、制作者が治療者であるKセラピストに依存していたならば、制作が止まった時点でセラピストに何かを訴えるか、あるいはKセラピストが言うようにすべてを破壊する方向に向かったかもしれない。しかし、制作者とKセラピストの間には治療関係がないため、制作者は自分でおさめることが必要であった。つまり、「顔を知っている程度」というKセラピストとの関係性は、「話の次元を理解してくれる次元にまで戻し、その場を終える」という通常の人間関係の枠内であったといえる。

こうして制作者は、ビデオの逆戻しをするかのように、制作手順と同じ方法でシンメトリーの形にまで戻していった。本セッションにおいて制作者は、箱庭の砂に手を置いた段階、砂を掘り始めた段階、シンメトリーが完成した段階、勾玉の段階へと、1段ずつ内的世界に降りていったが、降りていったその階段を今度は1段ずつ上がって行ったのである。つまり、降りてきた階段を1段ずつ上がるというprincipleを見つけ出し、シンメトリーの形にまで戻していった。シンメトリーはバランスであることから、制作者は自分なりにバランスをとろうとしたのかもしれない。そして最後に、青色の領域への盛り砂と、砂の部分に穴をあけた対極図を作り、砂領域の太陽に対比させて、青色領域の盛り砂を月に変形させて箱庭制作を終了した。これは制作者にとってのおさめの儀式であったと思われる。

全体を通してKセラピストは、非常に細やかに制作過程を見守ってくれていたことが振り返りのセッションから制作者に伝わってきた。Kセラピストは、〈砂を動かしている時、重そうな感じ〉〈開始した直後から……だったので、作ろうというのをあらかじめイメージしてたのかなと思った〉というように、制作者の制作過程を細やかに描写し、しっかりと「見守る」姿勢を保ってくれていたことがわかる。そういったセラピストの人となりを感じようと、制作者が心を開き制作の場に臨んでいたならば、今回の箱庭セッションはまったく異なるものになっていたのかもしれない。

ここに、研究のための箱庭制作の限界がある。なぜならば、本セッションが治療の場で行われたものであったならば、クライエントは何よりもまず、治療者に対して関心を向けることに心を配るであろう。しかし、本セッションで制作者は、Ｋセラピストとの関係性を不問にして、箱庭制作に臨んでしまっている。

本セッションを通じて明らかになったことは、治療関係は、クライエント側のこころが開かれないことには進展しないということである。信頼できることを出会った瞬間に直感的に感じ取るような出会いもあろうが、通常は「開いても大丈夫な関係」であるかどうかを確かめつつ、人間関係は深まっていくものである。人間関係の深さによって箱庭表現は変化する。「自分の深いものを治療者にだしても大丈夫という関係が成立しないとだめ」であるとの河合（一九九八、80頁）の指摘にあるように、自然治癒力が発揮されるような治療としての箱庭は、クライエント―治療者の関係性が大きく影響するといえよう。

今回の箱庭制作では、制作者は自分を賭け箱庭を制作したにもかかわらず表現しきれなかったために、心身ともに憔悴しきった状態を抱えることになった。通常のカウンセリングであれば、箱庭に表現しきれなかったとしても治療者との間で表現しきれなかったことについて話し合うことができる。しかし、今回は研究という枠組みの中での箱庭制作であったため、Ｋセラピストとの間で表現しきれなかったことについて話し合いを行うことはできなかった。おさまりきれなかったものを治療者との間で言語化しコミュニケートしておくことがいかに重要であるか、今回の箱庭制作体験を通して強く実感された。

これらのことから、精神病圏のクライエントに箱庭が適用されないのは、治療者との間でコミュニケートできるか否かの問題との関連も考えられる。「分裂病患者は言語的説明が、健康者や神経症者よりも圧倒的に少ない（中井、一九八五、207頁）」ため、表現の中で十分におさまりがつかなかったとしても、それを治療者との間で言語化し、分かち合うことができない可能性がある。表現の中でおさまりがつかなかった場合、クライエントの中では意識されるか否かにかかわらず混乱が続いていると考えられるが、そのような混乱を抱え治療者にその混乱を伝えることもできずにセッションを終えた場合、病者の状態が悪化することは十分に考えられる。

以上のことから、完成できなくとも箱庭に表現したことに意味が生じるためには、それを理解し、受けとめてくれる治療者の存在が必須であるといえる。しかし、受けとめてもらえるとわかるためには、受けとめてもらえるかどうかをクライエントが感受する必要がある。

今回の箱庭制作体験において、制作者は無難な作品を作ろうと思っていたのではなく、自分自身を賭けて箱庭を置いたが、そのような思いを、面接者であるＫセラピストに受けとめてもらえるかどうかということを感受する制作者の構えができていない状態であったといえる。Ｋセラピストとの間には治療関係のような深い人間関係が成立しておらず、しかも置いた場が箱庭のセラピーの場ではなかったことは、今回の箱庭制作に影響を与えていると考えられる。しかし、それ以上に、制作者自身がＫセラピストに対して心を閉じた状態のまま箱庭制作に臨んでいるという構えが、箱庭制作の結果に多大なる影響を与えたと考えられる。

2. Ｌセラピストとのセッションの考察

２日前のセッションで完成できなかったことから「作らざるをえない」という気持ちに制作者は駆り立てられており、モチベーションの高い状態でＬセラピストとのセッションに臨んでいる。制作者との間に、長年の信頼関係が成立しているセラピストであるため、あらためてその存在云々を問い直すこともなく、迷わずに箱庭へと向かうことができたのであろう。２日前に作った箱庭を頭に思い浮かべることなく、よどみなく前回と同じ流れで作業が進んでいった。箱庭のプロセスを、頭ではなく身体が記憶していたと考えられる。この時、制作者には、Ｋセラピストとの間で表現したもの以外のものを作ろうという発想はまったく起こっていなかった。むしろ、Ｋセラピストとのセッションで表現したものが、作れなかった先を完成させたいという思いであった。それだけ、制作者の内界と深く関わっていたのではないかと考えられる。

箱庭制作開始直後から、制作者は自らの内界の動きを感じながら、箱庭制作に没頭していく。本セッションでも、前回のセッションと同様、砂の感触が自らの内界に開かれていくための導き手となった。制作者は、砂に触れることで「こもった熱が砂の中に開かれていき、砂と自分の境目がなく、砂が自分の身体の一部」になったような感覚を体験している。砂の感触が身体に響き、響いてきたものを砂に映し出すという相互作用というよりも、融合していくような感覚である。鷲田(一九九九)は、「『さわる』という行為が主体と客体との間にある隔たり(自―他、内―外、能動―受動という区別)を置いた関係として発生するのに対して、『ふれる』というのは、ふれるものとふれられるものとの相互浸透や交錯という契機を必ず含んでいる(176頁)」と述べている。ここでは、確かに砂と制作者はふれあい、「相互浸透」し「交錯」しており、砂との「一体感」を感じていたといえる。このように、ただひたすら砂の感触に自分を委ね、心の流れに沿うことによって制作は進んでいった。

前回のKセラピストとのセッションで、制作が止まってしまった地点に来た時も、取り立てて特別な感情が生じることなく、ただひたすら内界の動きに集中し続けていた。前回と同じ流れで箱庭を制作しようと意図して制作しているのではなく、砂を触り始めた瞬間から前回のセッションと同じような心の流れが生じていたと考えられる。箱庭に向かう直前まで感じていた居心地の悪さやしんどさ、身体のだるさや熱などは、まったく意識されなかった。ただそこには、砂と自分の内界との対話だけが繰り返される世界があった。この時、制作者の心は、砂によって現れてくる世界が自分自身に「ぴったりくるか」ということだけに向けられていた。その結果、現在の自分に「ぴったり」きた表現を見いだすことができ、非常に満足した状態で箱庭制作を終えている。東山(一九九四)は「ぴったり」感についてジェンドリンのフェルトセンスを用い、「フェルトセンスとは、自分の感情にぴったりした身体感覚であり、それを表現できるぴったりした言葉である(5頁)」と述べ、ぴったりした自己イメージは「自分の本質にぴったりしていることである（5頁）」とし、ぴったり感が自分の本質と深く関わっていることを指摘している。制作者は、今回の箱庭制作において「ぴったり感」を探ることによって、自分自身の本質に触れていくという内的作業を行ったといえるのではないだろうか。しかも今回の箱庭は、イメージを賦活させるミニチュアをいっさい用いない砂のみの箱庭である。砂のみの箱庭は、ミニチュアによって賦活されるイメージを意識で捉え、箱庭の中に視覚的に表現するのではなく、ただ砂との対話のプロセスを身体感覚によって体験することが中心となる。河合（二〇〇二）は、箱庭療法は視覚的なイメージよりも「むしろ身体感覚とか、体験みたいなほうにより本質があると注目されつつあるのでは（29頁）」という藤原（二〇〇二）の言葉を受け、「大切なのは、その人の箱庭体験の全体（29頁）」であると述べている。今回の箱庭制作において制作者は、自分の心の流れを映し出す砂のみの箱庭の世界を、身体感覚を総動員して体験することができ、その体験過程で自分自身の本質に触れることができたのではないかと考えられる。

これらの体験が起こる基礎には、制作者と面接者との人間関係が不可欠である。「治療関係が成立し、箱庭というコミュニケーションの手段が十分に効果を発揮するようになるにしたがって、砂箱の内側の空間は徐々に象徴性を持つようになり、箱庭はクライエントの内界を十分に表現することが可能となる（仁里、二〇〇二、67頁）」のである。河合（二〇〇二）は、単なる箱の内側の空間が象徴性をもつようになるためには、「クライエントはもちろんのこと、セラピストもその砂箱に創出される空間に集中し、没入することが必要となってくる（67頁）」と、クライエントだけではなく治療者の態度も必要になってくることを指摘している。

では、この時Lセラピストはどのような態度でこの箱庭を見守っていたのか。「セラピストもその砂箱に創出される世界に集中し、没入」していたのだろうか。そこで、制作後のLセラピストのインタビュー結果を検討する。

Lセラピストは、制作者が制作した「シンメトリー」「勾玉」「小高い丘」「高い山」という流れを〈アイルランドのような海食岸〉〈龍ヶ崎のような岬〉〈少しなだらかな小島〉〈火山〉と言うように、大地の変動としてイメージを広げている。それは、制作者自身の寄って立つ内的な基盤の変動のようである。

さらにLセラピストは、それぞれの地形に制作者が置く可能性のあるアイテムにまでイメージを広げている。例えば、海食岸に置ける家のイメージをいくつかあげ、そこに住むであろう者にまでイメージを広げている。このことから、Lセラピストは、制作者の表現を受けてイメージを広げていくという対自的コミュニケーションを行っていたことがわかる（30頁、図2―2参照）。これらの連想は、Lセラピストの直観から生じてくるものであるが、その基礎には制作者の教育カウンセリングを長年行い、制作者の内的課題を熟知していることから広げられる連想である可能性もあろう。しかし、Lセラピストの姿勢は、箱庭制作に立ち会う治療者が対自的コミュニケーションを進めるひとつの方法を示してくれている。

本セッションでは、箱庭制作をしていた制作者は自分自身の対自的コミュニケーションを、そしてLセラピストは制作者の箱庭を受けてセラピスト自身の対自的コミュニケーションを深めていたといえる（30頁、図2―2参照）。箱庭を制作している制作者には、Lセラピストがどのような思いで箱庭を見ているのかは想像できない。この時の制作者は、Lセラピストが「どのような思いで見ているか」と言うことさえも気にならない状況にあった。そういったことが気にならないほど、自らの内界に没入できる空間がそこに存在すると感じていたと思われる。つまりその場が、内界に没入できる、守られた空間であったといえるのではないだろうか。

制作者が没入して箱庭制作を行っている間、セラピストの役割として必要になってくることは、プロセスを理解しつつ見守ることである。ここで重要なのは「見守る」だけでなく「プロセスを理解しつつ」という点である。プロセスを理解するということは、大局が見えているということである。Lセラピストの視点は、制作者の一つの表現に対し、次なる表現の可能性の選択肢をいくつかイメージし、さらにそれぞれの選択肢から枝分かれしてさらなるいくつかの選択肢を準備している。つまり、ひとつの表現に対して、数手先にまでイメージが広がっていることがわかる。しかもそれは言葉による解釈ではなく、イメージによって連想を広げ、箱庭というイメージを用いる媒体に対して箱庭流のイメージで応答している。

箱庭療法の中では言葉が語られることは、言語が中心となるカウンセリングと比較すると圧倒的に少ない。箱庭療法においては、箱の中に表現されたものが制作者にとっての言語となる。「淋しい」と言葉で言うよりも、箱庭の中に1人の人がたたずんでいる方がその淋しさがそこはかとなく伝わってくるように、視覚的に発せられたメッセージは見る者に強いインパクトを与える。Lセラピストの場合は、それを「孤独」と解釈するのではなく、広大な砂の上にたたずんでいる人のそばに、どのようなものだったら寄り添えるのか、それとも遠くから見守る存在だったならば同じ箱庭の中に入れるのかといったように、箱庭作品から受けとったものをイメージしながら箱庭を見守っていくという在り方である。そして、セラピストの中に浮かんだイメージをフィードバックするチャンスが訪れた時には、非言語的あるいは言語的な応答によってクライエントにフィードバックされ、クライエントを通して箱庭作品に反映されることになろう。つまり、第2章図2—5（33頁参照）において検討したクライエント—治療者—箱庭の関係性が成立する。

Lセラピストの態度から、治療者が自らの対自的コミュニケーションを進めることで、クライエントも自らの内的世界へ沈潜していくことが可能となることが明らかになった。Lセラピストの姿勢は、箱庭制作を見守る一つの在り方を提示したといえよう。

3．作品と制作者の関係性——流れを逆に辿る体験を通して——

今回の箱庭制作の中で制作者は、作品を制作したプロセスとは逆に辿っていく作業を、偶然に両セッションの中で体験した。Kセラピストとのセッションでは、途中で制作を進めることができなくなり、制作してきたプロセスを逆に戻していくという体験である。Lセラピストとのセッションでは、写真撮影のために、完成した状態からはじめの状態にまで戻していくという作業を通じての体験である。通常の箱庭制作の中で、面接者が写真撮影のためにできあがった作品を逆に戻していくということはあっても、制作者自身がそういった作業をすることは皆無に等しい。そこで今回、偶然に得られた制作した作品を逆に戻していくという作業を検討することで、箱庭作品と制作者の関係について考察する。

まず、Kセラピストとのセッションの中で、制作者は途中で作り進めることができなくなった。それはまるで迷路のような洞窟に入りこみ手探りで進んできたものの、途中で進めなくなってしまったようなものである。そこで制作してきたプロセスを逆の順序でさかのぼり、自分なりにおさめられる地点まで戻ろうという思いにいたる。Kセラピストが言うように全部崩して「更地に戻す」という方法や、未完成の状態で終了するという方法もあっただろう。しかしそれは、制作者にとっては洞窟の外の世界に出られなくなることを意味していた。そこで、かろうじて取れる方法は、自分自身が箱庭の世界に入る時に残してきた目印を辿り直し、もと来た道を引き返すということであった。つまり制作プロセスを逆に辿っていく行動は、安全なところにまで自力で戻るための唯一の方法であったといえる。その結果、安全なところにまで戻れたものの、「作れなかった」「進めなかった」という自分の限界が強く印象づけられる結果となった。しかし、ここで制作者にとって何よりも重要であったことは、「おさめる」ことである。箱庭制作過程をなかったことにはできないとしても、おさめどころ、とりあえずは着地できるところを探すことが必要であったと考えられる。

箱庭を制作するということは、自己の内界を箱庭の中に広げ、再統合していくということである。再統合した結果として作品ができあがる。もっと言うならば、内界を再統合していくプロセスが箱庭の中で展開され、作品として残そうが、更地に戻そうがそこでひとつの「完成」を見る。今回のKセラピストとのセッションでは、自らの内界を箱庭の中に開いていくプロセスで、そこに注ぎ込んでいた心的エネルギーが流れる方向性を見失ってしまった状態にあったといえる。流れる方向性を見失ったエネルギーは、コントロールを失い破壊的に働く怖れがある。そこで自分自身がコントロール可能な状態にまでエネルギーを押し戻し、おさめたと思われる。しかし、これは無理矢理に流れを押し戻し、せき止めた状態にしたようなものである。そのため、エネルギーが身体に停滞することになったのではないだろうか。制作者はこのセッションの後、治りかけていた風邪が再発し、高熱が続くという身体症状を呈した。これは、出口を失ったエネルギーが身体に蓄熱されたためではないかと考えられる。

では、Lセラピストとのセッションの中で作り、完成したものを初めの状態にまで戻すという体験はいかなるものであっただろうか。Lセラピストとのセッションでは、制作者は自分の内的ぴったり感を表現できたことで、非常に満足した状態で終えることができている。それまでの感じていた身体のしんどさや心のスッキリしなさが、非常にクリアな状態になっていたのである。そのクリアな状態から、研究という目的のために写真を撮らねばと思い、何も考えずに完成したものを遡っていくという作業を始めた。火山、表面を整えた山、島、順番に制作するうちに、身体の中に奇妙な感じが起こってきた。熱がこもるように、再び体温が上昇していくのが自分でも感じられた。

全部を片付け終えた後、Lセラピストが、〈逆に作っていくのはどうですか？〉との質問を制作者に投げ掛けた。制作者は思わず「遡っていく感じ、気持ち悪いです。血が逆流するような……」と答え、それがビデオに記録されている。

もしこの時、完成した作品から逆に戻していくのではなく、もう一度更地に戻して、初めから順番に作っていったならば、箱庭制作過程を再体験することであるから、むしろその自分の内的プロセスを客観的に見つめなおすという作業につながったかもしれない。しかし、逆戻しするということは再体験することとは違う。逆戻しするということは、一度表現したものを再度押さえ込む、つまり抑圧していくことにもつながる。無意識下にあったものを表現し、自我の中に統合していくことが箱庭の治療的な効用であるとするならば、完成した時点で制作者の内的作業は終了している。つまり、箱庭に作品として表現されたものは、制作過程で変容のプロセスを辿ってきた「過去の私」である。そして、その作品を見ているのは「現在の私」である。「現在の私」が再び「過去となった私」を自分の中に取り込んでいく。進んできたステップを、1つずつ段階を踏んで後戻りするため、「現在の私」に「過去の私」が少しずつ浸透し、確実に「現在の私」の領域を侵していく。脱皮した蝉が、無理矢理もとの殻の中に押し込められるようなものである。或いは、一度吐き出したものを再び自分の中にのみ込んでいくような気持ち悪さがある。

これらのことから、表現されたものは制作者にとっては「過去」であることがわかる。過去は決してなくなりはしない。過去は自分の中に、何らかの意味あるものとして残っているものである。「現在の私」であるからこそ、過去を過去として自分の中に意味付けられるということが大事なのである。

今回の箱庭制作で、おさめるために流れを押し留めることと、流れを押し戻して過去の抜け殻の中に入れ込まれることの違いが体験された。前者からは、押し留められたエネルギーをうまく放電し、破壊的に働かないように配慮する必要があることが見いだされた。後者からは、表現された作品は、あくまでも制作者にとって「過去」の私であり、その「過去」の私をどのように「現在の私」にどう意味付けていくかが必要であることが見いだされた。

5 おわりに

今回の箱庭制作過程での体験は、あくまでも制作者の主観によるものである。また、箱庭を制作する順番が逆であったならばどのような展開になっていたのかは、一期一会の制作であったため明らかにすることはできなかった。しかし、本研究を通じて、箱庭制作過程には、制作者と面接者の関係性を制作者がどう捉えているかが大きく影響することの一端を、制作者の内観を通じて明らかにすることができたのではないだろうか。

さらに本研究を通して、箱庭制作過程において制作者と面接者との関係性が問題となる場面のひとつに、制作者の対自的コミュニケーションが滞った場合があるのではないかと考えられた。河合（一九八四）は中村との対談の中で、治療者というのは、「〝水路付ける〟役割をしている（99頁）」と述べている。水路づける＝キャナライゼーションというのは、「どこかの方向に引っ張っていくというんじゃなくて、本人が出したいと思っているものを阻んでいる障害物を取り除いてやると言うこと（中村、一九八四、99頁）」から、阻んでいる障害物にクライエントが出会ったときに、治療者がどのようにコミュニケートするのかがポイントとなる。河合は「単にボーッとしているんじゃなくて、非常に自由に振舞っていて、しかもそれでキャナライゼーションということは起こる（99頁）」と述べているが、「非常に自由に振舞っていて」というところに箱庭療法の治療者としての極意があるように思われる。治療者は何もしていないように見えるが、クライエントが障害物にぶつかった時に何らかのリアクションを起こしているはずである。それは言葉である場合もあろうが、さりげない動きであったり表情であったりする場合もあろう。乳児が何か困難にぶつかった時に即座に母親の反応を確かめ、その表情から何かをキャッチすることによって安心感が得られるようにである。壁にぶつかった自分を見てもらえている、その安心感がクライエントに伝えられるかは大きなことであろう。伝えられるには、治療者がクライエントを理解している必要がある。つまり、理解できるだけの関係性が必要になる。クライエントが治療者に出会った瞬間、直観的に「この人なら安心できる」と思うことも、治療者が出会ったばかりのクライエントをすぐに理解できることも余程の場合を除いては起こりえない。やはり、クライエントが理解されていると思うような治療者の言葉、表情、態度からのフィードバックの細やかな積み重ねによって、信頼関係は深まっていくのではないかと考えられる。

Lセラピストとのセッションに見られたように、滞りのない状態で箱庭制作が進んでいく場合、治療者の役割はどのようなものであろうか。その場合、治療者は傍目からは「何もしていない」ように見えるが、果たして「何もしていない」のか。その点については、第9章の総合的考察で触れる。

第8章

箱庭療法におけるクライエント—治療者の内的交流

1 問題と目的

箱庭療法において、これまでに様々な基礎的研究や臨床事例研究が行われてきた。その中で明らかになった箱庭研究の課題に、できあがった作品そのものだけではなく箱庭制作過程においてクライエントの内界で生じていることを解明すること、さらにはクライエント—治療者関係の中で生じている内的な交流を解明するということがある。これらの課題を検証する際の問題点として、次の3点が考えられる。

1点目は、実際の治療の中でクライエントに箱庭制作における内的プロセスを表現してもらうことは、治療を妨げる要因ともなりうるため困難であるということである。2点目は、箱庭療法においてはクライエントと治療者の関係性が重要であるため、一期一会の関係性の中での箱庭制作では両者の間に生じている内的交流を解明することは困難であるということである。３点目は、箱庭療法は、治療者の箱庭に対する理解の深さとともに、治療者の「器の大きさ（河合、一九八四、18頁）」が大きく作用するということである。

以上の問題点を解決しつつ検証を行うには、①箱庭制作における内的プロセスを制作者に表現してもらうこと、②制作者―面接者間に治療関係に近い信頼関係があること、③面接者が箱庭に深く精通していること、という３つの条件をクリアした上で研究を行う必要があると考えられる。

本章では、右記の３つの条件を満たすとして、筆者自身が体験した教育カウンセリングでのクライエント―治療者という関係性の中で制作された箱庭を検討する。

通常、心理療法に携わる者は、その訓練の過程で教育カウンセリング、あるいは教育分析を受けることが必要とされている。東山紘（一九九二）は「教育カウンセリングは、治療的カウンセリングと比べて、クライエントがいわゆるクライエントではない。クライエントは自分がカウンセラーとなったときのためにクライエントを体験するのである（234頁）」と述べ、教育カウンセリングの目的を次の２点に絞った。第１の目的は「クライエントがカウンセリングにおいてどのような気持ちに実際なるのかを体験する（234頁）」、そして第２の目的は「自分の中にある感情に気づき、自分の感情とクライエントの感情を区別する（234頁）」ということにある。とはいえ、教育カウンセリングの中では、面接を受ける不安や動揺を体験するだけではなく、自分の内面の無意識的な葛藤や性格傾向や人格的問題と向き合うことになる。まさに「クライエント体験」が起こっているといえる。この「クライエント体験」の中での筆者の内的世界を検討することによって、箱庭制作過程でクライエントがどのように体験をしているのかに迫れるのではないかと考えられる。

本章では、まず箱庭制作における内的プロセスを示すことによって、箱庭制作過程でクライエントがどのように自らの内界と対自的コミュニケーションをとっているのかを検証していく。さらに、クライエントと治療者の関係性が箱庭制作にどのような影響を及ぼすのかについて明らかにしていく。そのために箱庭制作後、治療者に「応答の箱庭」を作ってもらい、その応答がクライエントにどのように影響を与えるのかを、できるかぎり客観的に時系列を追って検証する。その結果を踏まえ、箱庭制作におけるクライエントの内的表現と、クライエント—治療者の関係性の相互作用を明らかにしたい。

なお、本章で分析する箱庭セッションは、クライエントと治療者との間で教育カウンセリングの契約を交わし、その枠組みの中で行われたものである。クライエントは、教育カウンセリングの過程の中で、箱庭療法を体得するために箱庭療法面接を希望した。そのため、箱庭を制作した際には、研究目的で置くという発想はまったくなく、あくまでも自分自身の内的課題を主訴として箱庭療法面接を受けている。

2 方法

〔1〕クライエント…筆者

〔2〕治療者…Lセラピスト

筆者は、本セラピストに5年間のグループスーパーヴァイズを受けた後、約10年間にわたり教育カウンセリングを受けている。

〔3〕箱庭療法の枠組み

クライエントは、Lセラピストによる教育カウンセリングの過程で、箱庭療法を希望し、X年4月からX＋1

年10月までの間に、計30回の箱庭を制作した。箱庭を希望したのは、自分自身の内的世界への理解を深めるとともに、自らが治療者として箱庭に立ち会うためには箱庭を体験する必要があると考えたためである。治療者としての訓練としての目的もあったので、毎回のセッションはビデオ録画され、自分自身の内省記録をとるように心掛けた。また、Lセラピストがどのような視点で箱庭を見ているのかを教授してもらうため、「応答の箱庭」を制作してもらった。

〔4〕手続き…クライエントが箱庭を制作後、Lセラピストに応答の箱庭を作成してもらう。

〔5〕セッションの枠組み…制作過程およびLセラピストの応答の箱庭制作は、面接室の片隅で三脚に固定したビデオカメラで撮影し、記録した。時間は箱庭制作、制作後の討議を含め、1時間である。

〔6〕本研究で分析するセッションは、1年6ヶ月の間に計30回行われた箱庭療法の中の1セッションである。1年6ヶ月の間の前半の4ヶ月は、面接日に毎回箱庭を置き(週1回のペース)、計14回箱庭のセッションが続いた。その後長期の休みをはさみ、箱庭を制作したいという気持ちがクライエントに生じた時に、箱庭を希望するという形へと移行した。

今回取り上げるのは、第8回のセッションである。第8回を取り上げたのは、クライエント、治療者がともに第1回目の転機の箱庭であると考えたためである。今後の課題として、全セッションの分析を行う必要があるが、今回は内的交流を細やかに分析するために1回のセッションのみを取り上げる。

3 箱庭セッションのプロセス

1．箱庭制作のプロセス

（内省記録のため以下、語り手は「私」と表現する。文中の「　」はクライエント、〈　〉はLセラピストの言葉とする）

私は、箱庭の前に立ち、その向こうに広がる玩具棚を見渡す。Lセラピストは私の斜め左後ろに立っており、完全に私の視界の中に入るわけでもないが、確実にそこに居るという存在感をかもしだしている。心の中のイメージに集中しようとするが、Lセラピストは立ちっぱなしで疲れはしないだろうかということが頭の中をよぎる。砂にそっと触れる。ひんやりとして心地いい。先ほどまで浮かんでいた雑念は、手を通して砂に吸収されていくかのように消えていく。何を作ろう……そう思いながら砂をならしていく。手を入れた瞬間はひんやりと感じた砂は、ならしていくうちに、自分の体温と同化していくかのように暖かくなっていく。滑らかな手触り……。その感触に次第に没頭し始める。指の間をするするとすり抜ける砂。指の間からすり抜ける感触が心地良くて、指先を使って、箱の左から右方向へ、波打つような筋を幾重にも描いていく。砂漠の風紋だろうか？　いや、ここは海のような気がしてくる。一定のリズムを刻んで、波が箱全体に広がっていく。自分の中の心の波を、箱庭の砂に映し出すかのように、ただひたすら、何度も何度も箱の上を往復する。いつのまにか自分の身体全体が、砂の流れと一体になり、その波の中に溶け込んでいくような錯覚が起こってくる。

何か音がする……ふと、一定のリズムを刻むかすかな音がどこからともなく聞こえてきていることに気付く。私のその気持ちが伝わったかのように、Ｌセラピストが〈何の音だろう?〉と話しかけるでもなく呟く。蛍光灯の音だろうかと思い、音のするほうに目を向ける。しかし、音は窓際から聞こえてきており、そこには蛍光灯はない。「窓が震えている」と私は思わず声に出す。このカウンセリングルームは高速道路の下にあり、車が通る道路の振動で微かに窓ガラスが震えているのだ。何度となくこの部屋を訪れたことがあるが、このような音を聞いたことはなかった。私の心の中の波が、箱庭の中に映し出され、さらには部屋全体に広がっていったような心持ちになる。まるで部屋全体が箱庭となり、自分自身も箱庭の中のアイテムの1つになったような感じが起こってくる。Ｌセラピストも音に気付いてくれたことによって、「今、ここ」での時空を共にしてくれていることが感じられ、安心して自分の心の内と向かい合う。

私はここ最近、自分の中で何かが「終わってしまった……」という喪失感に襲われていた。その喪失感は現実で何かが起こったから生じたというような説明可能の喪失感ではなく、つかみどころのない漠とした〝思い〟が内界からわき上がり、心を支配しているといったような感じであった。その思いは静かに淡々と心の奥深くを微かに揺らし続けており、わけもなく涙がこみ上げてくるといったことが数日前から続いていた。そういった状態にあったためか、この時私には、自分自身の内界の揺れ、箱庭に現れた波、部屋全体の微かな振動の波動が一致したように感じられた(写真8—1参照)。

今日の日を迎えるまでに、私の中には何を置くのかというイメージがわいていた。しかし、それを何度もシミュレーションしていくうちに、果たしてそれが自分にとってぴったりくるイメージなのかどうかわからなくなっていた。初めに浮かんできたイメージをそのまま作ってみよう。そう決心すると、棚の上のマリア像を手にとり、波立つ箱の中央に置いてみた。「やっぱり……」心の中で呟く。ぴったりこないのである。実際に置いてみると、

写真 8-1

写真 8-2

シミュレーション時よりも数十倍の違和感が自分に迫って来て、心地悪い。さらに、シミュレーションの中では、マリア像を横たえ、砂に埋もれさせてみるとぴったりきたので、そのように実際の箱庭の中に置いてみる（写真8―2参照）。「忘れ去られた祈り。いく年もの時を経て、次第にそれは風化していった……」そのようなイメージがわき起こってくる。私は祈れなくなってしまったのだろうか。私が祈りたかったのはどんなことなのだろう。横たえたマリア像の上に砂をかけていく。砂が忘れ去られた年月の長さを表しているようだ。自分がシミュレーションしてきたものが、実際に箱庭の中に再現され、目の前に生々しく迫ってくる。イメージの中ではそれがぴったりくるはずだった。しかし、実際にできたものを目の前にしてみると、イメージした時のぴったり感が自分の中に起こってこない。「ダメです」思わずため息混じりの言葉が漏れる。マリア像を取り出し、棚に静かに戻す。何か違う、もっと違う物を置けば、ぴったりくるのだろうか。わずかにあせりが生じてくる。何か、何か……。目にとまった石化した珊瑚を、先ほどマリア像を置いたところと同じところに置いてみる（写真8―3参照）。

そして、箱庭全体が見渡せる位置までさがり、眺めてみる。それは私の心を強くひきつけるものであったが、広い海の波間にポツリと浮ぶその白い珊瑚の姿を見ていると、胸の奥の方に微かな痛みが走る。違ってはいないのだけれど、やはり今の私の心とはぴったり来ない。これを置いて「完成」とは言えないのである。何とかしたいという思いで珊瑚を波間に移動させ、ぴったりくる位置を探そうと試みる。しかし、どこにおいても「完成」できない。「やっぱりダメです」と、珊瑚を取り出し棚に置くと、〈そうだろうね〉とLセラピストの答えが返ってくる。当然のように発せられたLセラピストの言葉に、「先生にはわかっておられるということですか?」と尋ね返す。すると〈いや、マリア像と珊瑚は違う心の層からのものだから〉という答えが返って来た。その短い言葉の中に、Lセラピストにはよみ(理解)があるのだとわかる。〈違う心の層〉というLセラピストの言葉は、私の心に何かを投げかけたけれど、触れている砂が再び私を箱庭の世界へと引き戻す。思考力が止まってしまったかのように、頭で考えられない。砂を触りながら、もう一度自分の心と身体に注意を向ける。何が置けるか……棚を見ながら自分に問いかける。どんなアイテムなら、今のこの箱庭に置ける? 心がざわつく。心のうねりが砂の中に現れていくかのように、砂は形を変え、激しく波立つ。ふと手元を見ると、先程までの横波ではなく、大きなうねりをもった波を創りあげていた。うねりをもった高波

写真 8-3

写真 8-4

を見たときに、自分の中でホッとする気持ちがわいてきた。次第にこころが平静を取り戻す。初めと同じ横波に、砂を戻していく。〝ああ、これでいい〟私の心と箱庭に表現された世界が一致した（写真8―4参照）。「完成です」と静かに私は言った。〈ああ。波が最初の波よりずいぶんと穏やかになったね〉と、Lセラピストの声が背後から聞こえる。その言葉にあらためて箱庭に目を向けると、最初の波の形とは違い、穏やかで緩やかな波となっていることに気付く。そして、Lセラピストのこの言葉によって、作れなかったのではなく、これが今の私にとっての作品なのだと確信することができた。

2. Lセラピストの応答の箱庭

Lセラピストに、どのような理解をしつつ箱庭を見ていたのか、先程の箱庭への応答の箱庭を作成してもらう。その箱庭を見て、クライエントである筆者にどのような気持ちが起こってきたのかを、以下に記す。

写真8―2を再現する。Lセラピストは〈マリア像だけだと置けないと言っていたけれど、あなたの使った珊瑚と一緒だと置けますか？〉と、マリア像の横に写真8―3で使った珊瑚を置く（写真8―5参照）。違和感なく、自分の心にぴったりくる。ああ、そうだ、これなら置ける。理由はわからないが、心にストンと落ちる。次にLセラピストは、珊瑚の位置を微妙にずらし、マリア像の膝元に珊瑚を移動させる（写真8―6参照）。落ち着いていた気持ちがざわつき始める。さらに、珊瑚がマリア像の顔の横に置かれると、胸の鼓動が激しくなり、つらい気持ちが起こってくる（写真8―7参照）。

しかし、顔の横に珊瑚が置かれた位置が今までの中で一番ぴったり来るのである。同じアイテムなのに、置く位置によって受けるインパクトがまったく違うことをあらためて感じる。この時、Lセラピストは3段階にわたって珊瑚の位置を移動させたが、もし初めからマリア像の顔の横の位置（写真8—7参照）に置かれたならば、自分の中で拒否感が起こってきたに違いない。それも計算されてのことなのだろう。

さらにLセラピストは、頬杖をついている女性をおもむろに棚から取り、箱庭の中に入れ込んだ（写真8—8・8—9参照）。クライエントには、この時、一瞬息が止まるかと思うほどの衝撃が走る。「えっ、それを置くのですか？」思わず声に出してしまう。先ほど、マリア像と珊瑚の位置関係の中で、最も気持ちが揺れたマリア像の顔の横に珊瑚が配置された様子（写真8—7参照）を、女性が少し離れたところから見ている……という配置である。

それが視覚的に入ってきた時に、私は金縛りにあったように息を呑む。逃げられないというような思いがわき上がってくる。その衝撃がLセラピストに伝わったのか、Lセラピストはそれら三者の距離を広げていく。マリ

写真 8-5

写真 8-6

写真 8-7

写真 8-8

ア像、珊瑚、女性がほぼ等距離の三角形をなす（写真8―10・8―11参照）。先ほどの衝撃は和らぎ、心地よくはないが、落ち着いて目を向けることができた。

この間、Lセラピストによる言語的な表現は初めの問いかけだけだったが、Lセラピストの作った応答の箱庭を見て、自分自身が課題とするべきもの、現時点での受け入れの限界が言語レベルではなく箱庭レベルで明確となったように感じた。

言語的な表現がいっさいないイメージのみの交流の中で心が揺れ、意識レベルではない箱庭レベルでの理解というものをこのセッションを通して体感できた。

写真 8-9

写真 8-10

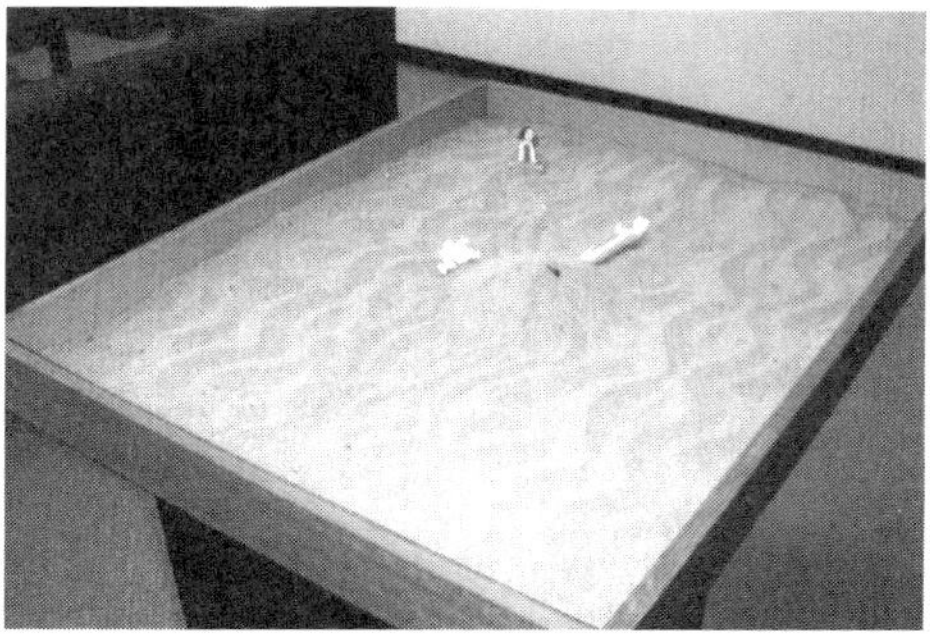
写真 8-11

4 考察

本章の目的は、クライエントのコンプレックスを明らかにすることではなく、箱庭制作の過程においてクライエントの内界で生じていることをセラピストがどのような思いで箱庭を見守っているのか、さらにクライエントにセラピストの理解がどのように影響するのかを明らかにすることである。その点を留意した上で、以下に考察していく。

1．箱庭における内的交流——対話を中心に——

軽い緊張感を抱えた状態から本セッションがスタートした。クライエントはまず、棚を見渡し、自分の内界のイメージにぴったり来るものを探そうと試みるが、内界のイメージを捉えられるほど心が定まってはいなかった。Lセラピストの存在が気になり、あらゆる雑念が浮かんだことは、内界に没入することを防衛する動きととれる。そこでクライエントは、まずは砂を触ることによって、内界のイメージに集中しようと試みる。

砂は、適度な心理的退行を引き起こすものとされているように、触れていると非常にプリミティブな感覚が呼び起こされてくる。その感覚は、雲をつかむようなことではなく、そこに確かに存在する現実の感覚である。手触り、そしてそのものの温度。自分とは異質であった素材である砂に自己を関与させることによって、砂が自己の一部となり、さらには自己を包み込むものへと変容していく。砂が器として作用するのである。この砂の守りによって、クライエントの内界に向かうことへの防衛である雑念は消失する。

内界に向かい始めると、「音」が聞こえ始める。クライエントは砂を触りながら心の揺れを感じていた時に、まるでそのことと呼応するかのように「音」が聞こえてきたのである。この「音」は、ある意味共時的ともとれる現象である。「音」という外的世界の出来事が「心の揺れ」という内的イメージを反映する隠喩として現れていたといえないだろうか。

クライエントはこの「音」に気付きながらも、違和感なく捉えていた。それほどクライエントは内界の揺れを砂の上に映し出す作業に没頭しており、また、クライエントには心の揺れと砂の波と「音」が違和感なく一致しており、内界と外界が明確に分離していなかったようである。Lセラピストの「音」への応答によって、「音」が現実に存在するものであることをあらためて認識したのである。クライエントは、Lセラピストの応答によって「音」が外的世界のものであることを明確に認識したと同時に、現実と内界が呼応したかのような共時的な空間をセラピストが共有してくれていることに安心感を覚えることができたのだ。

ユングによれば、共時的現象が起こるのは「類心的レベル」領域との接触が必要であるという。類心的レベルとは、心と物、心と身体が分化されていない状態のこと（定方、二〇〇四、1097頁）である。ユングの論に従えば、クライエントはこの時、心と物質、身体と心が分化していない内界に深く入っていたということになる。「類心的レベル」の領域と接触するような心的状態にあったかを証明することはできないが、この箱庭を制作したときのクライエントは、「漠とした〝思い〟が内界からわき上がり、心を支配」した状態にあり、「わけもなく涙がこみ上げてくる」といったような意識水準の低下がみられたことは事実であった。箱庭を制作していた時のクライエントは、聞こえてきた「音」が現実なのか、それとも空耳（幻聴）なのかというようなことを考えさえもしない状態にいた。面接室全体が混沌とした危険性を伴った状態であったともいえる。混沌とした自己の内界と向き合うためには、現実に戻っていけるという安心感が必要である。

今回の事例ではＬセラピストがこのタイミングで「音」で応答したことは、クライエントにとって、現実との接点をもちながらも内界を共に見据えてくれる〝人〟がいると存在を確信させることにつながった。クライエントは現実と内界をつないでくれる案内人の存在を確認することによって、安心して自分自身の内界へと降りていく準備が整ったともいえる。

Ｌセラピストが行ったような、内界と外界とを呼応させるような治療者の応答は、クライエントが自らの進度（深度）を決定する機会を与える。その応答を受け取ったクライエントが、外界の出来事を現実のこととして一蹴するのか、外界の出来事を内界の鏡として捉え向き合っていくのかによってカウンセリングの進度（深度）は異なってくる。そして、それによって治療者はクライエントのどのレベルの心の層に寄り添っていくのかという「立ち位置」も決まるであろう。

このように治療者はクライエントに必要以上の危険が及ばないよう、細やかな現実吟味を入れつつ、クライエントの「内的表現」へ自然に寄り添うことが重要であると考えられる。河合（一九九二）は、創造過程において、治療者とクライエントの両者も含めた全体を客観化して見るような「目」の必要性について論じている。しかもその「目」の在り方は微妙で「強すぎると過程を壊すようなことになるが、この『目』が弱すぎる時は、危険を防止することができない（198頁）」と述べている。さらに「『創造過程』などと言うと聴こえはいいが、それは危険に満ちており、ありていに言えば『狂』の世界に限りなく接近し、あるいはそこに落ち込んでしまう可能性を持っている（198頁）」と指摘している。本セッションでは、共時的と捉えられるような現象が生じているが、このような現象が起こるのはクライエントも治療者も内界に開かれた状態にある時である。内界に開かれているということは、現実との距離が遠くなっており、非常に危険な状態であるといえる。そこでＬセラピストは、内界と外界を呼応させるような応答を入れ、全体を見る「目」によって「場」の守りを強化したのではないかと考えられる。これらの守りによって、クライエントは、自分の内界へ一段深く下降することが可能になった。

クライエントはまず初めに、前もってシミュレーションした際に浮かんだ最初のイメージのマリア像を波間の中央に立たせて置いてみる。イメージの中でぴったりこなかったものをあえて置いたのは、実際に置いた時にもシミュレーションの中で置いた時に感じた違和感が生じるのかを確認したかったからである。そしてそれは、実際に置いてみてもシミュレーションした通りぴったりこなかった。次に置いたのは、シミュレーションの中ではぴったりきたはずの横たわり砂に埋もれたマリア像のイメージ（写真8—2参照）である。そのイメージを表現したことによって、クライエントの中に「忘れ去られた祈り」というイメージがわき起こってくる。これは、シミュレーション時にはまったく意識されなかったイメージである。このイメージをきっかけにクライエントの内界との対話が始まっていった。

ここでは、図2—5（33頁参照）で示したクライエント—治療者—箱庭の中のア⇕イの対話、つまりクライエントが表現した作品がクライエント自身にフィードバックされることによって、自己の「内的表現」との対話が促進されていることが見て取れる。言語による心理療法においては、自分の発した言葉によって自己の内界での対話が促進されることもあろうが、そこに治療者の応答が常に入り込んでくるため、クライエントの純粋な内観とはその様相が異なる。この点、箱庭療法では、「全てを安全に遂行する容器として存在しうるもの、またクライエントにとって手ごたえのある存在者でありうるもの、さらに表現された事柄の意味をクライエントとの言語的なやり取りで知らされるだけでなく、クライエントとの一体性を生かして同時的、非言語的に関知するもの（安島、二〇〇四、2頁）」、という器としての治療者の守りの中で、「制作者の内側にある何かが制作者の外にあるものと出会（安島、二〇〇四、2頁）」うことによって箱庭を制作していく。そしてクライエントは、自らが箱庭に表現したものを手がかりに、対自的コミュニケーションを進めていくのである。

クライエントは、このように自己の内界との対話を進めていく中で、シミュレーション時にぴったりしたはずのものが、表現してみるとぴったりこないことに気付く。ここでもし、箱庭を「作る」ということにクライエントの意識が向いていたならば、これで「完成」とできたかもしれない。この時のクライエントの意識は自己の内界に向いており、自己の内界と「ぴったり」した表現を模索していたため、「ぴったり感」のない状態では終えられなかったと考えられる。「ぴったり感」は、「自らの存在の本質に関わる体験（後藤、二〇〇四、25頁）」である。これらのことから、本セッションにおける表現は、クライエントの存在の本質に関わるような体験の場となっていたと推察される。

クライエントが自分の内界との対話を続け、「ぴったり感」を探ることに没頭していた間、Lセラピストはその様子をただ静かに見守っていた。次にLセラピストが声を発したのは、クライエントがマリア像や珊瑚を波間に置きかえ、「ぴったり感」を模索し続けた結果、見つけられずに発した「やっぱりダメです」との言葉を受けてである。Lセラピストはこの時〈そうだろうね〉と応答した。これは〈それではダメですか?〉という疑問形でもなく、〈そうですか〉という受け入れでもなく、当然そうであろうというLセラピストの確信がこもった応答である。さらにLセラピストは、箱庭全体の流れが理解できていることを明確にするように〈違う心の層のものだから〉と続ける。これらの応答は、この箱庭に表現されているクライエントの「内的表現」の全体像が見えているからこそ発せられる応答であろう。この応答によってクライエントは、Lセラピストは箱庭全体の流れがよめ、理解しているのだと感じた。

Lセラピストの治療者としてのこのような応答は、クライエントにとってすべて見透かされているような不安につながる場合もあろう。これが不安となるのか、安心へとつながるのかを分けるのは、治療者とクライエントの「関係性」に深く関わる。「見透かされている」とクライエントが感じるのは、治療者が侵襲的である場合である。侵襲的と感じさせる応答かどうかが治療者自身にわからなければ、治療者がクライエントを理解していることにはならない。つまり、侵襲的ではなく、全体が理解されているという安心感をクライエントがもてて初めて、面接場面が「自由であると同時に保護された1つのある空間（Kalff. D. M.、一九七二、10頁）」となり、クライエントが自分自身のこころの深みまで降りていくことが可能となるのではないだろうか。

先にも述べたように、クライエントがLセラピストの言葉を聞いた時に、自分では言語化できない意味がLセラピストにはわかっているのだと感じられた。少なくともクライエントには、それは侵襲ではなく安心感につながった。

ただし、今回の応答は、Lセラピストが熟練の治療者であったため可能であったと思われる。では、もし治療者にここまでの深い理解と技量がない場合はどうであろうか。

それは、共感性で補える部分が大きいと思われる。今回のクライエントの「やっぱりダメです」という言葉は、表現してみてもぴったりこない落胆から思わず口をついて出たものである。治療者側にどうしてこの表現ではダメなのかというよみがなかったとしても、表現してみたがダメだったという落胆の気持ちを理解してもらえたならば、行き場をなくした思いが支えられ、クライエントは自分を立て直すことができるのではなかろうか。

もしも「なぜダメなのか」というような疑問形のニュアンスの応答が発せられたならばどうであろうか。まず、落胆した気持ちは完全に行き場をなくし宙に浮いてしまうだろう。そして、表現できない「やっぱりダメ」な自分を再認識し、なぜダメなのかという思考に走ることで自己の内界から遠ざかってしまう。そして、治療者に自己の内界が理解されていないと感じ、箱庭制作がそこで止まってしまうのではないだろうか。疑問は否定ではない。しかし、疑問を発する治療者にその答えの予想がない場合は、クライエントにとっては否定（治療者に理解されない＝否定）と感じられるだろう。

この時のクライエントにもう一段深く自己の内界と向き合う力があれば、〈違う心の層〉をさらに深めていくことができたかもしれない。しかし、ここでクライエントの意識は、砂によって再び箱庭の世界に引き戻されていき、心のざわつきを砂に投影する作業を始める。しかも今度は、「揺れ」ではなく「うねり」という激しい動きに変わる。クライエントのこころの「うねり」が箱庭に表現され、視覚的にクライエントへフィードバックされたことにより、クライエントは自分の内的状況を体感として理解した。ここでの体験は明確に説明できるものではないが、クライエントは、自分自身の内的状況を理解したことによって、平静を取り戻していく。ここでの体験は明確に説明できるものではないが、クライエントにとって弘中（二〇〇二）の言う「『！』とでもあらわすことのできる内的な気づきの体験（87頁）」であったといえる。箱庭は表現した作品よりも、表現したものをクライエントがどのように体験し、自らの中におさめることができるのかが重要である。ここでの体験をクライエントは明確に言語化することはできていないが、現在の自分の心のありようを視覚的に捉えることができたことによって、おさまりがつけられたと考えられる。

最後にＬセラピストが応答したのは、箱庭が「完成」した時である。Ｌセラピストは完成した箱庭を見て、初めの「波」とプロセスを経て最後に完成した「波」の変化を指摘した。クライエントは、Ｌセラピストに指摘されるまで、初めと終わりの「波」の変化にまったく気付いていなかった。もちろん、一連のプロセスを経る中で内的には大きく変化していたのだが、表現したものの変化にまで心が及ばなかったのである。しかし、自分でも気付けないほどのわずかな「波」の変化をＬセラピストが取り上げたことによって、この箱庭制作の一連のプロセスを、自分自身にとって意味のあるものとして肯定的に位置付けることができた。もしここで、Ｌセラピストの「波」についての応答がなされなかったならば、完成された作品は初めの箱庭とほとんど変わりがないため、クライエントはその制作プロセスを意味あるものとして受け取ることができなかったかもしれない。

ここに、できあがった箱庭作品を写真だけで見る時と、そのプロセス全体を視野に入れて見る時では、意味が異なってくるという違いが如実に現れている。つまり今回のセッションを写真だけで見ると、初めと終わりではさほど変化はない。しかし、そのプロセスを経たクライエントには大きな変化が生じているのである。

このことから、箱庭療法はその制作プロセスに目を向けることが重要だとわかる。つまり、治療者はクライエントの箱庭作品（結果）のみに目を向けるのではなく、内的な一連の制作過程を共有し、クライエントの内界のわずかな変化を細やかに察知し、自由な表現を援助することが求められる。そのためには、治療者とクライエントの深い「関係性」が大きな鍵を握ると考えられる。

以上検討してきたように、本セッションでＬセラピストから発せられたのは①「音」への言及、②〈そうだろうね〉という心の層が違うことへの指摘、③初めと終わりの波の変化の指摘の３ヶ所のみである。①の応答によって、クライエントに安心感がもたらされ、内界への下降が開始された。②の応答は、クライエントがもう一段下降して自分の内界と向かいあうかどうか一石を投じる応答であったと考えられる。クライエントは、現在の心の状態を確認することに留まり、ここではそれ以上の下降はできなかった。しかし、〈違う心の層〉というＬセラピストの応答は、マリア像と珊瑚というアイテムに象徴されている各々の層とクライエントはいずれ向きあう必要があることが布石として打たれたと考えられる。③の応答は、課題は解消されていないものの、少なくとも課題が認識できたことを確認するための応答であったのではないかと考えられる。これらのことから、箱庭療法では言葉が交わされることが少ない場合が多いが、通常の言語中心のカウンセリングと同様に細やかな応答が必要であり、それらの応答によってクライエントに治療者の理解が伝わるといえるのではないだろうか。

2. 関係性を深める治療者の理解

箱庭療法は、「その場に立ち会っている者の在り様によって、表現は変化し、その意味も異なってくる（河合、二〇〇三、17頁）」ものである。では、治療者のいかなる在り様が、クライエントにどのように作用するのであろうか。知的理解ではなく、Lセラピストの「応答の箱庭」で体感されたものを以下に述べ、治療者の理解と両者の関係性の重要性について考察する。

まず初めにLセラピストは、クライエントが箱庭の中で使用したミニチュアアイテム、マリア像と珊瑚の2つを同時に置いた（写真8―5参照）。この2つは、クライエントが別々に置いてみて各々ぴったりこなかったアイテムである。セッションの中でLセラピストはこの2つを〈違う心の層のもの〉と指摘していた。〈違う心の層のもの〉だとしても、この2つはクライエントの心の中のイメージが投影されたものであり、いずれも自分自身の心の一部である。制作過程で、これらをそれぞれ1つだけ置いた時には、なんともいえない寂寥感と、痛みが起こってきた。しかし、Lセラピストによってこれらが同時に入れ込まれると、まるで心が層をなすように、平板だったものが立体をなし、浮かびあがってきたように感じられた。

その後、Lセラピストは、両者の位置を三段階にわたって移動させていく（写真8―5、8―6、8―7参照）。そして両者の距離が縮まるにつれて、見ているクライエントの気持ちに変化が生じる。両者が近づくにつれ「胸の鼓動が激しくなり、つらい気持ちが起こって」きたのである。位相がずれると、心の層に影響を与えるといえる。このような反応が生じたことは、クライエント自身にとっては思いもよらぬことであった。ここでLセラピストは、クライエントの気持ちの動揺が一番少ない距離から、感情がわき起こって来る一番近い距離にまで移動させている。ミニチュアの移動によって身体感覚や感情に微妙な変化が生じた体験を通して、クライエントは「違う心の層」であるはずの2つのアイテムが、深く関与しあっているものであることを痛感した。

さらにLセラピストは、クライエントが箱庭の中ではまったく使用しなかったアイテムである女性を入れ込む（写真8—8参照）。竹久夢二の絵に出てくるような女性像はクライエントにとって思いもよらないアイテムであったため、狼狽を隠せず思わず声をあげてしまう。Lセラピストは、まずマリア像・珊瑚・女性の距離が一番近い状態（写真8—8参照）に置き、その後、クライエントが落ち着いて見ていられる距離にまで三者の位置を広げた（写真8—10参照）。

あえて衝撃の強い距離から置かれたことによってクライエントは、まだ自分にとっては遠いが、いつかは向かわねばならない内的な課題がそこにあるということを、自分自身の身体感覚と感情の揺れによってあらためて認識した。おそらくLセラピストの中には、入れ込んだアイテムに象徴されるようなものが、今後どのようにしてクライエントの内界に組み込まれていくのかという視点があったと思われる。つまり、これはクライエントの箱庭セッションの中の、自己実現の可能性のひとつの方向性を示しているといえる。Lセラピストが箱庭を見守る際、クライエントの表現の中に可能性を見いだす視点があることがここで示唆されている。

石原（二〇〇七）は、1つのミニチュアを選び、置くという箱庭制作の研究の中で、制作者が初めに置いたミニチュアの位置を変えることが、制作者にどのような体験をもたらすかについて報告している。石原はこの実験から、箱庭療法の治療者の姿勢として「現物の箱庭からクライエントの身体感覚の推測を経由してイメージ体験を推測していくような心の働かせ方が大切になってくるのではないだろうか（247頁）」との考察を導き出している。本セッションにおいて、Lセラピストが「応答の箱庭」の中でミニチュアの位置を移動させたことによって、クライエントには身体感覚を伴った快・不快レベルでの未分化な感情反応が生じている。このような反応がクライエントに生じたのは、石原が指摘するような、クライエントの「身体感覚の推測を経由」した「イメージ体験」を、治療者であるＬセラピストが理解できていることを実証しているのではないだろうか。先に述べたように、Ｌセラピストの「応答の箱庭」によるミニチュアの移動によって、クライエントには身体感覚を伴った快・不快レベルでの未分化な感情反応が体験されている。身体感覚は、きわめて無意識に近い感覚であると考えられ、クライエントはＬセラピストの「応答の箱庭」を見ることによって、自分自身の無意識を身体レベルで「了解」できたのではないだろうか。

今回の箱庭セッションのＬセラピストの「応答の箱庭」の中では、クライエントの内界の理解、今後のクライエントの自己実現のための可能性の2点が示された。通常の箱庭療法では、このように治療者が「応答の箱庭」を表現することはあまり例がなく、よほどタイミングが合わないかぎり言語による応答もない。しかし、今回の事例では、Ｌセラピストは常にクライエントの内界について心の中でイメージし、箱庭制作に関与しているということが明らかになった。先に述べたように、それは石原の指摘するような、クライエントの「身体感覚の推測を経由してイメージ体験を推測していくような心の働かせ方」も含まれていると考えられる。また、本セッションでのＬセラピストの「応答の箱庭」では、治療者がクライエントの箱庭を見ながら対自的コミュニケーションを行っていることが示されたといえる。

以上のことから、箱庭療法において治療者は、言語的な表現をいっさいせずとも、その内界はクライエントの箱庭を見ることで、常に活性化された状態にあることがわかる。つまり、治療者はクライエントの表現を受け取り治療者自身の内界での対自的コミュニケーションを進めていっているのである。そしてさらに、治療者の対自的コミュニケーションがクライエントに言語的、あるいは非言語的にコミュニケートされることにより、クライエントの対自的コミュニケーションがさらに促進され、それが箱庭制作へと反映されていく（33頁、図2―5参照）と推察された。

例えば、クライエントが箱庭の中にトンネルを置いたとする。その時治療者の中では、そのトンネルは入口なのか、出口なのか、両方向から行き来できるのか、出て行った先には何があるのかといったようなイメージを広げていく。もちろん、ここにはいくつかの治療者の予想がある。よみといわれるものである。このよみは理解なくしてはありえない。そしてこのよみ（理解）の幅は広ければ広いほど、クライエントも自由になれるのである。治療者はそれらのイメージの中を漂いながら、クライエントの次の表現を待つ。そして次にクライエントが表現したものを、治療者はクライエントからの答えとして受け取り、さらにイメージを広げていく。これらを繰り返すことによって、治療者はクライエントの箱庭の中に表現されたものへの理解を深めていくのである。先のトンネルの例の場合、治療者の中に「無意識に入っていく」というような紋切り型の解釈しか浮ばなければ、イメージが固定されてしまったことになる。治療者に浮かんだイメージが、クライエントの思いと一致している場合はいいが、もしもずれていたならば、ここでクライエントと治療者の間の内的な対話は止まってしまうと考えられる。

つまり、箱庭に立ち会っている治療者が、クライエントの置く箱庭のプロセスを見守りつつ、次になされる表現を幾通りもイメージし、理解を深め、己の内界を活性化していくことによって、非言語的な対話が促進されていくのだと考えられるのである。「治療者は何もしていないのだが、そこに表現される箱庭は、治療者とクライエントとの合作とさえ感じられる（17頁）」という河合（二〇〇三）の「合作」という指摘は、治療者とクライエントの関係性の上に初めて成り立つものである。つまり、箱庭を媒介とした両者の内的交流が深いレベルで行われて可能となるのだ。そして、箱庭療法は、両者の関係性をもとに、深い知識と理解をもった治療者が見守り、時に治療者の言語的・非言語的応答による援助を受けて成り立っている療法なのである。このように両者の関係性、治療者の技量が揃った時、河合の言う「治療者とクライエントの合作」としての箱庭療法が行われるのではないだろうか。

5 おわりに

一連の箱庭セッション終了の数ヶ月後に、筆者はLセラピストとともに写真を見ながらセッション全体を振り返る作業を行った。その際、筆者は不思議な感覚に出会った。それは、どの箱庭写真を見ても、体感として残っているセッション中のイメージと重ならないのである。セッション中に、迫力をもって目の前に広がった世界は、写真となったものの中には見いだせない。むしろ、自分のイメージの中でその時の箱庭制作の過程を再現する方が、身体性を伴った臨場感が起こってくるように思えたのである。

このことから、写真で見る箱庭作品はあくまでも治療者がクライエントの内的理解を深めるための素材であって、クライエントと治療者がその場で体感した臨場感はない場合もあるのではないかと考えられる。つまり、箱庭療法においては、治療者とクライエントの「今、ここ」でのイメージの共有が何よりも大切であり、クライエントにとってはそのプロセスで体感されたことにこそ意味があるといえる。

第9章 総合的考察
―クライエント―治療者―箱庭の「関係性」―

本研究では、クライエント―治療者―箱庭の「関係性」について、箱庭制作過程における制作者、面接者の各々の体験や臨床事例を用いて検討してきた。本章ではこれまでに得られた結果を踏まえ、箱庭療法の治療機序について考察を深め、今後の課題を提示する。

1 箱庭療法における砂への関与

1．対自的コミュニケーションの促進

箱庭療法はクライエントの内的イメージを重視するものである。箱庭療法の治療機序について東山は、「箱庭

が治癒力を持つのは、自分のイメージをぴったりした形で表現でき、それが自分に目の当たりにフィードバックされる点である(6頁)」と述べている。「ぴったり感」は、クライエントの内的な体験と外的な表現が一致することによってもたらされるものである。しかし、「ぴったり感」はクライエントの意識が無意識を「理解」したこととイコールとはならない。なぜならば、もしクライエントの意識が自身の無意識を理解できたとするならば、クライエントには箱庭表現について解釈することが可能になるが、多くの場合、「なぜこのような表現をしたのか」「なぜここに置いたらぴったりくるのか」ということは箱庭を制作しているクライエントには説明不能である場合が多いからである。クライエントにわかるのは「そこに置いたらぴったりくる」という体感である。つまり、箱庭療法における「ぴったり感」とは、クライエントの意識が無意識の感覚を「了解」した結果として生じる感覚であると考えられる。

通常の箱庭療法では「ぴったり感」を箱の枠の中に、砂と水、ミニチュアを用いて表現する。砂への関与の有無にかかわらず、既製のミニチュアを自分の「ぴったりした」感覚に合わせて置くことで、「ぴったり感」が視覚によって瞬時に捉えられ、意識に「了解」される。一方、本研究の砂と水のみの箱庭制作では、第5章の「教育カウンセリング箱庭」の制作者たちのインタビューから、制作者には視覚からの「ぴったり感」のフィードバックが生じるとともに、素材である砂と水の触覚からのフィードバックが生じていることが明らかとなった。また、砂と水のみの箱庭制作では、「ぴったり感」が瞬時に「了解」されるというよりも、制作者の内的体験と作品との「ぴったり感」が「模索」されていく過程が生じていたことが明らかになった。これらのことから、通常の箱庭療法における砂への関与は、視覚と触覚の両面からの「ぴったり感」を「模索」するプロセスにつながるのではないかと推察される。

ミニチュアを構成し、瞬時に「了解」される「ぴったり感」と、砂へ関与によって「模索」される「ぴったり感」の相違が明確に表れたのは第8章の教育カウンセリングの事例においてである。セッションの中でクライエントは、箱の中にマリア像や珊瑚のミニチュアを置くことによって、瞬時に「ぴったり感」のなさを感じ、表現できない状況に陥った。そこでクライエントは、砂に触れ、内界の動きを砂上に投影していく中でおさまりをつけるというプロセスを辿っている。ここでクライエントがおさまりをつけることが可能になったのは、砂に関与することによって内界の状態を「摸索」し、視覚と触覚の両面から「ぴったり感」を見いだせたからではないだろうか。つまり、砂との「ぴったり感」の「模索」を通じて、クライエントの意識が自分自身の無意識の在り方を「了解」できたのではないかと考えられる。

「模索」は瞬時に体感されるのとは異なり、「模索」するための「ゆとり」を必要とする。この「ゆとり」を作り出す素材として砂は最適な素材であると考えられる。第3章で検討したように、砂は可塑性とともに流動性という性質をあわせもつ。砂は制作者であるクライエントが関与すると自由に姿を変えるが、わずかな刺激を受けたり、ある一定の容量を超えたりすると、クライエントが関与した状態のままには形を留めないという特質がある。「土」という元の素材が同じである粘土の性質と比較するとその差は明確である。粘土は重さと粘性をもち、クライエントが関与したとおりに可塑的に変化し、その姿を留める。一方、砂は、クライエントが関与したままに変形し姿を変える可塑性をもつ一方で、積み上げて一定の容量を超えたり、わずかな刺激に触れたりするとクライエントの意志に沿わず流動的にその姿を変えるという特質がある。つまり、砂には、粘土ほどにはクライエントの関与したとおりに形を留めないという「あそび」があるといえる。『デイリーコンサイス国語辞典』（佐竹、一九九七）によると「あそび」には「遊ぶ」という従来使われる意味もあるが、「ぴったりとしないでゆとりがあること」という意味がある。イメージを広げていくためには、ゆとりある「あそび」を必要とする。つまり箱庭療法は、枠の中に砂を用いて「あそべる」空間があるといえる。この「あそび」が、「ぴったり感」を探るための「ゆとり」をクライエントに与えるのではないかと考えられる。

砂は、箱庭療法の第1の素材として初めから準備されているため、直接触れなくとも砂への関わりは自ずと生じる。そのため、箱庭療法ではミニチュアを置くことによって「ぴったり感」がクライエントに瞬時に「了解」されるとともに、砂に関与する、砂と「あそぶ」ことによって自分自身の内的感覚に「ぴったり感」の「模索」が促進されているといえる。「ぴったり感」を「摸索」するには、自分自身の内的感覚と、現実に現れてくる表現とが一致しているかを照合していく必要がある。ミニチュアを置き、瞬時にぴったり感の有無が「了解」される場合よりも、砂に関与することによってぴったり感が「摸索」されるプロセスを踏む場合の方が、意識と無意識の交流である対自的コミュニケーションが活性化されるといえるのではないだろうか。つまり、砂への関与は、対自的コミュニケーションを行うための「ゆとり」をクライエントに与えるのではないかと考えられる。

ここで検討したことを踏まえ、砂への関与度が高い砂の表現が前面に出る箱庭について次に検討する。

2．砂の表現が前面に出る箱庭

箱庭療法は、砂箱とミニチュアを用いて内的世界を表現する心理療法である。通常の箱庭療法では、クライエントは多くの玩具の中から心に留まったミニチュアを選び出し、砂の上に置き、作品を完成させていく。その場合、砂の上にミニチュアを用いて風景を作っていく作業が主となり、砂は、クライエントにとって箱庭制作の前提として存在している土台の役割になる場合が多い。本研究の中の、砂と水のみを使用した第5章の「教育カウンセリング箱庭」においても、制作者D、Eのインタビューから、通常の箱庭制作時には制作者にとって砂箱が「自明の前提（石原、二〇〇七、61頁）」として存在していることが明らかとなっている。

一方で、治療の流れの中でミニチュアが使用されない砂の表現が前面に出た箱庭が出現することがある(伊藤一九八八、横山一九八九、山中一九九九)。山中はこれを「個々の名称や形を持った玩具を用いる以前の、すなわちコトバ以前のchaosticな段階のイメージの表現なのであり、Kalff, D. M. の言うように、それは『カラダ』の表現でもありうるが、さらに『次元の変化』というか、中井が分裂病治療においていうbase changeに匹敵する、あるメッセージでもある(116頁)」と指摘している。本研究においても、第4章の臨床事例、第8章の教育カウンセリング事例とともに、治療の転回点において砂のみの箱庭表現が出現した。第4章の臨床事例についてはクライエントの主観的体験は語られていないが、治療全体の流れから転回点であったことが治療者の視点から考察された。一方、第8章の教育カウンセリングの事例では、クライエント、治療者ともに転回点であると判断したセッションについて検討された。クライエントの制作過程での内観が如実に示されている第8章の教育カウンセリングの事例を、ここで再度取り上げることによって、クライエントの主観的体験を手がかりに砂の表現が前面に出る箱庭制作について検討する。

第8章の教育カウンセリングにおいて、クライエントは「何かが終わってしまった」というある種の絶望感を抱いてセッションに臨んでいたことがクライエントの内観から明らかになっている。つまりこの時期、クライエントは何らかの内的変化を迫られていたと言える。クライエントは、砂に触れた後マリア像のミニチュアを置いてみるが、ぴったり感を感じられず逡巡する。次に、棚の中で目にとまった珊瑚を手に取り、置こうとするが置ききれない。心にとまったアイテムであるにもかかわらず置くことができないクライエントに、治療者であるLセラピストは珊瑚とマリア像という両アイテムに象徴される心の次元が〈違う心の層のもの〉であることを指摘する応答を行っている。治療者のこの応答は、クライエントが置こうとしたマリア像や珊瑚のアイテムを箱庭の中に置けるようになるには、両アイテムに象徴される心の次元を入れ込めるようなクライエントの基盤の必要性を暗々裏に示している。つまり、クライエントには、両アイテムに象徴される心の次元を同時に抱え、表現できる内的基盤をあらたに創出する必要があったのではないかと推察される。しかし、この時期のクライエントは、珊瑚とマリア像のどちらのアイテムも箱庭の中に置けないまま、砂への関与を続けることしかできなかった。

その後箱庭の砂は、クライエントが関与し続けることによって地殻変動を起こすかのように隆起を繰り返した。クライエントは、地殻変動を起こすような自分自身の内界の様子をそのまま砂の上に表現していったと考えられる。制作過程でのクライエントの内観から、砂への関与を通してクライエントの内的対話が促進され、クライエントの意識が求心的に自己の内界に向かう様相を呈していたことが明らかである。クライエントは、最終的にセッションの初めの波に比べ穏やかな波の文様を箱全体の砂に描いて箱庭制作を終了している。本セッションの中でクライエントはあらたな内的基盤を創出するまでにはいたらなかったが、砂の隆起を通して、内的基盤創出のための地殻変動が、クライエントに体験されたといえるのではないだろうか。

つまり、第8章の教育カウンセリングの事例では、クライエントにとってあらたな内的基盤の創出の必要性がある時期に、砂が前面に出た箱庭表現がなされたと考えられる。内的基盤の創出の必要性と、砂が前面に出た箱庭表現がなされる時期との関連は、治療の転回点で砂のみの表現が行われた第4章の臨床事例にも該当する。これらのことから、自明の前提であるはずの土台の変革が問題となる時期と、砂が前面に出た表現が行われる時期との関連が考えられる。さらに、前項で考察したように、砂に関与することが自分自身の内的感覚に「ぴったり」した感覚を「模索」していく作業であることを考えあわせると、砂のみの表現が生まれるのは、既製の玩具で表せない自らの内界を「模索」する作業の必要性がクライエントに生じた時期との関連性でみることができるのではないだろうか。この点については、さらに多くの事例を通した検証が必要である。

以上のことから、砂が前面に出た箱庭表現がなされる意味の一つとして、内的基盤となる新たな土台が創出される時期、あるいは山中（一九九九）の指摘するような「base change（116頁）」の必要が生じた時期に起こってくる可能性があろう。クライエントは既成の玩具では表せない個人の土台となる内的基盤を自ら創出することによって、内的コスモロジーの再構築を行っているのではないかと考えられる。

また、砂への関与は自分の思いどおりには留まらない砂との格闘を迫られる。これは自分自身で葛藤を抱える作業であるともいえ、多大なエネルギーを要する。そのため、砂のみの表現がなされるには、クライエントに葛藤を抱えるエネルギーが必要になるのではないかと考えられる。「あらゆる創造は葛藤に耐え、それを抱きかかえることから生まれてくる（河合、一九九一、212頁）」ものである。砂の表現が前面に出る箱庭では、葛藤を抱えていくプロセスが手触りをもって感じられる世界として展開していく様を、クライエント自身が目の当たりにすることができる。クライエントは、「箱の枠」の守りの中で、「創造」が行われていくプロセスを自分自身で確認していき、確認されたものがクライエントの内界にフィードバックされる。これら一連の作業を通して「創造」している自分が「創造」されていき、「自己治癒力」を活性化させていくのではないかと考えられる。

3．「おさまり」を「了解」する箱庭制作過程

本研究の第5章〜第7章では、箱庭制作過程における制作者の内界に生じているイメージが詳細に制作者に捉えられるよう、砂と水のみに素材を限定したことによって、制作過程における制作者の体験が明らかになった。制作過程における制作者の内界では、山を作ろう、水の青を出してみようといったように目前で形作られていく具体物に意識を向けつつ、同時に自分自身の内界に生じる思い出や現実に抱えている課題に思いを巡らせていたことがうかがえた。制作者たちは、一つのテーマに集中し筋道立てて思考を巡らせるというよりも、一度に浮

かんでくる様々な思いの片鱗を感じていたようである。この状態は、自由連想法を行っているクライエントの状態と近似している。自由連想法と異なる点は、箱庭制作では浮かんできたイメージを言語表現するのではなく、アクションを通して目前に現実の世界を形作っていくという点である。

たとえば、「子どもの頃、淋しい感じがしていました」と言語表現するのではなく、自身の淋しかった時期のことに思いを巡らせながら箱の砂の上にミニチュアを配置していく。この時、クライエントが「淋しい感じを表現しよう」と意識的にイメージと作品を関連づけて表現するならば、その箱庭表現は意識水準での表現となるであろう。しかし、クライエントが「淋しい感じ」を想起することと並行して、目に付いた棚の中の小さな黒馬を砂の中に置いてみるという作業を行うとき、そこに表現されたものは意識が無意識を「了解」した結果生じたものであるといえる。クライエントの意識が無意識を「了解」した結果生まれた表現を、クライエント自身が見直すことによって自分自身の孤独感の「理解」へと結びつくこともあろう。

先にも述べたように、箱庭制作場面では、沈思黙考や瞑想などのように静止した状態で自己に沈潜するのとは異なり、箱庭を作るという現実的なアクションを伴う。アクションに没頭している意識の背後では、無意識が活発に動いているが、これはヨガの瞑想法と近いのではないかと考えられる。四千年前のインドでは、ヨガとは瞑想をさす言葉であったようである。千年くらい前からポーズをとるヨガが導入されたが、ヨガではポーズと瞑想は本来ひとつのものであるという考え方をとっている。ポーズをとることが呼吸を深めることにつながり、瞑想へと導くのだが、ヨガは動きを伴うことによって人間の全体性を心と身体の両面から覚醒させていく方法であると捉えられる。箱庭療法においても、アクションと自由連想が同時に生じていることを考えると、アクションを伴うことによって、心身両側面からの活性化が生じているといえるのではないだろうか。

以上のように、箱庭制作過程において、クライエントの中では様々な思いが一度に想起されながら、目前では箱の枠の中に表現として完成させていくという作業が同時に行われているといえる。

河合(二〇〇七、133頁)は、心理療法とはクライエントの心の中で鳴っているオーケストラのすべての音を聞き取らなければならないと述べている。言語による心理療法では話せる口は1つであるが、実はその背後に多くの思いがあるのである。箱庭療法の場合は、クライエントはたくさんの思いを1つにまとめて言葉で語る必要がないため、制作中に内界で鳴らされている様々な楽器の音を、余裕をもって聴くことができる。初めは好き勝手に浮かんでいた思いが、まとまっていくというよりはクライエントの中で全体の調和を保てた時に箱庭制作を終了できるといえるかもしれない。つまり、クライエントの様々な思いが調和された状態が、作品としてできあがってくるといえるのではないだろうか。逆にいえば、不調和な部分が目立つ箱庭の場合、その箱庭が今後どのような調和を見いだしていくのかが、治療進展のためのひとつの視点を提供するかもしれない。

箱庭制作過程においてクライエントは、自由連想を行っている時のように自分自身の内界に浮かんでくる連想に自由に心を漂わせることと、現実としての表現をまとめ上げるための「模索」とを同時に行っていると考えられる。そして、連想におさまりがついた時に、箱庭も完成を迎えるといえるのではないだろうか。そのため、クライエントにとっては、連想内容や箱庭表現への解釈がなされることよりも、対自的コミュニケーションを通して連想と表現がおさまりどころを見つけられること、おさまっていると自分自身が「了解」できることが重要なのではないかと推察される。「ぴったり感」を「摸索」し、「了解」するにいたるには、自分自身の内的感覚と常に照合しながら箱庭を制作する必要がでてくる。内的感覚と照合することで、自身の内界との対話が自ずと生じてくる。つまり、砂に関与することはクライエントの対自的コミュニケーションを促進することにつながるのではないかと考えられる。

◇2◇ クライエントと治療者の関係性

1．場が提供される・理解される・コミュニケートされる

箱庭療法におけるクライエントと治療者の関係性を考える際、クライエントの立場からみると「場が提供される」、「理解される」、「コミュニケートされる」という3条件が必要になるのではないかと考えられる。

箱庭療法が行われるにはまず、箱庭を制作する「場が提供される」必要がある。提供される場としては、治療、自己啓発などの目的が考えられるが、自発参加であれば箱庭制作を通して、自分自身を理解できるのではないかという期待がクライエントには少なからず生じていると考えられる。

箱庭療法は心理療法の一技法である。通常、心理療法を受けるために治療者のもとを訪れる場合、症状の除去・症状を生じさせると考えられる人格の変容、心理的問題・課題の改善、潜在能力の開発などの目的が来談者側に存在する。来談者には、専門家の助けを得ることによって症状が軽減消失する、あるいは自己理解が深まり問題が解決するといったような期待があるだろう。心理療法を受けるために来談した際、箱庭は治療者から暗黙に提供された場として面接室に存在する。あくまでも暗黙に提供される場であるため、箱庭の場は来談者にとって必然の場ではない。表現媒体として箱庭を使用するか否かはあくまでも来談者に委ねられており、来談者が箱庭を置いてみようと感じたときに初めて、「場」に意味が生じてくるのである。箱庭制作が自主的であるかぎりは、クライエントには自分の無意識を自分で理解したいという思いと、治療者の前で箱庭を置くことによってより自己

理解が深まるのではないかという期待が箱庭制作の前提として存在しよう。このようなクライエントのモチベーションに応じた「場」に対する期待が、箱庭療法における自己治癒力の活性化の促進に影響を与えると考えられる。「場」が提供されると、次に問題となるのはその場に立ち会う者との関係性である。第5章で検討したように、箱庭表現には自己への対自的なメッセージと、立ち会う者への対他的なメッセージが同時に存在する。この点は、面接者が立ち会わなくても箱庭は置けるが「(面接者に)やはり見てほしい」と語った第5章「教育カウンセリング箱庭」の制作者Iの言葉や、制作場面に「誰がいてくれるかによる」との面接者との関係性が重要になることを述べた制作者Hの言葉からも明らかである。ただし箱庭は、一期一会の制作者と面接者の関係性なのか、心理療法におけるクライエントと治療者の関係性なのかというような現実における関係性が問題になるというよりも、クライエント(制作者)の表現が治療者(面接者)にどのように「理解される」のかが問題になる。もっと言うならば、クライエントの表現が治療者にどのレベルで「理解される」かによって表現は変化するであろう。そこで、クライエントが箱庭に表現し、治療者に伝えようとしていることが、治療者に「理解されている」と、クライエントが感じることが必要になってくる。逆に言えば、箱庭療法が治療的に働くには、クライエントが表現し治療者に伝えたいことを、治療者が感じ、理解していると、非言語的・言語的にクライエントに「コミュニケートされる」必要があるといえる。

本研究において、治療者の理解がクライエントに伝えられたことが明示されたのは、第8章の教育カウンセリング事例においてである。第8章で取りあげたセッションでは、治療者の理解がいかにクライエントに伝わり、両者の間にどのような交流が生じているのかを読み取ることが可能である。そこで、第8章の事例を再提示することによって、「場が提供される」、「理解される」、「コミュニケートされる」プロセスについて検討する。

第8章教育カウンセリングの事例のクライエントには、自己理解を深めたいという明確な目的があり、その作業に治療者であるＬセラピストに同行してほしいという高いモチベーションのもと、箱庭制作に向かっている。このような「場」が提供されたセッション開始直後に、クライエントはＬセラピストの存在を「確実にそこに居るという存在感をかもしだしている」と感じている。Ｌセラピストの存在感はクライエントが感じたものであるが、クライエントにＬセラピストの存在感が感じられたということは、Ｌセラピストが非言語的なメッセージを発しているともいえる。クライエントがＬセラピストからの非言語的なメッセージを受けとめた瞬間から、クライエントとＬセラピストの間の内的交流が開始される。河合（一九八八）は、箱庭療法でもっとも重要なことは「そこに治療者が存在すること（2頁）」であると述べている。これはただ漫然とその場に治療者の身体が存在しているのではなく、治療者のもつ雰囲気、箱庭やクライエントに向けられる視線や何気ない仕草などの態度といった非言語的なものを通して、治療者の存在感がクライエントに伝わるのではないだろうか。

このような治療者の態度には、その個人のもつ人格が大きく関わっている。箱庭療法には治療者の「器の大きさ」や「治療者の単なる理解力と言うよりも、人間としての在り方そのもの（一九八四、18頁）」が問われてくるとの河合の指摘にあるように、非言語的な交流には言語による理解が伝えられない分、治療者の在り方そのもの、つまり治療者の人格が大きく影響すると考えられる。治療者の人格がかもしだす存在の迫力によって、クライエントには「そこに治療者が存在すること」が感じられるのではないだろうか。ただしこの点は現象面には現れてこないため、傍から見ただけではわかりにくい部分である。しかし、第8章におけるクライエントの内観や、面接者の「存在」について報告された第5章の「教育カウンセリング箱庭」制作参加者のインタビューからわかるように、制作者には面接者の存在が確実に伝わっている。治療者の存在がクライエントに伝わって初めて箱庭療法の過程が開始される「場」が提供されたといえるのではないだろうか。

「場が提供される」と、次に、治療者に「理解」され、治療者の理解が「コミュニケート」されることが必要になる。第8章の中で、「理解」され「コミュニケート」されたことが言語的に明確に示された場面は、クライエントがアイテムを箱庭の中に置いてみるものの、表現がぴったりこないことを示した時である。クライエントはマリア像、珊瑚というアイテムを置いてみるもののぴったりした位置が見つけられずに「やっぱりダメです」と呟いた。ここでLセラピストは〈そうだろうね〉と応答している。〝当然そうであろう〟というこの応答は、Lセラピストにクライエントのぴったりこなさが理解できているからこそなされたものである。そこでクライエントは「先生（Lセラピスト）にはわかっておられるということですか？」と、Lセラピストの理解を言語によって確認した。それに対してLセラピストは〈違う心の層からのものだから〉と、当然ぴったりこないであろうとの根拠がLセラピスト側にはあることを示唆する応答を行っている。珊瑚、マリア像という各々のアイテムが象徴する心の次元は〈違う心の層からのものだから〉当然ぴったりこないであろうというのである。この時のクライエントは、〈違う心の層〉というLセラピストの応答が気になりながらもその先を考え進めることはできなかった。ただし、Lセラピストの〈違う心の層からのものだから〉という応答によって、両アイテムを現時点ではまだ置くことができない自分自身であるということをクライエントの意識が無意識の状態を「了解」できたといえる。

ここでもし、クライエントが、〈違う心の層からのもの〉についてもう一段深く考えることができたならば、クライエントの抱える課題はさらに深められたであろう。しかし、この時点でクライエントが許容できるのは、置けない自分を「了解」するところまでであった。そのようなクライエントの状態を、Lセラピストは理解し〈違う心の層〉について説明することも、別の応答をすることもなく、クライエントの次の表現を見守る姿勢に戻っている。ただし〈違う心の層からのもの〉というLセラピストの応答によって、クライエントの内界には確実に布石が打たれた。ここで打たれた布石は、クライエントが〈違う心の層からのもの〉について取り組める時期がきた時に、クライエントの内界を深めるための効果を発揮することであろう。

以上のような、Lセラピストの内的直観を「コミュニケート」する応答は、クライエントの対自的コミュニケーションを促進する応答である。ただし、本セッションでLセラピストが自分自身の内的直観をコミュニケートする応答を行ったのは、クライエントがLセラピストに発した「先生（Lセラピスト）にはわかっておられるということですか？」との問いを受けてのことである。もしここで、クライエントが問いを発しなければ、Lセラピストは「そうだろうね」とのクライエントのぴったりこなさを理解していることを示す応答で留めたであろう。なぜならば、クライエントがLセラピストに問いを発しないということは、クライエントにはLセラピストのよみを受け入れる準備がまだ整っていないと判断されるからである。セラピストの理解の「コミュニケート」は、クライエントの反応を受けてなされるものであって、クライエントの反応を細やかに吟味する必要があることをLセラピストの態度は示している。

治療者の内的直観をクライエントにコミュニケートする応答は、クライエントの抱える課題を深める方向へと促進する作用がある。しかし一方で、クライエントにとって侵襲的になる危険性もある。箱庭療法は、うまくいくときには治療者はただ傍らにいるだけでいいと言われるが、治療者が安定し、本当に存在するためには治療者は箱庭のなかで展開されていく流れを理解し、把握していることが必要である。箱庭のなかで展開されていく流れを理解し把握しているかは、治療者の内的直観のコミュニケートが的確な時期に的確な方法でなされているかによって測ることができよう。

河合（一九八八、1頁）は、治療者の在り方を検討する中でミヒャエル・エンデの『モモ』を取り上げ、「何時誰にどのような言葉で話をするのか、について的確な判断を必要とする」とし、「この的確な判断力は箱庭療法の治療者にも必要なことである」と指摘している。箱庭療法では言語的なやり取りがほとんど行われないものの、治療者の「的確な判断」のもと非言語的な治療者の態度、言語的な応答がなされることによって、本セッションでみられたようなクライエントの対自的コミュニケーションが促進されているのである。第2章の図2―5「クライエント―治療者―箱庭の関係（33頁参照）」に示したように、治療者の言語的・非言語的メッセージがクライエントにフィードバックされることによって、クライエントの対自的コミュニケーションが促進され、その結果が箱庭作品に反映されると考えられる（33頁、図2―5参照。矢印ウから矢印アの流れ）。

以上のように、箱庭療法は「場が提供される」、「理解される」、「コミュニケートされる」というクライエントと治療者の関係性が深まるプロセスを経ることによって、治療が進展していくのではないかと考えられる。

箱庭療法における「場が提供される」、「理解される」、「コミュニケートされる」というプロセスの促進を治療者の態度から捉え直した場合、ロジャーズの提唱する治療者の3条件〝unconditional positive regards〟、〝empathic understanding〟、〝genuineness〟と対応して考えることが可能である。まず、箱庭療法においてどのような表現であっても、治療者に肯定的に受容される（unconditional positive regards）ことがクライエントにとっては「場が提供される」ことにつながる。さらに、表現されたものが治療者に共感される（empathic understanding）ことによって、クライエントは「理解された」と感じ、治療が促進される。クライエントが「理解された」と感じるには、治療者の理解がクライエントに「コミュニケートされる」必要がある。この点に関しては、ロジャーズ（一九六六）が建設的なパーソナリティ変化の必要にして十分な条件の一つに「セラピストの共感的理解と無条件の肯定的配慮が最低限クライエントに伝わっていること」をあげていることからも重要な点であることがわかる。ロジャーズに直接指導を受けた東山紘久は（一九九二）は、心理療法とは「セラピストとクライエントの対他的コミュニケーション（inter－personal communication）及び、それによって促進されるクライエント内部の対自的コミュニケーション（intra-personal communication）を通じて行なわれる内的世界の再統合である（18頁）」と述べ、「クライエントの対自的コミュニケーションを促すのがセラピストである。それを促す最大の要因は、セラピストが己の内的直観をクライエントにいかにフィードバックするかである（25頁）」とし、治療が促進される要因として治療者が内的直観をクライエントにコミュニケートすることの重要性をあげている。クライエントに治療者の内的直観をいかにコミュニケートするかには、ロジャーズが治療者の3条件の中で最も重要視した〝genuineness〟が大きく関わっていると考えられる。なぜならば、いかに「コミュニケートする」かには、治療者の人間性が大きく関わるからである。〝genuineness〟に関してロジャーズは、「自己一致（congruence）」「真実性（realness）」というような言葉でも表現し、治療者が自分自身として一貫していることを強調している。大須賀（一九九九、53頁）は、〝genuineness〟〝congruence〟〝realness〟の三者について「ほぼ同じような意味であるが、できるだけカウンセラーのこころが自然に開かれている必要性を示している」と述べ、治療者の態度として自らの内界に開かれていることの重要性を指摘している。つまり、治療者が〝genuineness〟であるためには、治療者が自分自身に対して開かれた態度をとることが必要になる。

箱庭療法において生じるクライエントの「ぴったり感」は、クライエントの意識が無意識の状態を「了解」できた時に生じる感覚である。クライエントの意識は無意識の状態を把握していこうとすることから、箱庭を制作する際にクライエントは自身の無意識に開かれているといえる。クライエントの無意識を理解するには、先に述べたように治療者自身が開かれた態度で存在し、自分自身の無意識に開かれている必要がある。クライエント、治療者がともに自身の無意識に開かれた状態になれた時に初めて、両者間の無意識的な交流が生じ、箱庭が治療的機能を果たすであろうと考えられる。

クライエントと治療者が自身の無意識に開かれ、両者の無意識間に交流が起こり、治療者がクライエントの無意識を理解できると、治療者はクライエントの無意識から理解したことを意識化しておく必要がある。箱庭を作ることで、クライエントの対自的コミュニケーションが促進され、治療が進展している場合は、あえて治療者の理解をフィードバックすることはないが、治療の進展に必要であると判断される場合には治療者の理解をクライエントにフィードバックする必要が出てくるからである。ただし、「ぴったり感」はクライエントの意識が無意識を「了解」した時に生じる感覚であり、「理解」したことではないため、治療者が解釈をクライエントに伝えてもクライエントの変容にはつながらない。解釈とは、意識が無意識の状態を知識として理解することであって、意識が無意識の感覚を「了解」したことではないからである。クライエントに変容がもたらされるには、クライエントの意識が無意識の感覚を「了解」できたことを、クライエントが意識できることが必要になる。つまり治療者は、クライエントが、自分の意識が無意識の感覚を「了解」できたことをクライエントが意識できるようにフィードバックを行う必要がある。治療者は、クライエントに知識としての解釈を与えるのではなく、第8章の教育カウンセリング事例のLセラピストようにクライエントが無意識の感覚を意識が「了解」したことに気付けるよう援助できる態度が必要なのである。

箱庭療法における治療者の態度として「自由であると同時に保護された空間を作り出すこと（Kalff. D. M., 1972, p.24）」、「セラピストがそこに存在すること（河合、一九八八、2頁）」、「クライエントのプロセスの邪魔をしないこと（三木、一九九一、48頁）」といったような記述はなされているものの具体的には治療者がどのような態度で箱庭を見守り、治療者の理解をクライエントに伝えるのかについてはあまり明確にはなされていない。そこで次に、本研究第7章の箱庭制作に立ち会った2人のセラピストの箱庭を見守る姿勢を検討することで、箱庭療法における治療者の態度について検討する。

2. 治療者の態度

第7章では、2人のセラピスト（Kセラピスト・Lセラピスト）の前で、1人の制作者が同時期に箱庭を置くという試みを行った。2人のセラピストから得られた箱庭を見守る姿勢に関するインタビュー結果を踏まえ、箱庭療法における治療者の態度について検討する。ただし、Kセラピストは制作者とは「顔を知っている程度」の関係性の中での箱庭制作への立会いであったため、本セッションがKセラピストの本来の治療での姿勢であるとはいえないが、治療者の態度のひとつとして提示する。

まずKセラピストは、〈(制作者が)よどみなくやっていた〉、〈(制作者が)砂を動かしていた時、重そうに感じた〉と言うように、制作者の動きひとつひとつに細やかに注目し、箱庭を見守っていた。つまりKセラピストは、箱庭制作の現象面に着目しているといえる。広辞苑によると現象とは「観察されうるあらゆる事実」であるとともに、「本質の外面的な現れ」という意味がある。Kセラピストと箱庭制作者の間には「顔を知っている程度の関係」性しかないため、Kセラピストは慎重に制作者の外面に表れてくる動きや表現を共感的に見守り、その中から制作者の内界を理解できる手がかりを得ようとしていたと考えられる。このような姿勢から、箱庭療法の治療者の態度として、現象面を追っていくという姿勢が考えられる。

一方、もう一人の面接者Lセラピストは、「シンメトリー」、「勾玉」、「小高い丘」、「高い山」、「切り立った山」という制作者の箱庭表現を受け、〈アイルランドのような海食岸〉、〈龍ヶ崎のような岬〉、〈少しなだらかな小島〉、〈火山〉というように、制作者の表現にそって大地の変動としてイメージを広げている。さらに、砂のみの箱庭にもかかわらず〈それぞれの場所に、どのようなミニチュアが置けるか〉との連想を広げている。既製のミニチュアには、そのアイテムに象徴されるイメージがある。象徴される意味は一つではないにしろ、ある程度万人の間でそのイメージを共有することができる。たとえば、Lセラピストが〈ブラックジャックの家が置けるか、アイルランドの白い家が置けるか〉とイメージしているが、そのように具体物をイメージすることによって、「その表現がどのような意味を担っているか」をある程度つかむことができる。ミニチュアを使用しない砂のみの箱庭であっても、イメージを共有できるきっかけがあれば、箱庭に表現される世界の意味がより明確になることを示している。さらに、Ｌセラピストのイメージの広がりは、箱庭の中に制作者がどのような立場で登場できるのかにまで及んでいる。たとえば、「シンメトリー」という制作者の表現を受け、アイルランドの海食岸というＬセラピストの連想した地形に、ブラックジャックの家が置けるとしたら、そこに登場する人物は〈ブラックジャック〉か〈ピノコ〉か〈訪問者〉なのかといったように連想が広がっている。

Ｌセラピストの箱庭を見守る態度は、制作者の１つの表現に対してイメージによって連想を広げ、制作者の次の表現を受けてそこからさらにイメージを広げていくというものである。Ｌセラピストのような態度は、箱庭療法の治療者が「解釈」に陥ることなく、クライエント中心の表現への理解を進めていくための１つの方法を提示する。たとえばクライエントの表現を「孤独」とか「依存的」といったように言語で捉えようとした場合、意味が限定されてしまいクライエントが表現しようとしている思いとのズレが生じる可能性もある。しかし、イメージによって連想を広げていく方法であれば、意味がひとつに限定されることなく自ずと広がりが生まれてくる。Ｌセラピストの内界では、制作者の表現によって自らのイメージを広げては吟味するという作業が繰り返し行われ、次第に制作者が表現するものの本質へと迫っていくのではないかと考えられる。そして作品が完成する頃には、広がりと圧縮の繰り返しの中でイメージが精選されていき、箱庭に表現された制作者にとっての〝意味〟が浮き彫りになって来るのではないだろうか。ここで重要なことは、Ｌセラピストはあくまでも制作者の表現する箱庭の世界に沿ったイメージによって連想を広げているという点である。これは、制作者の表現に合わせてイメージが変化する制作者中心の理解である。このようなＬセラピストの態度から、箱庭療法の治療者の態度として、現象面を追いながらクライエントの内界をイメージを通して見る姿勢が考えられる。

以上のような２人のセラピストの姿勢から、箱庭療法を見守る際の治療者の態度は、現象面を追っていくだけの姿勢、現象面を追いながらクライエントの内界をイメージを通して見る姿勢が考えられる。さらに、クライエントの内界をイメージを通してだけ見る姿勢も治療者の態度としてここに加えられよう。

箱庭療法において治療者が現象面を追っていくだけの姿勢である場合、クライエントから見ると治療者が自分の無意識を理解してくれているかとの疑問を感じるであろう。一方、治療者がクライエントの内界をイメージを通して見るだけの姿勢である場合、治療者自身が自分の内界とクライエントの内界をよほど区別しなければ、逆転移に陥る危険性がある。クライエントの内界をイメージを通してだけ見る治療者の態度の代表的例として、クライエントが箱庭を制作している間、箱庭を直接見ることなく瞑想活動に集中するという手法をとる織田（二〇〇八）による箱庭があげられる。織田はユング心理学の理論を基礎に、前述のような独自の箱庭療法を実践しているが、瞑想で得られた治療者の体験とクライエントの箱庭表現やこころの動きとの対応関係については、あくまでも治療者の「こころのなかで検討」しており、治療者の自己開示には慎重な姿勢をとっていると述べている（35頁）。つまり、治療者の内的直観をコミュニケートすることに関しては、治療者の逆転移がそのままクライエントに伝えられるのではなく、クライエントに役立つ形でフィードバックされるよう治療者の中で慎重に吟味されているのである。

箱庭療法において、治療者に生じてくる内的直観が、クライエントの内界の表現に関するものなのか治療者の逆転移によるものなのかを吟味するためにも、現象面を追いながらクライエントの内界をイメージを通してみるという姿勢は必要である。現象面を追いながらクライエントの内界をイメージを通してみるには、現実吟味力と直観力とをバランスよくあわせもつことが治療者に求められる。しかし、現実吟味しながら現象面を追っていく姿勢に偏ると直観力が鈍り、直観に頼りすぎると逆転移を生む危険性があり、両者をバランスよく保つのは容易なことではない。

治療者は、クライエントの表現した「ぴったり感」を理解する必要がある。理解するということは、治療者がクライエントの表現が目の前のクライエントに「ぴったりする」表現であることがわかるということである。つまり、治療者の理解しているクライエント像とクライエントの内界が反映された箱庭表現が、治療者からみてぴったりくるかということを治療者は吟味する必要がある。ヤコビーの治療の場の図（29頁、図2―1参照）を用いて説明すると、クライエントの内界で生じている自我と無意識の対自的コミュニケーション（d）を治療者が理解し、クライエントの無意識と治療者の無意識を交流（b）させ、治療者の理解が正しいかどうかを把握していく（c）のである。

この点について、東山（一九九四、32頁）による箱庭療法の例をあげ説明してみよう。

東山は、クライエントが箱庭世界にぴったりした橋が見つけられなかった際、治療者が2匹の大蛇を折り曲げ、首と尻尾を両岸に埋め込み橋とすると、その橋がクライエントの箱庭世界に見事におさまった例をあげている。さらに、治療者の表現をみたクライエントは、「私の川にかかっているのはまさにこんな橋です、と大粒の涙を流した」ことが報告されている。クライエントの反応から、治療者の差し出した2匹の大蛇の橋がクライエントに「ぴったり」きたことは明白である。ここで、クライエントに「ぴったり」くる表現を治療者が示せたのは、治療者がクライエントの無意識にあるものを理解し、無意識にあるものが意識化された場合にどのような表現が可能かを理解できているからこそなされたものである。先にあげたヤコビーの治療の場の図（29頁、図2―1参照）を用いて説明すると、治療者は自身の無意識とクライエントの無意識を交流（b）させ、治療者の無意識が理解できたものを意識化（c）し、蛇の橋を示す（a）ことで治療者が理解したことをクライエントにフィードバックしている（a・e）。治療者が示した表現によって、クライエントには「私の川にかかっているのはまさにこんな橋です（傍点筆者）」とのぴったり感がもたらされ、クライエントは、自分の無意識にあるものを自分の意識が「了解」

できたのである。東山の蛇橋の例を引用し、検討している斎藤（二〇〇六）は、治療者がこのような対応ができるのは、「その前提には『世界』に対する優れた共感能力がある（28頁）」との指摘をしている。箱庭を見守る東山には、斎藤の指摘するように「共感能力」とともに、クライエントの箱庭を見て治療者の中に生じてくる直観が、自分自身の逆転移によるものでないかを区別する現実吟味力がある。治療者の逆転移によるものでないかどうかは、クライエントに治療者の直観がコミュニケートされた時のクライエントの反応から明らかになろう。

東山（一九九四）は、箱庭療法の治療者は「ただ感じているだけでは不十分である（36頁）」とし、「コミュニケーションの手段は言語的でも非言語的でもよいが、クライエントが表現しセラピストに伝えたいことを、セラピストはぴったり感じ、理解していると、クライエントに伝える必要がある（36頁）」と述べている。治療者の理解がいつどのようにクライエントに伝えられるのかは的確な判断を要するが、治療者の理解がクライエントに伝えられるためには、クライエントの内界と治療者の内界での絶えざる交流が行われていなければならない。先述した第8章のLセラピストのイメージによる連想の拡大と圧縮は、治療者の無意識とクライエントの無意識を交流させてクライエントの内界を理解し、理解したものを治療者が意識化していくためのひとつの方法を提示していると考えられる。治療者の理解をクライエントに伝える場面が訪れた時に、先に示した東山の蛇橋の例のように、治療者の内的直観がクライエントにコミュニケートされることによってクライエントの対自的コミュニケーションが促進され、箱庭療法が進んでいくのである。第2章で検討した箱庭療法の「クライエント—治療者—箱庭の関係」図2—5（33頁参照）に示したように、治療者の理解が言語的、非言語的に制作者にフィードバックされることによってクライエントの対自的コミュニケーションが促進され、その結果としてクライエントに「ぴったり」した実感をもたらすものが作品として表現されていくと考えられる。

3. contentsをみる・contextを読む

先に述べた「現象面を追っていく」、「現象面を追いながらクライエントの内界をイメージを通して見る」という治療者の態度から、「contentsをみる」、「contextをよむ」という2つのキーワードが浮かび上がってくる。これを言語中心の心理療法に置き換えると、「contentsをみる」というのはクライエントの語る内容に目を向ける姿勢であるといえる。一方、「contextをよむ」というのは、その言葉で現されているものの背景に目を向け、展開をよんでいくという姿勢である。「contentsをみる」というのは、先に検討したように、箱庭療法の治療者にとって基本姿勢となるものである。「contextをよむ」とはいかなる姿勢であるのかについて、次に検討する。

心理療法では、「見立て」とともに「よみ」が大切であるといわれている。「よみ」とは、クライエントの内界を理解することであり、クライエントの世界が今後どのように発展していくのかということにまで思いを馳せることである。それは、目の前のクライエントの心理状態が、どのような成熟への道を辿っていくのかをシミュレートすることにもつながる。つまり、箱庭療法における治療者の「よみ」とは、クライエントの箱庭のイメージのベースに立って、クライエントの成熟を様々な角度からシミュレーションしていくことではないだろうか。

言語による心理療法と箱庭療法との「よみ」の違いはあるのだろうか。この点については、ラジオによる語りを聞く態度を言語による心理療法として、絵画を鑑賞する態度を箱庭療法として置き換えることによって、その「よみ」の違いを明確にすることができる。

通常、ラジオを聞くときには、聞き手は言語による語りを聞き、イメージを膨らませていく。意識すれば、話の流れがどう展開していくのかをある程度「よみ」ながらきくこともできる。心理療法の場合は、そこにクライエントと症状というものが入ってくる。つまり、クライエントの話の流れがどのように展開していくかだけではなく、クライエントのもつ症状がどのような意味をもつのか、クライエント自身も気付いていない内的世界に対する予想と可能性を考えていくことが必要になってくる。

一方、絵画の場合は、視覚から「よむ」ことが必要になる。絵を見て、視覚的に感じたことを手がかりに、作家の意図やその時の心理状態について理解しようとする。その際、鑑賞者が感じたことが作家の内界の理解なのか、鑑賞者の内的なものの投影なのかを明確に分離するのは非常に難しいところである。箱庭療法においても、鑑賞者である治療者の内的なものが箱庭に投影されやすい。ただし、箱庭療法の場合は、治療者が制作プロセスをともに味わい見守ることができる点が、絵画の鑑賞者とは異なる点である。つまり、箱庭療法の治療者は、制作過程での現象面も含めて、箱庭に表現されたことへのイメージを広げていくことができるのである。

たとえば、先に検討したLセラピストの態度は、「シンメトリー」、「勾玉」、「小高い丘」、「高い山」、「切り立った山」というクライエントの表現を受け、〈アイルランドのような海食岸〉、〈龍ヶ崎のような岬〉、〈なだらかな小島〉、〈火山〉というように連想を広げていくといったものである。Lセラピストが、箱庭表現を「言葉」ではなく「イメージ」で捉えていることがわかる。さらに、クライエントの1つの表現に対して、セラピストのイメージは数手先にまで広がっている。これが心理療法における「よみ」のひとつの方法であるといえる。Lセラピストの姿勢から、「よみ」はいくつかの広がりをもって治療者の中に存在し、クライエントの表現を受けるたびに吟味され、修正されていくといった治療者の姿勢が考えられる。

言葉で表現されているものの背景に目を向け、展開が「よめる」ための要因として、クライエントとのこれまでの心理療法のプロセスが治療者の中に情報としてあり、それがいかに展開するかが治療者にシミュレーションできるということがひとつあげられる。また、治療者の知識、あるいは臨床活動の中で同じようなクライエントに出会ったときに、どのように治療が展開していくのかを治療者の中で普遍化できている場合にも、「よみ」が行える可能性がある。つまり、「contextをよむ」ためには、治療者の資質とともに、知識や臨床経験をいかに体得できているかが大きく影響してくるのではないかと考えられる。また、言語による心理療法、夢、絵画、箱庭といったように、何を媒体にするかによってそれぞれに応じた連想の広がり方は異なるであろう。ラジオを聞くのか、映画を見るのか、小説を読むのかによって、その「よみ」方が変わるようにである。しかし、そこで使用される言葉、あるいは映像の奥底にある「こころ」と言うものの共通性はあるのではないだろうか。

内的交流は、その実態を目に言える形で把握することは難しい。しかし、表面的には何もしていないように見える箱庭療法の治療者が、クライエントの内的表現を支えているということの一端が、第8章の教育カウンセリングのセッションを通して明らかになったといえる。

箱庭に世界が作られていく時、治療関係が何らかの影響を及ぼすといわれている。斎藤（二〇〇六）が指摘するようにそこには治療者の「人柄や生き方が入り込んでくる」ことを想定する必要がある。なぜならば、"genuineness"は、それぞれの治療者が構築するものであるからだ。この点を踏まえた上で、箱庭療法におけるクライエントと治療者の関係性を検討することが、箱庭療法における治療的要因の解明につながるのではないだろうか。

3 今後の課題

本研究では、箱庭制作過程における制作者・面接者各々の内的体験や臨床事例を通して、箱庭療法におけるクライエントと治療者と箱庭の三者の関係性という観点から箱庭療法の治療機序の一端を明らかにしてきた。しかし、これはあくまでも治療機序解明のための入り口にしか過ぎず、多くの課題が残されている。

まず、箱庭制作者と面接者との間に人間関係が成立し、かつ制作者が制作過程での体験を言語化することが可能であるという条件を満たす事例は数量的に限られているため、非常に限られた範囲の中での研究となった。中でも、ここで検討した制作者の内的体験は、スーパーヴァイザー―スーパーヴァイジーという「関係性」に限定される可能性を否めない。今後、同一制作者が関係の質の異なる面接者との間で箱庭を制作した際の内的体験を検討し、箱庭療法における「関係性」について普遍化する必要がある。

また、箱庭療法は、系列的に理解していくことが重要であるとされているが、今回の研究においては、制作者と面接者の内的交流を細やかに分析するために1回のみのセッションの検討しか行われていない。今後、箱庭制作者と面接者との間に人間関係が成立した中で行われた箱庭制作を、系列的に検討していく必要がある。

さらに、本研究において箱庭のセッティングとして砂箱（砂と水と箱の枠）のみに限定し、通常の箱庭療法では使用されるミニチュアについては触れることができなかったという課題も残っている。

そして、本研究の最大の問題点は、筆者自身が箱庭制作者（クライエント）となった研究が含まれているということである。この点に関しては、可能なかぎり、客観的な視点で論述するように努めたつもりであるが、筆者の主観が反映されている可能性があることは否定できない。

しかし、臨床はあくまでも「個」からの出発である。限られた範囲の中ではあるが、面接者側からではなく制作者側から捉えた箱庭制作過程での制作者の体験が明らかにされたことは、箱庭療法における治療機序を解明するためのスタート地点に立てたのではないかと思われる。

残された課題は多いが、箱庭療法の本質といわれるクライエントと治療者の関係性について、今後研究を進めていく所存である。

阿部公房(一九六二)『砂の女』新潮社
安島智子(二〇〇四)「箱庭のプロセスと『内的必然性』」箱庭療法学研究一七(一) 一〜二頁
Anderten, K.(一九九二)『水の夢』(渡辺学訳)春秋社
Faraday, F.(一九七三)『ドリームパワー』(中野久夫・佐波克美訳)時事通信社
青木健次(一九八六)「箱庭技法の治療的作用と治療者の役割」京都大学学生懇話室紀要一五 一〜二二頁
Burton, M.(一九七五)『動物の第六感』(高橋景一訳)文化放送開発センター
Eliade, M.(一九六八)『大地・農耕・女性』(堀一郎訳)未来社
Eliade, M.(一九七二)『神話と夢想と秘儀』(岡三郎訳)国文社
Eliade, M. (1976) Patterns in Comparative Religion, Sheed&Ward.
藤岡喜愛(一九七四)『イメージと人間』NHKブックス
藤原勝紀(二〇〇二)「箱庭療法とイメージ」岡田康伸編『箱庭療法の本質と周辺』九〜三九頁 至文堂
Bachelard, B.(一九六九)『水と夢』(小浜俊郎・桜木泰行訳)国文社
後藤美佳(二〇〇四)「箱庭表現に伴う「ぴったり感」のPAC分析」箱庭療法学研究一六(二) 一五〜二九頁
長谷川正海(一九七七)『日本庭園概説』白川書院
長谷川正海(一九七八)『日本庭園の原像』白川書院
東山紘久(一九八二)『遊戯療法の世界』創元社
東山紘久(一九九二)『教育カウンセリングの実際』培風館
東山紘久(一九九四)『箱庭療法の世界』創元社
東山紘久監修(二〇〇二)『体験から学ぶ心理療法の本質』創元社
東山紘久(二〇〇四)「心理療法におけるスーパーヴィジョン」氏原寛・東山紘久・山中康裕・小川捷之編『心理臨床大事典』改訂版 二四八〜二五一頁 培風館
東山弘子(一九九〇)「青年期女性のイニシエーション」氏原寛・東山弘子・岡田康伸編『現代青年心理学』一三九〜一五五頁 培風館
東山弘子(一九九二)「中年女性にとっての子離れ」氏原寛・東山紘久・川上範夫編『中年期のこころ』一四一〜一五五頁 培風館

東山弘子（二〇〇五）『母性の喪失と再生』創元社
樋口和彦（一九八九）「『砂』『遊び』そして『箱』」箱庭療法学研究二（一）　一～二頁
平松清志（二〇〇一）『箱庭療法のプロセス』金剛出版
弘中正美（二〇〇二）『遊戯療法と子どもの心的世界』金剛出版
弘中正美（二〇〇五）「箱庭における遊びの持つ治療的意義」精神療法三一（六）　六七五～六八一頁
本田和子（一九八〇）『子どもたちのいる宇宙』三省堂
石原宏（二〇〇一）「箱庭制作の制作者の体験理解の試み」日本箱庭療法学会第一五回大会発表論文集　七八～七九頁
石原宏（二〇〇二）「箱庭制作の主観的体験に関する研究」岡田康伸編『箱庭療法の本質と周辺』五七～六九頁　至文堂
石原宏（二〇〇七）「制作者の主観的体験からみた箱庭療法に関する研究」京都大学博士論文
伊藤真理子（二〇〇四）「イメージと意識の関係性からみた箱庭制作過程」箱庭療法学研究一七（二）　五一～六四頁
伊藤良子（一九八八）「箱庭表現の『深さ』について」箱庭療法学研究一（一）　三～一六頁
Jung, C. G.（一九七六）『分析心理学』（小川捷之訳）みすず書房
皆藤章（二〇〇四）『風景構成法のときと語り』誠信書房
Kalff, D. M.（一九七二）『カルフ箱庭療法』（河合隼雄監修・山中康裕・大原貢共訳）誠信書房
金田聡子・小山充道（二〇〇六）「箱庭制作過程における『ぴったり感』に関する臨床心理学的研究」信州心理臨床紀要五　一～一〇頁
河合隼雄（一九六七）「Sand-play Technique」日本臨床心理学会編『臨床心理学の進歩』九七～一〇七頁
河合隼雄（一九六九）『箱庭療法入門』誠信書房
河合隼雄（一九七一）「箱庭療法（一）（二）」児童心理二五－一一　二一〇四～二一二一頁
河合隼雄（一九八二）「箱庭療法の発展」河合隼雄・山中康裕編『箱庭療法研究１』vii～xviii頁　誠信書房
河合隼雄・中村雄二郎（一九八四）『トポスの知』ＴＢＳブリタニカ
河合隼雄（一九八五）「箱庭療法と転移」河合隼雄・山中康裕編『箱庭療法研究２』iii～xi頁　誠信書房
河合隼雄（一九八八）「治療者の資格」河合隼雄・山中康裕編　箱庭療法学研究一（一）　一～二頁
河合隼雄（一九九一）『イメージの心理学』青土社
河合隼雄・谷川俊太郎（一九九三）『魂にメスはいらない』朝日出版社

河合隼雄・中沢新一（一九九八）『ブッダの夢』朝日新聞社
河合隼雄（一九九九）『ユングと心理療法』講談社
河合隼雄・鷲田清一（二〇〇三）『臨床とことば』ＴＢＳブリタニカ
河合隼雄（二〇〇七）「心理療法と芸術」四天王寺監修『四天王寺カウンセリング講座』一二一～一五七頁　創元社
河合俊雄（二〇〇二）「箱庭療法の理論的背景」岡田康伸編『箱庭療法の本質と周辺』九～三九頁　至文堂
川嵜克哲（二〇〇四）「イメージを布置する技法」皆藤章編『臨床心理査定技法２』臨床心理学全書　二〇七～二五三頁　誠信書房
木村晴子（一九八二）「箱庭療法に関する研究」心理測定ジャーナル一八（二）　一二～一六頁
木村晴子（一九八五）『箱庭療法』創元社
木村晴子（一九九〇）「心理療法の理論と技法をどう学ぶか」小川捷之・鑪幹八郎・本明寛編『臨床心理学大系一三』一八五～一九三頁　金子書房
喜多村筠庭（一九七九）「嬉遊笑覧」日本随筆大成編輯部編『日本随筆大成 別巻』東京弘文社
河野博臣（一九八二）「心身症児の箱庭療法」河合隼雄他編『箱庭療法研究１』六一～六四頁　誠信書房
栗田勇（一九九九）「にわの原イメージ」斎藤忠一監修『日本庭園の見方』一六～二〇頁　小学館
草川昇（二〇〇三）『語源辞典』東京堂出版
楠本和彦（二〇〇七）「箱庭療法における関係性と心の変容に関する考察」人間関係研究六　南山大学人間関係研究センター　一二九～一四七頁
楠本和彦（二〇〇八）「ローエンフェルトの世界技法の概観」南山大学紀要一四　三一～四七頁
Lowenfeld, M. (1950) The nature and use of the Lowenfeld World Technique in work with children and adults. *Journal of Psychology*: Interdisciplinary and Applied. Vol 30, pp.325-331.
Lowenfeld, M. (1979) The World Technique, London, Allen&Unwin.
前田重治（一九八四）『自由連想法覚え書』岩崎学術出版社
Jacoby, M.（一九八五）『分析的人間関係』（氏原寛・丹下庄一・岩堂美智子・後浜恭子訳）創元社
Menyuhin, J.（二〇〇三）『箱庭療法』（山中康裕監修・國吉知子・伊藤真理子・奥田亮訳）金剛出版
三木アヤ・光元和憲・田中千穂子（一九九一）『体験箱庭療法』山王出版
森谷寛之（一九八三）「枠づけ効果に関する実験的研究」教育心理学研究三一（一）　五三～五八頁
中井久夫（一九八五）『治療』岩崎学術出版社

中井久夫（一九七二）「精神分裂病者の寛解過程における非言語的接近法の適応決定」芸術療法四　一三〜二四頁
中道泰子（二〇〇二）「魂を抱く」東山紘久監修『体験から学ぶ心理療法の本質』四二〜六七頁　創元社
Neumann, E.（一九八〇）『女性の深層』（松代洋一・鎌田輝男訳）紀伊國屋書店
新村出編（一九九八）『広辞苑』第五版　岩波書店
仁里文美（二〇〇二）「砂箱」岡田康伸編『箱庭療法の現代的意義』六一〜七三頁　至文堂
織田尚生（二〇〇〇）「新しい時代の箱庭療法への期待」山中康裕・Sigrids, S. L., Bradway, K. 編『世界の箱庭療法』一三一〜一三七頁　新曜社
織田尚生（二〇〇四）「箱庭の神話」心理相談室紀要東洋英和女学院心理教育相談室八　六五〜七五頁
織田尚生・大住誠（二〇〇八）『現代箱庭療法』誠信書房
岡田康伸（一九六九）「S．D．法によるサンドプレイ技法の研究」臨床心理学研究八（三）　二三〜三五頁
岡田康伸（一九七七）「ミルク・うんこ・血」河合隼雄編『心理療法の実際』二四七〜二七四頁　誠信書房
岡田康伸（一九八四）『箱庭療法の基礎』誠信書房
岡田康伸（一九九三）『箱庭療法の展開』誠信書房
岡田康伸（一九九八）「箱庭療法と治療関係」河合隼雄・山中康裕・小川捷之監修『心理療法の実際6』二二六〜二二九頁　金子書房
岡田康伸（一九九八）「箱庭療法の理論と展開」徳田良仁監修『芸術療法2』一八四〜一九二頁　岩崎学術出版社
岡田康伸（二〇〇七）「箱庭療法の治療的要因について」広島大学大学院心理臨床教育研究センター紀要六　四〜一二頁
奥平ナオミ（二〇〇二）「日本の箱庭とその歴史」岡田康伸編『箱庭療法の現代的意義』一二一〜一三四頁　至文堂
大須賀克己（一九九九）「ロジャーズ再考」伊藤義美・増田実・野島一彦編『パーソンセンタードアプローチ』ナカニシヤ出版
李敏子（一九九七）『心理療法における言葉と身体』ミネルヴァ書房
Rogers, C. R.（一九六六）『ロジャーズ全集4』（伊東博編訳）岩崎学術出版社
Rogers, C. R.（一九六七）『ロジャーズ全集12』（村山正治編訳）岩崎学術出版社
定方昭夫（二〇〇四）「共時性」氏原寛・東山紘久・山中康裕・小川捷之編『心理臨床大事典』改訂版　一〇九七〜一〇九八頁　培風館
斎藤眞（一九九一）「箱庭表現に対する心理療法家の系列的理解」心理臨床学研究九（一）　四五〜五四頁
斎藤眞（二〇〇二）「治療的要因」岡田康伸編『箱庭療法の現代的意義』一二一〜一三四頁　至文堂
斎藤眞（二〇〇六）「箱庭療法における関係性についての臨床心理学的研究」京都大学博士論文

境裕子（一九七七）「箱庭療法に関する基礎的研究」日本心理学会第四一回大会発表論文集　一〇〇四〜一〇〇五頁
佐竹秀雄・三省堂編修所編（一九九七）『デイリーコンサイス国語辞典』第二版　三省堂編修所
Schlegel, L.（一九七二）「序文」河合隼雄監修『カルフ箱庭療法』一〜六頁　誠信書房
清水亜紀子（二〇〇四）「箱庭制作場面への立会いの意義について」箱庭療法学研究一七（一）　三三〜四九頁
塩田泰子（一九九四）「箱庭療法における砂と水における表現に見られる特徴に関する研究」箱庭療法学研究七（一）　二四〜三五頁
武野俊弥（一九八五）「枠強調砂箱による分裂病者の箱庭療法過程」河合隼雄・山中康裕編　箱庭療法学研究二　一六〇〜一七八頁　誠信書房
鑪幹八郎（二〇〇二）『心理学研究法特論』放送大学教育振興会
千野美和子（二〇〇五）「水のイメージについて」仁愛大学研究紀要四　二五〜三五頁
氏原寛（二〇〇六）「書評　風景構成法のときと語り」心理臨床学研究二三（六）　七四五〜七四九頁
Verena, Kast（一九九二）『砂漠の夢』（渡辺学訳）春秋社
鷲田清一（一九九九）『「聴く」ことの力』ＴＢＳブリタニカ
鷲田清一（二〇〇六）『感覚の幽い風景』紀伊國屋書店
Winnicott, D. W.（一九八四）『子どもと家庭』（牛島定信訳）誠信書房
山口創（二〇〇三）『愛撫・人の心に触れる力』日本放送出版協会
山口創（二〇〇六）『皮膚感覚の不思議』講談社
山口登代子（一九九七）「箱庭療法における砂と母性」性格心理学研究五（一）　五八〜六〇頁
山本昌輝（二〇〇二）「『箱庭』と『こころの包み』」箱庭療法学研究一五（一）　三〜一六頁
山本昌輝（二〇〇七）「御嶽のコスモロジーと『箱庭』」岡田康伸・皆藤章・田中康裕編『箱庭療法の事例と展開』八〇〜九六頁　創元社
山中康裕（一九八四）「牧野論文へのコメント」上智大学臨床心理研究八　一一三〜一一八頁
山中康裕（一九九九）『心理臨床と表現療法』金剛出版
横山剛（一九八九）「砂のみによって表現された内的コスモロジー」箱庭療法学研究二（一）　一五〜二七頁
吉田敦彦（一九八八）「地母神」『世界大百科事典一八』一一二頁　平凡社
吉田敦彦（一九九九）『水の神話』青土社

砂と水によって表現された世界。小さな砂箱がまるで宇宙のような果てしない広さと深さをもって迫ってくる。目の前に広がる箱庭世界とそれを創り出す人の〝こころ〟に出会い、驚異とも感激とも表現しがたい気持ちを抱えながら、ただ傍らにいることしかできなかった……これが、私にとっての箱庭療法の世界との最初の出会いでした。本書第4章で取り上げたイニシャルケースでの体験です。箱庭が創り出されていったあの瞬間に、何が生じていたかを理解したいという思いが、今回の研究の根底にあります。

本研究には、自分自身が身を挺した試みも含まれていましたが、その過程ではさまざまな共時的現象が生じ、自身の人生にも大きな変化をもたらすことになりました。まさに砂と水の箱庭が人生の転回点となり、箱庭の持つ力をあらためて実感する体験につながったといえます。

味わうことが何よりも大切だとされている箱庭療法の世界を、あえて言葉にすることで、多くのものがこぼれおちてしまったのではないかとの危惧もあります。しかし今回の研究は、あくまでも出発点であり、〝こころ〟の世界と向き合っていくための布石であると考えています。

本書は、佛教大学大学院に提出した学位論文を加筆訂正したものです。論文をご指導くださり、なおかつ女性としての生き方のモデルを示してくださった主査の佛教大学東山弘子先生に心より感謝申し上げます。また、暖かく細やかなご指導をくださいました副査の佛教大学石原宏先生、京都大学角野善宏先生に厚くお礼申し上げます。

さらに、〝こころ〟の世界の広さと深さ、そして強さを教えていただいたクライエントさん、箱庭制作にご協力いただいたスーパーヴァイジーの皆さん、面接者としてご協力いただいたKセラピストに心より感謝申し上げます。

そして、〝こころ〟の世界への道を開くきっかけを与え、臨床の本質をご指導くださっているL先生に感謝の気持ちを伝えたいと思います。

最後になりましたが、本書を出版するにあたりご尽力いただいた創元社編集部の渡辺明美さん、暖かく励まし続けてくださった紫藤崇代さんに厚くお礼申し上げます。

たくさんの方々との出会いによって今の自分が在ることの幸せを感じつつ、皆さまに心より感謝しております。

中道泰子

春待ちわびる2月吉日

◆…著者紹介…◆

中道泰子
（なかみち・やすこ）

福岡県生まれ
1992 年　大阪教育大学大学院修了
2008 年　佛教大学大学院博士後期課程単位取得による満期退学
現在　中道臨床心理オフィス所長　臨床心理士　博士（教育学）
著書　『体験から学ぶ心理療法の本質』（共著、創元社）『臨床心理士のスクールカウンセリング②』（共著、誠信書房）など。

箱庭療法《はこにわりょうほう》の心層《しんそう》 —内的交流に迫る—

2010 年 4 月 20 日第 1 版第 1 刷　発行

著　　者……中道泰子
発 行 者……矢部敬一
発 行 所……株式会社　創元社
http://www.sogensha.com
〔本社〕
〒 541-0047　大阪市中央区淡路町 4-3-6
Tel.06-6231-9010　Fax.06-6233-3111
〔東京支店〕
〒 162-0825　東京都新宿区神楽坂 4-3 煉瓦塔ビル
Tel.03-3269-1051

組版・装幀……上野かおる＋尾崎閑也＋吉見まゆ子
（鷺草デザイン事務所）

印 刷 所……株式会社　太洋社

 ISBN978-4-422-11441-5